资源调度优化及工程应用

尹 静 著

北 京
冶 金 工 业 出 版 社
2018

内 容 提 要

本书以调度理论为主线，探讨了Job Shop作业车间调度、生产线内部以及供应链集货过程的物流调度，研究了基于人工智能的约束满足技术、专家系统、遗传进化以及邻域搜索等多种优化方法。在此基础上探讨了调度优化在工程实践中的应用过程，分析了制造执行系统MES设计与实现的关键技术。

本书丰富了智能调度领域的理论研究与工程应用成果，可供管理科学与工程、物流工程、工业工程等专业的师生使用，也可供相关技术人员学习参考。

图书在版编目(CIP)数据

资源调度优化及工程应用/尹静著．—北京：冶金工业出版社，2018.6

ISBN 978-7-5024-7777-6

Ⅰ.①资…　Ⅱ.①尹…　Ⅲ.①制造工业—工业企业管理—计算机管理系统　Ⅳ.①F407.406

中国版本图书馆CIP数据核字(2018)第109552号

出 版 人　谭学余
地　　址　北京市东城区嵩祝院北巷39号　邮编　100009　电话　(010)64027926
网　　址　www.cnmip.com.cn　电子信箱　yjcbs@cnmip.com.cn
责任编辑　郭冬艳　美术编辑　吕欣童　版式设计　禹　蕊
责任校对　郭惠兰　责任印制　李玉山
ISBN 978-7-5024-7777-6
冶金工业出版社出版发行；各地新华书店经销；三河市双峰印刷装订有限公司印刷
2018年6月第1版，2018年6月第1次印刷
169mm×239mm；15.75印张；305千字；237页
69.00元

冶金工业出版社　投稿电话　(010)64027932　投稿信箱　tougao@cnmip.com.cn
冶金工业出版社营销中心　电话　(010)64044283　传真　(010)64027893
冶金书店　地址　北京市东四西大街46号(100010)　电话　(010)65289081(兼传真)
冶金工业出版社天猫旗舰店　yjgycbs.tmall.com

前　言

本书聚焦于调度优化理论方法及其工程实践应用，主要撰写的内容包括：

(1) 围绕大规模静态调度、动态随机环境下的在线调度环境和发生动态扰动后的重调度环境展开 Job Shop 调度研究。针对大规模静态 JSSP，根据其固有的约束网络拓扑结构，构造变量的邻域空间结构，引导当前搜索移动到容易检测的冲突状态，从而有效提高求解效率；针对作业到达时间随机分布 Job Shop 在线调度问题，采用间隔性滚动机制与关键事件驱动相结合的调度策略，将邻域搜索嵌入约束满足实现迭代优化；针对机器故障、工件加工时间改变等动态扰动环境，通过分析该问题中存在的约束和动态调度系统的功能结构，设计基于动态约束满足的重调度算法，并结合专家系统集成平台开发智能调度系统。

(2) 围绕制造供应链节点集货物流展开研究，探索了具有类似问题特征的预制混凝土供应物流以及生产线内部供应物流。汽车制造供应链集货模型方面，将优化经济效益与环境效益结合起来，考虑车型多样、车辆数有限、时间窗和载重等多重约束，构建以最小碳排放和最短距离为目标建立多目标优化模型并设计相关算法；预拌混凝土配送方面，建立了最小中断浇筑时间和最小车辆等待时间的双目标优化模型，用遗传算法对最小中断浇筑时间问题进行求解，在最优解中寻找车辆等待时间最小的调度方案；针对具有交叉物流结构的流程工业生产线，重点关注作为管理瓶颈的机组生产协调机制，为此系统确立了在保证生产连续运行的前提下，降低库存水准和降低切换频率的机组切换优化模型与启发式算法，并以此为核心开发了运算系统。

（3）针对 ERP 层采用 SAP R3 系统的软件环境，论述了制造执行系统设计与实现的关键技术。介绍了在 ERP/MES/PCS 的三层结构下，MES 的系统整体架构、主要功能组成以及信息集成；介绍了生产线 MES 系统设计与实现的关键技术，以来自 SAP ERP 系统的订单为主线，包括生产订单的转换与分解、产品与设备的指派、作业计划的制定等功能；介绍了库存管理系统设计与实现的关键技术，通过与 ERP，MES 的集成，能够对出/入库、配货、计量、发运等库存管理核心业务进行精确管理。

本书得到北京市教委科技计划面上项目基金资助，特此感谢！

由于作者水平所限，书中不妥之处，恳请读者批评指正。

著　者

2018.1

目　录

第一篇　车间调度

1　概述 …… 3
1.1　背景 …… 3
1.2　意义 …… 4
1.3　主要内容 …… 4

2　调度 …… 5
2.1　生产调度概述 …… 5
2.1.1　调度问题组成 …… 5
2.1.2　现代调度特征 …… 7
2.1.3　Job Shop 调度 …… 7
2.2　调度问题求解现状 …… 9
2.2.1　经典调度方法 …… 9
2.2.2　智能调度方法 …… 11
2.2.3　组合方法 …… 14
2.2.4　调度策略 …… 15
2.3　约束满足技术 …… 16
2.3.1　相关概念 …… 16
2.3.2　约束满足问题求解 …… 18
2.3.3　动态约束满足问题 …… 22
2.3.4　约束优化问题求解 …… 24
2.4　基于约束的调度方法 …… 27
2.4.1　调度问题的约束满足模型 …… 27
2.4.2　基于约束满足的调度算法 …… 29
2.5　本章小结 …… 32

3 约束满足技术中的变量排序研究 …… 33
3.1 变量排序基础 …… 33
3.1.1 现有排序算法 …… 33
3.1.2 典型算法分析 …… 36
3.2 构建算法评价体系 …… 36
3.3 实验设计 …… 38
3.3.1 算例参数 …… 38
3.3.2 比较求解器 …… 39
3.4 实验结果及分析 …… 39
3.4.1 实验结果 …… 41
3.4.2 实验分析 …… 43
3.5 本章小结 …… 44

4 大规模 Job Shop 调度的多级邻域排序算法 …… 46
4.1 邻域的概念 …… 46
4.2 多级邻域结构模型 …… 47
4.3 多级邻域变量排序算法（MNO） …… 49
4.3.1 困难指数计算 …… 49
4.3.2 算法描述 …… 50
4.4 实验结果及分析 …… 51
4.4.1 实验结果 …… 51
4.4.2 实验分析 …… 52
4.5 本章小结 …… 54

5 基于约束优化的在线调度 …… 55
5.1 在线调度概述 …… 55
5.2 滚动时域调度策略 …… 56
5.2.1 滚动时域研究现状 …… 56
5.2.2 滚动时域调度要素 …… 57
5.2.3 滚动调度参数设置 …… 58
5.3 基于邻域的约束优化 …… 59
5.3.1 约束满足的缺陷 …… 59
5.3.2 邻域搜索的特点 …… 60

5.3.3　结合方式 …… 60
5.4　系统设计 …… 61
5.4.1　系统仿真 …… 61
5.4.2　动态车间设计 …… 61
5.4.3　目标函数构造 …… 62
5.5　求解流程 …… 63
5.5.1　生成初始可行解 …… 63
5.5.2　约束优化 …… 64
5.5.3　仿真结果 …… 64
5.6　本章小结 …… 68

6　处理扰动的动态调度专家系统 …… 69
6.1　动态调度概述 …… 69
6.1.1　调度策略 …… 69
6.1.2　调度方法 …… 70
6.2　动态调度专家系统 …… 71
6.2.1　扰动事件 …… 71
6.2.2　功能分析 …… 72
6.2.3　专家系统结构 …… 72
6.3　模块划分与功能设计 …… 73
6.3.1　监控模块 …… 74
6.3.2　重调度模块 …… 74
6.3.3　生产模块 …… 76
6.3.4　动态调度模块 …… 76
6.4　重调度求解器 …… 78
6.4.1　重调度求解流程 …… 78
6.4.2　时间参数修复算法 …… 80
6.4.3　基于设备剩余能力的重调度 …… 81
6.5　系统仿真 …… 82
6.5.1　实例环境 …… 82
6.5.2　生产指令生成 …… 83
6.5.3　生产过程推理与动态模拟 …… 83
6.5.4　异常情况报警与重调度 …… 84

6.6　本章小结 …… 86

参考文献 …… 87

第二篇　物流调度

7　低碳供应链集货车辆调度模型 …… 99
7.1　引言 …… 99
7.2　问题描述和数学模型 …… 100
7.3　算法设计 …… 101
7.4　算例分析 …… 102
7.4.1　参数设置 …… 102
7.4.2　计算结果 …… 104
7.5　本章小结 …… 104

8　分阶段启发式算法研究 …… 105
8.1　引言 …… 105
8.2　问题描述和数学模型 …… 105
8.2.1　问题描述 …… 105
8.2.2　符号和决策变量 …… 106
8.2.3　碳排放计算 …… 106
8.2.4　多目标优化模型 …… 107
8.3　算法设计 …… 108
8.3.1　最短路径遗传算法 …… 108
8.3.2　路径拆分与车辆匹配 …… 109
8.3.3　路径局部重组 …… 110
8.4　算例分析 …… 111
8.4.1　参数设置 …… 111
8.4.2　计算结果 …… 112
8.5　本章小结 …… 114

9　考虑新能源物流车的模型与算法 …… 115
9.1　引言 …… 115

9.2　问题描述与建模 …… 115
9.2.1　问题描述 …… 115
9.2.2　符号和决策变量 …… 116
9.2.3　碳排放计算 …… 117
9.2.4　多目标优化模型 …… 117
9.3　算法设计 …… 118
9.3.1　最短路径遗传算法 …… 118
9.3.2　最小碳排放的节约算法 …… 119
9.3.3　纯电动车充足条件下的路径匹配 …… 120
9.3.4　考虑数量限制的纯电动车再分配 …… 121
9.4　计算实验和对比分析 …… 122
9.5　仿真结果 …… 123
9.5.1　最短路径的遗传算法 …… 123
9.5.2　最小碳排放的节约算法 …… 124
9.5.3　算法两阶段的求解效果分析 …… 124
9.5.4　模型对比分析 …… 125
9.6　本章小结 …… 126

10　预拌混凝土物流调度模型 …… 128
10.1　引言 …… 128
10.2　问题描述和数学模型 …… 129
10.2.1　问题描述 …… 129
10.2.2　优化模型 …… 129
10.3　算法设计 …… 130
10.3.1　染色体的编码 …… 131
10.3.2　目标函数计算 …… 131
10.3.3　调度方案的进化 …… 131
10.3.4　最优方案的选择 …… 132
10.4　算例分析 …… 132
10.4.1　参数设置 …… 132
10.4.2　数据分析 …… 133
10.5　本章小结 …… 134

11　交叉物流产线协同调度 ······ 135
11.1　问题分析 ······ 135
11.1.1　生产线描述 ······ 135
11.1.2　对象问题的特点 ······ 135
11.2　模型构建 ······ 136
11.2.1　瓶颈机组 ······ 136
11.2.2　切换优化模型 ······ 137
11.3　算法设计 ······ 138
11.3.1　核心算法的设计 ······ 138
11.3.2　扩展算法的设计 ······ 139
11.4　系统开发 ······ 141
11.4.1　系统应用流程 ······ 142
11.4.2　供料推算功能 ······ 142
11.4.3　机组、库存预测功能 ······ 143
11.4.4　参数维护功能 ······ 143
11.4.5　数据接口功能 ······ 143
11.5　系统实现 ······ 143
11.5.1　数据库设计 ······ 143
11.5.2　程序设计 ······ 144
11.5.3　界面设计 ······ 145
11.6　系统实施及应用效果 ······ 148

参考文献 ······ 149

第三篇　系统开发

12　SAP R3 环境下的 MES ······ 153
12.1　系统架构 ······ 154
12.2　系统功能 ······ 154
12.3　信息集成 ······ 156
12.3.1　生产计划信息集成 ······ 156
12.3.2　生产执行信息集成 ······ 157

12.3.3　物流管理信息集成 …… 158
12.3.4　销售发运信息集成 …… 159

13　生产线 MES 功能设计 …… 160
13.1　数据管理 …… 160
13.2　生产订单管理 …… 161
13.3　作业排序与作业计划管理 …… 162
13.3.1　作业计划编制 …… 162
13.3.2　作业计划调整 …… 163
13.3.3　紧急作业计划 …… 163
13.4　生产监控及执行管理 …… 165
13.5　物料跟踪 …… 165
13.6　设备管理 …… 166
13.7　质量管理 …… 166
13.8　仓库管理 …… 166
13.9　统计查询和报表 …… 166
13.10　系统集成 …… 166

14　库存管理系统功能设计 …… 168
14.1　系统设计原则 …… 168
14.2　系统功能设计 …… 168
14.3　系统信息集成与技术要点 …… 170
14.4　功能描述 …… 172

15　生产线 MES 功能实现 …… 175
15.1　订单管理 …… 175
15.1.1　订单拆分 …… 176
15.1.2　订单发料 …… 177
15.1.3　订单收货 …… 178
15.2　作业排序 …… 179
15.2.1　周计划查询 …… 179
15.2.2　计划编制 …… 180

15.2.3 生产确认 …… 181
15.2.4 调度日志 …… 182
15.3 生产执行 …… 184
15.3.1 生产经营数据上传 …… 184
15.3.2 实绩采集 …… 185
15.4 副产品管理 …… 186
15.5 库存管理 …… 187
15.6 统计查询 …… 189
15.6.1 生产实绩统计 …… 189
15.6.2 车间日报表 …… 190
15.6.3 生产日报表 …… 190
15.6.4 ERP 数据汇总 …… 191
15.7 系统维护 …… 192
15.7.1 用户管理 …… 192
15.7.2 主数据管理 …… 195
15.8 窗口 …… 195

16 库存管理系统功能实现 …… 197
16.1 入库管理 …… 197
16.2 定位管理 …… 198
16.3 配货管理 …… 199
16.4 出库管理 …… 201
16.5 发货实绩上传 …… 202
16.6 移库单上传 …… 204
16.7 移动类型记账上传 …… 205
16.8 库存台账 …… 206
16.8.1 库位预览 …… 206
16.8.2 库存台账 …… 207
16.8.3 配货台账 …… 208
16.8.4 出库台账 …… 209
16.8.5 库存统计 …… 210
16.8.6 库存日报表 …… 215

16.8.7 库存月报表 …… 216
16.9 数据查询 …… 217
16.9.1 生产数据查询 …… 217
16.9.2 退货入库查询 …… 218
16.9.3 订单转储查询 …… 219
16.9.4 发货指令查询 …… 220
16.9.5 发货实绩查询 …… 222
16.9.6 物料转储查询 …… 222
16.9.7 其他拣配单查询 …… 223
16.9.8 客户信息查询 …… 224
16.9.9 供应商信息查询 …… 225
16.9.10 车辆信息查询 …… 226
16.10 系统维护 …… 227
16.10.1 用户管理 …… 227
16.10.2 主数据管理 …… 229
16.11 窗口 …… 230

17 库存移动终端功能开发 …… 231
17.1 预入库管理 …… 231
17.2 正式入库管理 …… 232
17.3 退库管理 …… 232
17.4 库存料位查询 …… 233
17.5 料位移动管理 …… 234
17.6 底单信息查询 …… 235

参考文献 …… 237

第一篇　车间调度

车间调度问题的突出特点是其复杂性，这种复杂性尤其表现在大规模静态NP-hard问题的计算复杂性和动态随机环境下的信息不确定性，其中动态不确定调度环境又可分为全局信息不全的动态在线调度环境和发生动态扰动后的重调度环境。本篇围绕这三类不同情形下的Job Shop调度问题，采用源于人工智能领域的约束满足技术，结合专家系统和邻域搜索等智能优化方法展开了深入的研究，主要内容包括：

（1）针对约束满足求解方法中的变量排序算法，提出了量化问题特征的五项指标和相关参数，分别从约束连通度、变量约束偏差、约束紧度、规模及资源利用率偏差等角度设计异构算例，通过开发约束满足问题求解器并嵌入典型算法进行数值比较实验，明确了变量排序算法与问题特征之间的相对适应度，为后续研究奠定了理论基础。

（2）针对大规模静态JSSP，根据其固有的约束网络拓扑结构，构造了变量的邻域空间结构，并通过引入活动变量和稳定变量的概念，进一步将其拓展为多级层次模型，以此为依据，在计量满足单一约束困难程度的基础上，有机合成变量的邻域信息，提出了一种新的变量排序算法，正确引导当前搜索移动到容易检测的冲突状态，从而有效提高大规模JSSP的求解效率。

（3）针对作业到达时间随机分布Job Shop在线调度问题，借用预测控制中的滚动优化思想，通过调度区间的滚动来解决动态调度问题，有效控制了问题的求解规模。为了适应加工的连续性及便于跟踪加工环境的变化，采用间隔性滚动机制与关键事件驱动相结合的调度策略，将邻域搜索嵌入约束满足实现迭代优化。最后在G2专家系统开发平台进行仿真实验，结果表明该方法能够兼顾求解的稳定性和高效性。

（4）针对机器故障、工件加工时间改变等动态扰动环境，将炼钢连铸生产过程抽象为一类特殊的多机并行 Job Shop 调度问题，通过分析该问题中存在的约束和动态调度系统的功能结构，设计了基于动态约束满足的重调度算法，并结合专家系统集成平台开发了炼钢-连铸智能调度系统，实现了生产指令下发、生产过程推理与监控、动态事件重调度等主要功能。

1 概　述

1.1 背景

生产过程中的调度问题，是实现制造系统运筹技术、管理技术与优化技术发展的核心，有效的调度方法与优化技术的研究和应用，已成为先进制造技术(AMT)实践的基础和关键。生产调度问题在现代制造业中的关键地位和其高度复杂性，使得这个领域内存在着大量急需解决又极端困难的问题。调度问题的研究已经成为发展最迅速、研究最活跃、成果最丰硕的学科领域之一，吸引着越来越多的科研工作者。

调度问题由机器、工件和目标函数三要素组成，其目标为在与工艺约束条件相容的前提下使某一函数达到最优，由于机器的数量、种类和环境有各种情况，工件和资源的约束条件更是错综复杂，加上度量不同指标的目标函数，因此形成了种类繁多的调度问题。伴随日益复杂的生产加工工艺和先进的加工技术，与经典调度问题相比，现代调度问题表现出高复杂性、动态随机性、多约束性以及多目标性等特点。

调度问题的求解过程可看作是确定工件加工顺序和开工时间的决策过程，随着问题规模增大和目标函数增多，导致调度复杂性急剧增加、求解计算量呈指数增长；实时动态的生产环境下，实际调度执行过程中的不确定因素，来自产品质量、设备状况以及紧急订单等方面的生产扰动使车间调度必须从优化与实时的角度出发，因而调度问题求解的困难突出表现在大规模静态NP-hard问题的计算复杂性和动态随机环境下的信息不确定性。传统优化方法在解决静态的调度问题时，随着问题规模的增大存在计算量与存储量的爆炸，面对各种动态不确定性因素，通常的调度策略和算法往往难以在有限的时间内快速有效得到近优解。

Job Shop 调度问题（JSSP）是最具有代表性与复杂性的调度模型，广泛存在于企业的生产运作过程中，对提高生产柔性，实现敏捷制造发挥着重要作用，其他调度模型都可以看作 JSSP 的特殊形式。因此，本书以 Job Shop 调度问题为主题，围绕着大规模静态环境、调度决策时信息不完全的在线调度环境以及发生动态扰动后的重调度环境三类生产状况，采用源于人工智能领域的约束满足技术，结合专家系统和邻域搜索等智能优化方法展开深入的研究，力求平衡求解速度与求解性能的矛盾，兼顾调度的稳定性与实时性，建立有效的调度策略与算法，使得生产过程能够平稳进行。

1.2 意义

调度问题的实质是约束满足和优化问题，需要在满足次序约束、资源约束、路径约束和其他约束限制的前提下，为各项作业分配资源、决定时间变量，进而按照目标函数求得最优/近优解，如何对系统约束进行明晰的描述从而产生贴近现实的问题模型以及开发高效的求解算法一直是调度理论研究方面的难点。

Job Shop 调度问题可以被视为具有约束内联度高、约束松弛度低等性质的约束满足问题，近年来，源于人工智能领域的约束满足技术以其解决组合优化问题的优势在车间调度领域中得到成功应用，基于约束满足的建模与求解方法已经成为现代工业调度研究的热点。约束满足技术具有灵活表达问题的约束、利用变量之间的约束关系修剪搜索空间、降低求解问题时的计算量的优势，许多调度问题都可以模型化为约束满足问题（Constraint Satisfaction Problem，CSP），通过约束满足技术中的一致性增强方法、搜索控制策略和智能回溯算法预先或动态修剪搜索空间、根据问题特征提取启发信息引导搜索过程快速求解，从而减少计算复杂度，降低调度问题的复杂性。

因此本书针对大规模静态 Job Shop 调度问题、作业到达时间随机分布 Job Shop 在线调度问题以及调度执行过程中出现各类扰动的重调度问题，通过深入探讨基于约束满足的理论方法，建立了面向大规模 JSSP 的多级邻域变量排序算法、基于约束优化的动态在线调度策略与算法，开发了处理机器故障、加工参数变化等扰动因素的智能调度专家系统，对于推动人工智能、数学规划、专家系统等优化方法的发展与融合进行了有益的探索，对于保证生产连续稳定运行、降低生产成本，提高企业市场反应能力，实现生产系统集成化、高效率、高柔性以及敏捷性等具有重要的理论意义与工程应用价值。本书的研究成果能够为开发实用健壮的调度软件提供理论依据和技术参考。

1.3 主要内容

目前，基于约束满足技术的车间调度方法及求解技术吸引了国内外许多学者和实际作业调度人员的关注，车间调度问题的突出特点是复杂性，这种复杂性尤其表现在大规模静态 NP-hard 问题的计算复杂性和动态随机环境下的信息不确定性，其中动态不确定调度环境又可分为全局信息不全的动态在线调度环境和发生动态扰动后的重调度环境。本书围绕这三类不同情形下的 Job Shop 调度问题，采用源于人工智能领域的约束满足技术，结合专家系统和邻域搜索等智能优化方法展开了深入的研究。

2 调 度

本章首先对生产调度问题的组成、特点及发展趋势进行归纳总结，综述了调度问题现有求解方法以及约束满足技术的研究现状，最后介绍了基于约束满足的建模与求解技术在车间调度领域的应用。

2.1 生产调度概述

生产调度问题一直备受关注，是实现制造系统运筹技术、管理技术与优化技术发展的核心，有关资料表明，制造过程中95%的时间消耗在非切削过程中[1]，有效的调度方法与优化技术的研究应用，已成为先进制造技术实践的基础和关键。

调度问题通常是指作业或任务如何占用有限资源的决策过程，其目标为使某一函数最优，目标函数通常是对加工时间的长短、资源利用率的描述，它是一类重要的组合最优化问题，一般定义为：给定任务集 $\{J_1, J_2, \cdots, J_n\}$，处理机集 $\{M_1, M_2, \cdots, M_m\}$，工件 J_i 在机器 M_j 上的加工称为一个工序（O_{ij}），调度方案是一个关于任务、资源和时间之间关系的时刻表（Gantt 图），不仅确定任务的处理顺序，而且还包括确定每个资源处理每个任务的开工时间和完工时间，即调度可看作是由加工顺序和开工时间构成的决策对。从数学规划的角度看，调度问题可表达为在等式或不等式约束下，对一个或多个目标函数的优化，是一类重要的组合优化问题，在数学科学领域被称为排序问题[2]。

调度问题在现代工业中的关键地位和其高度复杂性，使得这个领域内存在着大量急需解决又极端困难的问题。调度问题的研究已经成为国际上发展最迅速、研究最活跃、成果最丰硕、前景最诱人的学科领域之一，吸引了越来越多的理论工作者和实际工作者。

2.1.1 调度问题组成

调度问题通常使用三元组表示法，由三个域 $\alpha \mid \beta \mid \gamma$ 组成[2]，分别具有以下含义。

（1）α 域表示处理机的数量、类型和环境，它可以为：

1：单处理机；

P_m：m 台同速平行机；

Q_m：m 台恒速平行机；

R_m：m 台变速平行机；

F_m：m 台处理机，同顺序作业（流水作业，Flow Shop）；

J_m：m 台处理机，异顺序作业（Job Shop）；

O_m：m 台处理机，自由顺序作业（开放作业，Open Shop）；

FF_s：s 类处理机，柔性流水作业。

（2）β 域表示任务或作业的性质、加工要求和限制，资源的种类、数量和对加工的影响等约束条件，同时可以包含多项，可能的取值主要有：

r_j：任务有不同的到达时间，如果 β 域中不出现 r_j 说明 $r_j=0$，$j=1$，2，…，n；

prmp：加工时允许中断。如果 β 域中不出现 prmp，表示加工时不允许中断；

prec，chains，intree，outtree：表示任务的相关性，分别表示一般优先约束、链、入树和出树。如果 β 域中不出现这些项，表示任务集是无关的；

prmu：这个约束只可以出现在流水作业环境中，当 prmu 出现时，作业是按照先进先出（first in first out，FIFO）的原则加工：所有作业的每一工序的加工顺序都相同，即作业按照通过第一台处理机的顺序始终不变地通过所有机器；

nwt：不等待（no-wait）限制只可能出现在流水作业环境中，表示被加工的作业不允许在两台相邻的处理机之间等待；

no-idle：这个约束只可以出现在流水作业环境中，表示加工工件的机器不允许在两个相邻的工件间空闲；

brkdwn：机器故障（breakdowns）表示机器不能连续被使用。

（3）γ 域表示要优化的目标函数，可以是：

$C_{\max}$：时间表长；

$\sum C_j$，$\sum w_jC_j$：总完工时间，加权总完工时间；

$L_{\max}$：最大延误；

$\sum D_j$，$\sum w_jD_j$：总误工，加权总误工；

$\sum U_j$，$\sum w_jU_j$：误工任务数，加权误工任务数；

生产调度问题的优化目标大致可以归结为三类：

第一类：最大能力指标，包括基于加工完成时间的性能指标，如最大完成时间（makespan）、平均完成时间、最大流经时间、总流经时间等。由于这类调度问题的主要目标是提高生产设备的利用率，缩短产品的生产周期，使工厂的生产能力最大，所以这类生产调度问题被称为最大能力调度问题；

第二类：成本指标，包括最大利润、最小投资、最大收益等；

第三类：客户满意度指标，包括基于交货期的性能指标，譬如：最大推迟完成时间、平均推迟完成时间、最小延迟时间、最小提前/拖后惩罚等。

一个理想的调度问题通常是多目标的，而这些目标往往是冲突的，所以在解决实际调度问题时，通常选择一个或几个主要因素作为目标函数，常见的优化目标主要有基于工件最大完工时间的目标、基于工件交货期的目标和基于生产成本的目标。如果目标函数是完成时间的非减函数，则称之为正则指标（如makespan等），否则称为非正则指标（如提前/拖期问题），随着准时制（JIT）生产方式的兴起，目标函数为非正则的调度问题的研究越来越受到重视。

2.1.2 现代调度特征

由于处理机的数量、种类和环境情形各异，工件和资源的约束条件更是错综复杂，加上度量不同指标的目标函数，形成了种类繁多的调度问题。与经典调度问题相比，现代调度问题主要体现出以下特性：

（1）建模复杂性。指由于装卸作业、装卸设备、库场及搬运系统之间相互影响、相互作用、每个作业具有到达时间、装卸时间、准备时间、操作顺序及交货期等属性，因而实际调度问题相当复杂，这使精确描述其间的约束关系，建立相应数学模型非常困难。

（2）计算复杂性。指由于调度问题是在等式或不等式约束下求性能指标的优化，多数为NP难的组合优化问题，即不存在多项式时间的最优算法，随着问题规模增大，求解最优化的计算量呈指数增长，使常规最优化方法往往无能为力，只能使用近似算法或启发式算法。Garey等[3]证明即便对于单机调度问题，如果考虑n个作业而每个作业只考虑加工时间及与序列有关的准备时间，就等价于n个城市的TSP问题。

（3）多目标性。实际的计划调度往往是多目标的，并且各个目标之间可能发生冲突。Oraves曾将调度目标分为基于调度费用和调度性能两类；Alia等人将调度目标分为三类：基于作业交货期的目标、基于作业完成时间的目标、基于生产成本的目标。这种多目标性导致调度的复杂性和计算量急剧增加。

（4）多约束性。任何一个调度问题都要满足机器、工件和订单等多方面的约束，例如机器的容量约束、工件到期时间约束、工序约束等，这些约束的多样性更加剧了调度问题的计算复杂性。

（5）动态随机性。在实际的生产调度系统中存在很多随机不确定因素，比如作业到达时间的不确定性，作业的加工时间也有一定的随机性，而且生产系统中常出现一些突发偶然事件，如设备故障、紧急插单、加工异常等。

2.1.3 Job Shop 调度

Job Shop调度广泛存在于企业的生产运作过程中，对提高生产柔性，实现敏捷制造发挥着重要作用[4]。从理论上讲，Job Shop 调度问题属于 NP 难的组合优化问题，最一般情况下的调度模型，最有代表性，因而最复杂，其他调度模型都可以看作特定条件下的 Job Shop 调度问题，因此研究 Job Shop 调度方法具有重要的理论意义和工程应用价值[5,6]。

2.1.3.1 数学定义

Job Shop 调度问题研究 n 个工件在 m 台处理机上的加工，已知各操作的加工时间和各工件的加工次序，要求确定与工艺约束条件相容的各处理机上所有工件的开工时间，使加工性能指标最优，数学模型如下：

$$\min g$$

$$\begin{aligned}
s.t.\quad & c_{ik} - p_{ik} + M(1 - a_{ihk}) \geq c_{ih}, && i = 1, 2, \cdots, n;\ k = 1, 2, \cdots, m \\
& c_{jk} - c_{ik} + M(1 - x_{ijk}) \geq p_{jk}, && i = 1, 2, \cdots, n;\ j = 1, 2, \cdots, n; \\
& && k = 1, 2, \cdots, m \\
& c_{ik} \geq 0, && i = 1, 2, \cdots, n;\ k = 1, 2, \cdots, m \\
& x_{ijk} = 0 \text{ 或 } 1, && i = 1, 2, \cdots, n;\ j = 1, 2, \cdots, n; \\
& && k = 1, 2, \cdots, m
\end{aligned}$$

式中，目标函数 g 主要有时间表长 $C_{\max}$、总完工时间 $\sum C_j$、最大延误 $L_{\max}$、总误工 $\sum D_j$ 及误工任务数 $\sum U_j$ 等。

约束条件为工艺决定的各工序加工顺序以及各处理机先后顺序，c_{ik} 和 p_{ik} 分别为工件 i 在处理机 k 上的完成时间和加工时间；M 为足够大的正数；a_{ihk} 和 x_{ijk} 分别为指示系数和指示变量，其意义为

$$a_{ihk} = \begin{cases} 1, & \text{若处理机 } h \text{ 先于处理机 } k \text{ 加工工件 } i \\ 0, & \text{否则} \end{cases}$$

$$x_{ijk} = \begin{cases} 1, & \text{若工件 } i \text{ 先于工件 } j \text{ 在机器 } k \text{ 上加工} \\ 0, & \text{否则} \end{cases}$$

2.1.3.2 析取图

析取图是描述 Job Shop 调度问题的常用工具，能够把问题各工序之间的约束关系直观而明确地表示出来[7,8]。例如表 2-1 中 4 个工件在 3 台处理机上加工的 Job Shop 调度问题对应析取图如图 2-1 所示。

表 2-1 4×3 Job Shop 调度问题的处理时间和操作顺序表

J_1		J_2		J_3		J_4	
m_i	p_i	m_i	p_i	m_i	p_i	m_i	p_i
1	5	3	7	1	1	2	4
2	8	1	3	3	7	3	11
3	2	2	9	2	10	1	7

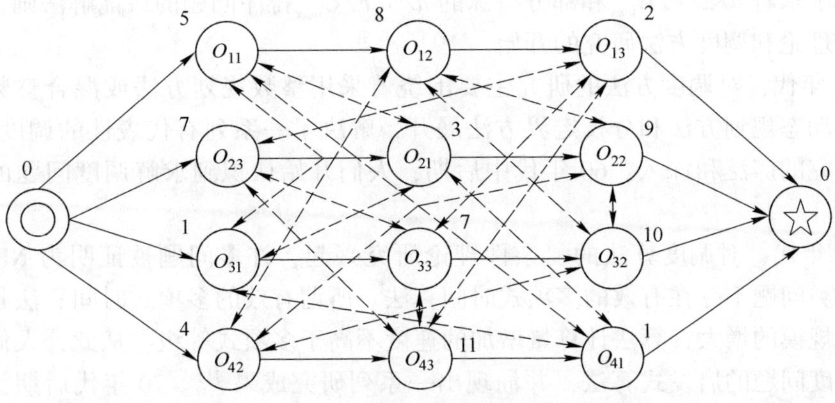

图 2-1　4×3 Job Shop 调度问题有向图表示

子集 V 是所有工序构成的顶点集，用圆圈表示，此外还包括两个虚节点，即开始节点和结束节点。每个节点上标注的数字表示节点的权重，即工件在该机器上的加工时间，开始和结束节点上的加工时间定义为 0。

子集 A 是所有具有直接相连关系的两个节点之间关系的集合，这种连接关系使用一条称为弧的有向连线表示。实际上它代表了一个工件在不同机器上加工时的先后约束关系，图中以实心连线表示。两个节点 i 和 j 之间先后约束关系 $i<j$ 或 $i>j$ 表示，是操作 i 和 j 之间的一种偏序关系，即必须先加工完 i 才可加工 j。

子集 E 是同一台机器加工不同工件时两个工件之间的一种约束关系的集合，这种约束关系称为分离约束或分离弧。以 $i \| j$ 表示。例如，图中工件 1 的操作 1、工件 2 的操作 2、工件 3 的操作 1 以及工件 4 的操作 3 共用机器 M_1，由于同一机器不可能同时加工两个或两个以上的工件，所以存在资源共享冲突，于是这 4 个工件的不同操作之间存在一种相互制约关系，图中以 4 条虚连线表示。

2.2　调度问题求解现状

生产调度问题属于运筹学范畴，许多调度问题可以归结为组合优化问题[8]，在求解上，大多数调度问题是 NP 难问题[9]，这意味着求解问题所需要的时间随问题规模增大呈指数增长，在合理的时间内，可能找不到问题的最优解。对调度问题求解算法的研究一直受到运筹学、管理科学、加工制造业和应用数学等领域学者的关注，几十年来，学者们已经研究出各种寻找最优解或近优解的方法，这些方法大体上可以划分为经典调度方法与智能调度方法。

2.2.1　经典调度方法

调度问题的研究起始于 20 世纪 50 年代。在研究初期，调度问题是作为一个纯粹的数学问题进行研究的，目的是找到问题的最优解。1954 年，Johnson[10] 首

先提出了求解 $n/2/F/C_{max}$ 和部分特殊的 $n/3/F/C_{max}$ 排序问题的最优解法则，标志着调度理论和调度方法研究的开始。

60 年代，对调度方法的研究主要围绕着采用整数规划方法或混合整数规划方法、动态规划方法和分枝定界方法展开，解决了一系列有代表性的调度问题。随着研究的广泛和深入，60 年代中后期，人们开始认识到求解调度问题的计算复杂性。

70 年代，对调度算法的复杂性理论研究兴起，许多问题被证明为 NP 难问题，此类问题不存在有效的多项式时间算法。所谓有效的多项式时间算法是指随着问题规模的增大，算法计算量增加的速度不高于多项式等级。从此，人们转向研究调度问题的启发式算法，并涌现出一系列研究成果[11]。70 年代后期，经典调度理论和方法体系已经成熟，内容主要是建立调度问题的整数规划模型，应用最优化方法或启发式算法求解问题。

（1）最优化方法：可以分为有效的最优化算法和基于枚举的最优化方法，两者都是试图获得问题的最优解，有效的最优化方法是指求得问题最优解的算法具有多项式时间复杂性，事实证明，只有极少数结构简单或特殊的调度问题能够找到有效最优化求解方法，一般的调度问题只能通过枚举才能找到最优解。基于枚举的最优化方法就是通过对部分可行解集合的枚举寻找问题的最优解，主要包括动态规划方法、分枝定界法、剪枝法等[12~15]。不同的分枝定界方法其区别在于分枝规则、定界机制和上界的产生三方面的差异[16]，剪枝法则是选择不同的消去条件或规则[18,17]。基于枚举的最优化方法从理论上讲可以求得问题的最优解，但其计算时间随着问题规模增大而呈指数增长，通常为了追求最优性要付出非常大的，甚至是不可实现的计算量代价，并且这类算法一般也是针对特定问题或特定情形的。所以，基于枚举的最优化方法对于求解规模较大的问题实际上是不可行的。

（2）启发式算法：启发式算法针对调度问题的 NP 难特性，并不企图在多项式时间内求得问题的最优解，而是在可以接受的时间内，找到问题的次优解，次优解的质量也可以满足实际生产调度问题的要求，启发式调度方法直观、简单、易于实现，能够用于动态实时调度系统中，因而深受学者们的关注，取得许多研究成果[18~20]。

基于规则的启发式算法是一种局部优化方法，难以得到全局优化结果，并且不能对得到的调度结果进行次优性的定量评估。顾客需求的个性化以及要求企业响应市场的敏捷性，往往在生产加工过程中加入了更多的不确定性及复杂性约束，单纯基于规则的调度思想已不能适合复杂的敏捷化制造系统的要求，因此，在实际应用中通常将基于规则的调度方法与其他方法结合使用，例如与基于知识的调度方法相结合而产生的专家系统方法。

除此之外，为了研究的需要，经典调度理论往往是对实际的调度问题进行了较多的假设和简化，不能充分反应生产实际的复杂性，调度结果往往难以应用到实际问题中去，因此，经典调度理论虽具有理论研究价值，但距离解决实际调度问题还有相当大的差距。

2.2.2 智能调度方法

20世纪80年代以后，计算机技术迅速发展，制造业相继采用MRP/MRPII、ERP、JIT等先进的生产管理模式，生产调度的环境发生了很大变化，对调度问题的研究开始从运筹学方法向更能充分利用计算机技术、系统仿真技术、神经网络技术以及人工智能技术的智能化调度方法转变，研究重点由单纯追求方法的理论价值向能够解决问题的实用价值转变，在这一阶段涌现出的调度理论和方法不单纯追求系统的数学模型，而是侧重对系统中运行的逻辑关系的描述，在求解质量上，不再追求单纯的最优性，而是在计算时间和调度效果两者之间进行折中，以较小的计算时间获得问题的次优解或满意解，解的质量也能够满足实际应用的要求。

（1）仿真调度方法。对于复杂的制造系统，有时很难用精确的解析模型来进行描述，通过仿真模型的运行和数据测试，能够实现对实际生产系统在性能、结构和状态方面的分析，从而找到适合系统的调度方法[21,22]。仿真方法可以包含解析模型无法描述的系统因素，为使用者提供测试系统调度性能的机会，但是，鉴于仿真方法的实验性，其方法本身的调度理论意义不明确，仿真模型的设计、开发、运行费用很高，仿真的准确性受软件开发人员主观判断和编程技巧的影响，甚至很高精度的仿真模型也无法保证通过实验总能找到最优或次优的调度。

（2）神经网络方法。Hopfield[23]于1984年提出采用神经网络求解TSP问题，从而开辟了基于神经网络优化计算的新领域。神经网络方法将优化问题的解映射为非线性动力系统的平衡状态，将优化准则映射为动力系统的能量函数，其并行分布式计算结构和非线性动力学演化机制为求解各种约束优化问题提供了一条新途径。神经网络方法在调度研究中的应用主要表现在以下两个方面：1）将调度问题看成一类组合优化问题，利用其并行处理能力来降低计算的复杂性；2）利用其学习和自适应能力进行调度知识的获取，以构成调度决策模型。

（3）专家系统方法。在人工智能领域中，专家系统首先被应用于调度问题中。它可以产生比优先规则更复杂的基于对整个系统的启发式规划，并能从数据库、知识库中获取大量信息[24]。ISIS是最早基于人工智能的解决特定作业调度问题的专家系统，它分三层结构，分别为选择订单、能力分析、执行调度，同时加入重构和修改调度的学习功能。专家系统方法是将传统的调度方法与基于知识的调度评价相结合的一种方法[25,26]。调度专家系统[27,28]通常将领域知识和现场的工艺约束表示成知识库，然后根据系统当时所处的状态选择不同的调度规则，自动产生调度方案或辅助调度人员产生调度方案。有效的领域知识表示对于调度专家系统的设计十分重要，约束在调度知识库中也占据重要地位，因为调度的好坏在很大程度上依赖于其对约束的满足程度。开发专家系统的关键是表示和运用专家知识[29~31]。目前，专家系统主要采用基于规则的知识表示和推理技术。由于领域的知识多为不精确或不确定的，因此，不确定的知识表示与知识推理是专家系统开发与研究的重要课题，常用的方法有概率论和模糊集理论[14]。

从结构组成的角度看，专家系统是一个由存放专门领域知识的知识库，以及一个能选择和运用知识的推理机制组成的计算机系统[32,33]。专家系统的一般结构包括6部分：知识库、推理机、综合数据库、人机接口、解释程序以及知识获取程序。其中知识库、推理机和综合数据库是目前大多数专家系统的主要内容，各类模块的功能和作用如下：

1）知识库，用于存放领域专家提供的专门知识，包括领域相关的书本知识、常识性知识以及专家凭经验积累的试探性知识。建立知识库是开发专家系统的中心任务。

2）综合数据库，用于存放关于问题求解的初始数据、求解状态、中间结果、假设、目标以及最终求解结果。

3）推理机，在一定的控制策略下针对综合数据库中的当前信息，识别和选取知识库中对当前问题求解的相关知识进行推理，多为不精确推理。

4）知识获取程序，用于部分代替知识工程师进行专门知识的自动获取，实现专家系统的自学习能力。

5）解释程序，根据用户的提问，对系统的求解过程、给出的结论以及系统当前的求解状态提供说明，便于发现错误，方便学习和理解。

6）人机接口，将专家或用户的输入信息翻译为系统可以接受的内部形式，把系统向专家或用户输出的信息转换成易于理解的外部界面，实现人机交互。

专家系统的研制促进了人工智能理论和技术的发展，开辟了计算机求解非数值问题的有效途径，未来的研究侧重为：如何均衡动态、冲突的目标；确认自学习系统的结果；动态调度学习方法；实时调度学习系统。

（4）智能搜索方法。禁忌搜索方法、模拟退火算法和遗传算法是一种基于邻域搜索策略发展起来的智能搜索方法，近年来在生产调度中获得了广泛应用，取得了许多研究成果[34~36]。

1）禁忌搜索（TS）。禁忌搜索算法由 Golver 和 Hansen[37~39]提出，是局部邻域搜索算法的一种扩展，它的基本思想是：首先用某种方法产生一个初始解，用这个初始解作为当前解，然后为当前解构造一个邻域，在当前解的邻域搜索若干个解，取其中的最好解作为新的当前解。禁忌搜索需要设计一个记忆近期操作的禁忌表，若当前的操作是记录在该禁忌表中的操作，则这个操作是禁止的，禁忌表在每次迭代时都要被更新，但是对于特别好的操作，可以藐视禁忌，禁忌搜索也允许接受一个比当前解还差的解，从而扩大搜索范围，避免陷入局部最优解和死循环。应用禁忌搜索算法解决调度问题的研究主要集中于初始解的选择、邻域的构造、禁忌表的选取以及使用并行搜索结构提高算法的有效性等方面。

2）模拟退火算法。退火是指液态金属慢慢冷却，以形成低能、高结构化固态形式的过程。模拟退火的思想由 Metropolis[40] 首次提出，可以解释为通过慢慢冷却解，使问题取得尽可能低的目标值。Kirpartrick[41] 在 1983 年将模拟退火思想成功地应用到组合优化问题中，其实质是一种综合梯度下降算法和启发式随机搜索算法，它把优化问题模拟成一个物理系统，把优化问题的目标函数模拟成物理系统的能量，将优化求解过程模拟成物理系统的逐步降温以达到最低能量状态的退火过程，优化搜索过程由一个温度参数来控制，向具有低目标值的区域移动。模拟退火算法引入 Metropolis 接受准则，在迭代过程中以一定的概率接受目标函数的“劣化解”，从而具有跳出局部最优“陷阱”、获得优化问题的全局最优解的能力。与禁忌搜索类似，模拟退火算法也需要一个好的初始解。

3）遗传算法。遗传算法是由 Holand[42] 等人提出的，其本质是一个反复迭代的过程，这个过程通过一个可以接受的解组向更好的解组的移动来进行搜索，解组也称作种群，在每一次迭代中，都通过复制、交叉和变异操作产生新一代候选解，反复该过程直到满足某种收敛条件为止。复制操作体现了“适者生存、不适者淘汰”的自然选择原则；交叉的作用是组合父代中有价值的信息，以利于产生好的后代，实现高效搜索；变异的作用是保持群体中基因的多样性。复制、杂交和变异三个算子体现了 GA 的主要特征。应用遗传算法解决调度问题的基本环节包括：构造初始染色体，设计适值函数的标度方法，确定遗传算子，确定遗传算法结构，选择遗传算法参数。对遗传调度算法的研究则集中体现在对这些环节的改进上。应用遗传算法的弱点是：第一，通常需要很大的种群；第二，没有办法知道遗传算法是否已经达到最优，唯一的途径是让算法运行足够长的时间；第三，在染色体中，对调度问题的表达往往不简单，不完全，染色体编码、解码操作以及对死锁的检测也使 GA 执行速度减慢。

（5）基于 Petri 网和多代理的方法。方宇炜[43] 基于 Petri 网建立了炼钢-连铸生产过程的实时调度模型，但该模型与实际问题之间存在很大距离。李霄峰[44] 基于 Petri 网建立炼钢-连铸系统的动态调度模型，并针对这一模型提出了一种启发式算法。

对于大规模的计划与调度问题，由于单个专家系统的有限知识和能力，近几年又出现了基于多代理的分布式调度系统。Cowling[45] 给出了炼钢连铸热轧动态调度的多代理框架，建立了轧制计划的整数规划模型，用禁忌搜索方法产生热轧调度，将浇次计划问题作为带约束的装箱问题处理。然后，针对生产过程中板坯不可用事件和有紧急订单到达事件，提出若干种热轧重调度修复策略。

（6）基于约束的调度方法。基于约束的调度研究在国外只有二十几年的历史[46]，在国内则刚刚兴起[47,48]。Mark Fox 和 Steve Smith 是最早开展基于约束调度研究的学者[49]，第一次把约束引入关键知识表示和作为搜索引导工具来构建及修正调度，研制出第一代约束调度系统 ISIS[50]。基于这条主线的研究主要集中在两方面：一般性调度问题中的约束表示以及如何把问题的约束知识表示作为启发式决策的基础。继 ISIS 之后，出现了 OPIS、CORTES、MicroBoss、DCHS、SONIA、DAS、GERRY、MinConflicts、DisARAM 等基于约束的调度产品，构筑了工业调度的重要基础。

调度问题的实质是约束满足和优化问题[51]，基于约束满足的建模与求解方法已经成为现代工业调度研究的热点[52,54]。约束满足技术具有灵活表达问题的约束、利用变量之间的约束关系修剪搜索空间、降低求解问题时的计算量的优势，许多调度问题都可以模型化为约束满足问题，借助约束满足问题的求解技术收缩搜索空间，降低调度问题的复杂性。自从 Fox 等人首次应用约束满足技术求解车间调度问题以来，国内外学者对基于约束满足技术的车间调度算法展开研究[55,56]。1996 年，Nuijen&Aarts[57]将基于约束满足的 Job Shop 车间调度算法扩展到多能力车间调度问题中，提出了向前看一致性检查算法和工序排序算法。在国内，将约束满足技术应用于车间调度问题的研究成果还较少，段黎明[58]综述了求解 Job Shop 车间调度问题的深度优先搜索算法；陈恩红和杨宏安[59,60]分别在深度优先搜索算法的基础上，研究求解 Job Shop 调度问题的约束一致性算法和工序选择与开工时间选择启发式算法，重点在于如何减少获得满意解的回溯次数，但没有涉及目标优化问题。

因此，在上述已有研究成果的基础上，本书采用约束满足建模与求解技术，针对，并结合专家系统和邻域搜索等智能优化方法，围绕 Job Shop 复杂调度问题展开研究。

2.2.3　组合方法

随着调度问题研究的深入，国内外许多学者开始注重采用综合的方法，具体的组合方式又可分为以下几种情况：

（1）基于不同类智能方法组合的研究方法。文献［61］针对并行机调度，提出了一种以遗传算法与模拟退火相结合的方法。伦敦大学的 Yang 提出一个约束满足自适应神经网络与启发式算法相结合来解决通常的 Job Shop 调度问题[62]。该神经网络基于调度过程的顺序与资源限制，能够容易地建立并能自适应调节连接权。在结合算法中，神经网络用于获得可行解，启发式算法被用来提高神经网络的性能和解的质量。

（2）基于模型与智能组合的研究方法。J. Lyu 和 A. Gunasekaran 选择一内嵌结构来建立智能仿真模型来评价钢厂的调度策略，提出一个通过仿真机制控制事件发生器和专家系统的框架[63]。A. Nagar 等人采用分枝定界与遗传算法相结合的方法解 Flow Shop 调度问题[64]。

（3）基于人机交互与智能组合的研究方法。Shah 和 J. Manesh 等人以钢铁生产为背景描述了一个交互式资源调度专家系统[65]。处理没有满足规范调度的生产运行信息，采用分级系统执行监控生产设备。英国谢菲尔德大学的 K. J. Shaw 等人应用多目标遗传算法检验批调度问题[66]，采用交互的方式可以允许人参与优化过程，包括改变参数的优先权，允许多目标遗传算法关于批规模和任务分配的决策。文献［67］分析了炼钢-连铸生产管理特点，给出分布式在线生产调度系统的总体结构，并描述了专家系统、启发式算法和人机交互相结合的生产调度计划集成化编制方法。

（4）基于模型与人机交互组合的研究方法。Norbis Mario 等人提出一个交互的调度方法允许决策者改变工件的相对优先权，来解决资源约束调度问题[68]。E. Krebs Joseph 等人描述了一个柔性制造单元中采用整数规划与操作人员交互来解决调度问题的算法[69]。

2.2.4 调度策略

由于现代生产调度问题的高度复杂性，当单一调度算法难以得到满意的求解质量和求解速度时，往往通过一定的调度策略将多种算法进行结合，调度策略是车间调度高层次的决策部分，成为调度问题研究方法的一种趋势，目前主要的研究策略可分为以下几种[70]：

（1）生产计划与调度集成策略：生产计划与调度的集成研究具有全局优化的特征，也符合先进制造模式的思想，同时能够提高生产系统的柔性。

（2）人机协同策略：现有研究方法的缺陷以及人类独特的思维能力决定了人机协同策略的生命力，大量研究表明人机协同交互策略可以减小系统的搜索时间，能够在有限的时间、背景知识条件下解决一些困难的调度问题。

（3）动态重调度策略：车间制造过程的随时性和不确定性需要不断地进行重调度，以处理突发的事件。基于目前的研究，对于动态调度的具体策略有周期调度、连续调度、事件驱动调度、周期与事件驱动混合调度，周期与连续调度混合等。

（4）分解与成组策略：利用分解生产计划或 GT（Group Technology）的调度策略可以大大降低问题的复杂性和规模，求得调度问题的较优解，同时优化系统的一些性能指标。

（5）并行或分布策略：为适合不同车间控制结构与高度复杂问题的需要，不少学者利用并行或分布策略来解决车间调度问题。

（6）多目标权衡决策：实际调度问题是多目标的，且这些目标往往相互冲突，如何对调度系统的不同目标进行权衡分析，实现多目标调度优化是十分必要的。

（7）异地生产调度策略：作为敏捷制造模式的关键技术之一，异地生产调度策略也成为近期的研究热点，具有比较广阔的应用前景。

综上所述可以看出，虽然对调度领域的研究已有几十年的历史，但至今尚未形成一套系统的方法与理论，并且多数研究的问题规模较小，忽略了很多重要的因素，建模时对真实环境进行了大量的简化，离应用尚有不小的差距，随着应用数学理论的进一步发展，对于生产调度方法的研究必然朝着集成化、多目标化、动态实用化、高度次优化方向深入进行。

2.3 约束满足技术

本节首先给出约束满足问题的形式化描述，然后综述常规约束满足问题的求解技术，进而介绍了约束优化问题及求解方法，动态约束满足问题及求解方法。

2.3.1 相关概念

约束满足问题是计算机科学和人工智能研究的核心问题之一。现实生活中的许多组合、调度优化问题都可以描述为约束满足问题。Huffman 于 1971 年首先提出了 CSP 的基本概念，并给出了 CSP 的形式化定义[71]；Haralick 与 Shapiro 讨论了 CSP 求解的一般性通用方法[72,73]；Van Hentenryck[74] 与 Cohen[75]，分别从约束逻辑规划（Constraint Logic Programming，CLP）的层面讨论了如何求解 CSP；Tsang 在《约束满足基础》（Foundation of Constraint Satisfaction）一书中对 CSP 研究的进展作了比较全面的介绍和分析。

定义 2-1：约束满足问题定义为一个三元组 $P=\langle X, D, C\rangle$，其中 $X=\{x_1, \cdots, x_n\}$ 是 P 中所有变量的集合；$D=\{D(x_1), D(x_2), \cdots, D(x_n)\}$ 是各个变量的值域的集合；$C=\{C_1, C_2, \cdots, C_m\}$ 是作用于变量集合 X 上的约束集合。

（1）变量：代表现实世界中可取某个值的实体、事件或状态。例如物体的温度、工件的开工时间等，变量集合 $X=\{X_1, X_2, \cdots, X_n\}$。

（2）变量的值域：变量 x_i 对应值域 $D(x_i)$，定义了变量的可能取值的集合变量的值域，值域集合 $D(X)=\{D(X_1), D(X_2), \cdots, D(X_n)\}$，表 2-2 给出了一组变量及其值域。

表 2-2　一个 CSP 例子：变量及其值域

变量 x_i	值域 $D(x_i)$	变量 x_i	值域 $D(x_i)$
x_1	$\{P, K, B\}$	x_3	$\{V, U, N\}$
x_2	$\{U, L, I\}$	x_4	$\{K, J, E, B\}$

（3）约束：约束集合用 $C=\{C_1, C_2, \cdots\cdots, C_m\}$ 表示，其中每一个约束 C_j 代表变量集 X 中一个子集之间的逻辑关系。例如表 2-3 定义了变量之间的约束关系，这些约束关系对变量的取值施加了一种限制，规定了变量应该如何取值。

表 2-3　一个 CSP 例子：变量间的约束

约束 C	约束定义	约束 C	约束定义
$c(x_1, x_2)$	$x_1<x_2$	$c(x_2, x_3)$	$x_2<x_3$
$c(x_1, x_3)$	$x_1<x_3$	$c(x_2, x_4)$	$x_2<x_4$
$c(x_1, x_4)$	$x_1<x_4$	$c(x_3, x_4)$	$x_3>x_4$

约束满足问题可以用约束网络图直观表示，能够方便地引导搜索约束满足问题的解[76]。约束图的顶点集对应于变量集合，$\forall v_i, v_j \in V, i \neq j$, v_i 与 v_j 之间存在一条边的充分必要条件是该 CSP 问题中存在一个约束 $c(v_i, v_j) \in C$。

（4）一元约束和二元约束：仅与一个变量相关的约束称做一元约束，与两个变量有关的约束称做二元约束，在约束图中，二元约束称做弧。大多数约束满足问题可将约束限制在一元约束或二元约束上。任何 n 元约束（$n>2$）都可以转化为等效的二元约束。因此，在约束满足问题的求解技术中，节点一致性技术和弧一致性技术应用最广。

约束满足问题的求解目标是为所有变量找到一组值，满足问题所有的约束，这样的一组值称作约束满足问题的一个可行解。如果不能为所有的变量找到一组可行赋值，则称此问题无解。

定义 2-2：一个可行完全赋值称作 CSP 的一个可行解或满意解，满足约束集 $C=\{C_1, C_2, \cdots\cdots, C_m\}$ 中的每一个约束。

（1）赋值：指“变量-值”决策对（x_i, v_i），$v_i \in D(x_i)$，表示将值 v_i 赋给变量 x_i。

（2）复合赋值：(x_1, v_1)，(x_2, v_2)，…，(x_n, v_n)，$v_i \in D(x_i)$，表示同时对一组变量进行赋值，将值 $v_1, v_2, \cdots\cdots, v_n$ 同时赋给变量 $x_1, x_2, \cdots, x_n$。一个复合赋值可行的条件是它满足相关约束集 $C=\{C_1, C_2, \cdots, C_m\}$ 中的约束限制，一个可行复合赋值称作 CSP 的局部解。

（3）k-复合赋值：k-复合赋值表示将 k 个值同时赋给 k 个不同变量。

（4）完全赋值：(x_1, v_1)，(x_2, v_2)，…，(x_n, v_n)，$n=|X|$，$v_i \in D(x_i)$，表

示同时对问题中的所有变量进行复合赋值，$v=\{v_1, v_2, \cdots, v_n\}$ 就为笛卡尔积 $D(x_1)\times D(x_2)\times\cdots\times D(x_n)$ 的一个元素。

2.3.2 约束满足问题求解

CSP 解空间的搜索过程是约束满足问题求解的基本步骤。系统搜索策略大致可分为完备普通搜索策略、不完备普通搜索策略和约束传播策略。

早期求解 CSP 的方法是系统化搜索变量所有的可能赋值，通常称之为普通搜索方法。体现这一思想的最主要的算法就是基本回溯（BackTrack，BT）算法；不完备普通搜索是一种基于 Cutoff 策略和基于冲突（discrepancy）的新的系统化回溯搜索策略，在一些特定 CSP 求解上，其效率远好于完备的搜索方法；完备普通搜索策略和相容性技术结合起来产生了约束传播方法，利用问题的约束条件来不断缩小搜索空间，从而降低问题的求解难度[77]。由于 CSP 问题的复杂性，单纯依赖约束传播并不能消除变量之间的所有不一致取值，因此常常需要一个搜索过程来确定 CSP 存不存在一个解或计算 CSP 的最优解，一个完整的 CSP 求解过程可以用图 2-2 来表示。

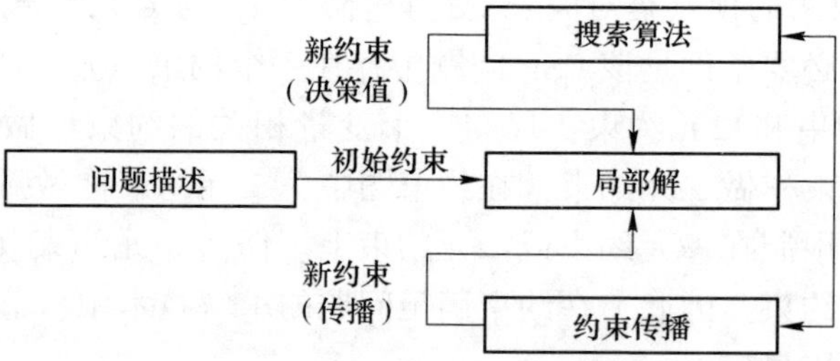

图 2-2 CSP 求解的一般过程

（1）完备普通搜索方法：主要包括生成-测试与回溯方法。

1）生成-测试方法：最直接的求解问题的方法，它基本思想是产生为每个变量指定相应论域中的一个值，然后检查它的相容性，直至所有的变量都被赋值为止，就得到问题的一个解。由于盲目的为变量产生值，因而很晚才能发现不相容性且效率低下。

2）回溯：搜索过程的向后看阶段，对算法效率有很大影响。回溯方法的思想是在将部分解向完全解扩展的过程中，如果当前变量的值和已经被实例化的变量不相容，而当前的变量又没有值可以继续实例化了，就将当前值舍弃，转而考虑前一个被实例化的变量，否则继续向下扩展搜索路径。回溯方法比简单的生成和测试方法效率高。但它的缺点在于实例化变量时，经常产生相同的子树，即发生所谓的“颠簸”现象，而且由于没有任何启发式信息，导致较晚才能探查到冲突。

基本回溯搜索对所有变量值域组成的空间进行遍历，这种算法可以保证得到问题的解或证明问题无解。基本思想是：每次为当前变量 x_i 从其值域中选择一个值赋给该变量，然后检查这个变量的值是否与当前部分解 $\{x_1, x_2, \cdots, x_{i-1}\}$ 约束一致，若一致，则搜索下一个变量 x_{i+1}。若 x_i 的赋值与当前部分解 $\{x_1, x_2, \cdots, x_{i-1}\}$ 有约束冲突，则撤销 x_i 的当前赋值，从 x_i 值域中选择另一个值赋给 x_i，然后检查这个赋值与当前部分解的约束一致性，如此重复，直到找到一个满足约束一直性的赋值为止，转下一个变量 x_{i+1}；或者 x_i 值域中的值已经被测试完毕，仍找不到一致性的赋值，则回溯，把 x_i 之前变量 x_{i-1} 原先的赋值撤销，重新从其域中选择一个值。重复上述过程，直到所有的变量都被赋值（找到一个解）或者证明问题无解为止。

在基本的回溯搜索算法中，没有尝试对搜索空间作任何的修剪，它是一个穷举搜索策略，是完全的（能找到问题的所有解）和可靠的（找到的解都满足所有的约束），但其缺点是搜索时间较长。智能回溯策略是指用树搜索算法搜索问题答案时，如果变量的赋值出现约束冲突，则需要进行回溯。基本的回溯顺序是沿工序被调度的时间反向回溯，这是一种低效率的回溯。常用基于回跳的回溯搜索和基于学习的回溯搜索改进回溯效率，这两种回溯又叫智能回溯。

基于回跳的回溯搜索算法的关键是要决定回跳多远，因此算法要在搜索过程中注意识别导致冲突的原因，记录冲突信息，以便在回跳时直接回到失败的源点。基于学习的回溯搜索算法的关键是记忆失败的原因，避免在后续搜索中再发生同样的冲突。比如以新的约束形式记录冲突产生的原因。Dechter[91] 和 Sadeh[78] 介绍了智能回溯算法。

（2）不完备普通搜索是一种基于 Cutoff 策略和冲突的系统化回溯搜索策略。Cutoff 策略其主要思想是在有限时间内部分实例化尽可能多的约束变量，且保证满足被赋值变量的相关约束，即实现最大相容赋值。这种搜索方法适用于过度约束满足问题的解空间搜索。具体搜索算法包括：DBS（Depth-BoundBacktrack Search）算法[79]、CS（Credit Search）算法[80] 和 IB（Iterative Broadening）算法[81]；基于冲突的不完备搜索算法有 LDS（Limited Discrepancy Search）[82] 算法。

（3）约束传播方法。一致性技术是一种基本的约束传播，也叫域收缩技术，用于从变量的值域中移走与约束有冲突的值。一致性技术是人工智能研究者 Waltz[83] 首先引入的，最初是为了改善图像识别程序的效率。在图像识别中，需要以一致性的方式，为图中的每条线加上标志，可能的组合方式数是非常庞大的，但是，却只有很少的弧是符合一致性的。一致性技术在初始阶段就将大量的不一致性赋值排除，从而使得搜索的时间大大减少，求解组合优化问题的计算量大大降低。一致性技术已经在求解大量的难搜索问题中被证明非常有效。通常一致性方法分为节点一致、弧一致和路径一致。

1）节点一致性技术：节点一致性技术就是逐个检查变量值域中的每个值，任何不满足一元约束的取值都从该变量的值域中删除。

2）弧一致性技术：如果一个约束满足问题中的每个变量对弧（x_i，x_j）都是弧一致的，则称整个约束满足问题是弧一致的。弧（x_i，x_j）是有向的，也就是说，如果（x_i，x_j）是弧一致的，那么（x_i，x_j）并不一定是弧一致的。弧一致性算法的目的是将不符合由弧连接的两个节点（变量）之间的二元约束的值从变量的值域中滤除。

定义 2-3：给定变量 x_i 和 x_j，其值域分别为 $D(x_i)$ 和 $D(x_j)$，如果对于 $v \in D(x_i)$，不存在 $\mu \in D(x_j)$ 使得复合赋值 $\langle x_i, v\rangle$ 和 $\langle x_j, \mu\rangle$ 满足变量 x_i 和 x_j 之间的约束关系，则可以将 v 从 $D(x_i)$ 中删除。如果对于所有的 $v \in D(x_i)$ 都经过上述判断过程，则称连接变量 x_i 和 x_j 的弧（i，j）是一致的[84]。

实例：设 x，y，z 的值域 $x \in \{1, 2, 3, 4, 5, 6\}$，$y \in \{1, 2, 3, 4, 5, 6\}$，$z \in \{1, 2, 3, 4, 5, 6\}$，变量之间二元约束为：$x<y$，$z<x-2$，应用弧一致技术过滤变量的值域过程如图 2-3 所示。

$$\begin{bmatrix} x \in \{1,2,3,4,5,6\} \\ y \in \{1,2,3,4,5,6\} \\ z \in \{1,2,3,4,5,6\} \end{bmatrix} \xrightarrow{(x<y)} \begin{bmatrix} x \in \{1,2,3,4,5\} \\ y \in \{2,3,4,5,6\} \\ z \in \{1,2,3,4,5,6\} \end{bmatrix} \xrightarrow{(z<x-2)}$$

$$\begin{bmatrix} x \in \{3,4,5\} \\ y \in \{2,3,4,5,6\} \\ z \in \{1,2\} \end{bmatrix} \xrightarrow{(x<y)} \begin{bmatrix} x \in \{4,5\} \\ y \in \{5,6\} \\ z \in \{1,2\} \end{bmatrix}$$

图 2-3 弧一致过程

在实际应用中，可以根据问题的特征开发各种各样的弧一致性算法，目前，公开发表的弧一致性算法主要有七种，AC1～AC7[85~88]。

大多约束满足问题可将约束限制在一元约束或二元约束，任何 n 元约束（$n>2$）都可以转化为等效的二元约束，因此在约束满足问题求解技术中，节点一致性技术和弧一致性技术应用最广。不过由于一致性技术具有不完备性，因而考虑将其与完备普通系统搜索方法结合起来，于是人们引入了约束传播的方法，主要有展望和回顾两种类型，这两类策略都是在系统化搜索过程中对问题的搜索空间进行一定程度的约减，而它们的区别在于约减过程发生在搜索过程中的不同阶段。

（1）展望策略的主要思想是通过对还没有实例化的变量进行相容性检查来避免未来的冲突，该操作通常发生在准备对下一个变量实例化的时候，这样可以通过有限的约束传播发现当前变量及其实例化的值对于后续搜索的影响。最常用的展望算法包括前向检查（Forward Checking，FC）算法[89]和向前看（Look Ahead，LA）算法[90]。

FC 算法确保未赋值变量的值域中的剩余值与所有已经赋值的变量的取值是约束一致的。具体过程是：每一次为当前变量 x_i 赋值之后，检查所有未赋值的变量的值域，从中找出与 x_i 当前赋值不一致的值，将该值从变量的值域中删除。如果某个未赋值变量的值域变为空，则 x_i 的当前赋值应被拒绝，否则继续下一个变量的赋值，直到所有变量均已赋值为止。若 x_i 的值域中所有的值均被拒绝，则回溯到 x_i 之前一个变量 x_{i-1}，撤销该变量的当前赋值，换另一个值试一试。如果所有变量均已回溯，则说明问题无解。向前一致性检查策略通过修剪或过滤未赋值变量的值域，确保下一个变量的赋值与当前部分解保持一致，这在一定程度上缩短了搜索时间，但是它并不考虑未实例化变量之间的相容性。LA 除了检查当前变量与所有未赋值变量的一致性外，还检查所有未赋值变量之间的一致性。图 2-4 显示了在运用 BT 算法和两类展望算法进行约束求解时约束的检测状况：

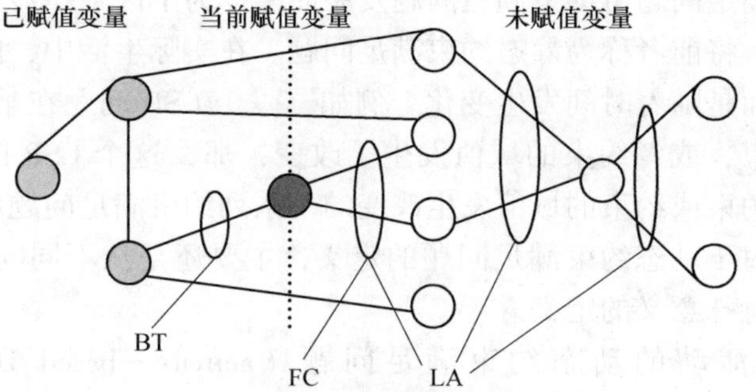

图 2-4　约束检测状态图

（2）回顾策略的主要思想是当一个新值被选择来扩充局部解时，通过“Look Back”不完全解的先前选择值来测试，看新值是否与先前选择的值相容，通过记录更多的关于搜索过程的路线，这些变化减少了冗余的检查。

具体体现回顾策略的算法都是在 BT 算法上的改进，比如 BM 算法[91]，BJ 算法[92]及其改进算法等。通过记录过去失败的相容性检查，BM 算法可以避免重复那些以前执行过的，没有必要的检查。BJ 算法是一种可以避免重复产生相同冲突点的算法，当算法在约束传播的过程中发现冲突时，可以直接回跳到产生冲突的真正变量处对其重新进行实例化，而不是仅仅回跳到当前变量的前一个变量，并对其反复赋予不同的值。BJ 算法主要有三种改进算法：GASBJ（Gaschnig's Backjumping），GBJ（Graph-based Backjmuping），CBJ（Conflict-directed Backjumping）。GASBJ 算法实现了由叶终结状态回跳到冲突变量的思想；GBJ 算法则只是从约束图中提取出无关回溯点的信息，它引入了在中间终结状态和叶终结状态回跳的思想，但是这并不能保证就一定会回跳到冲突变量；CBJ 算法将在叶终结状态回跳到最远变量和在中间终结状态回跳到最远变量的思想结合到一起。

（3）全局约束传播算法：除了一般的约束定义方式以及一致性算法外，在

CSP 中还存在一种重要的约束传播算法，即全局约束传播算法[93]。所谓“全局约束”指的是在约束定义中，一个约束条件同时包含很多变量。这类全局约束可以按照约束特点，设计非常特殊、高效的约束传播算法，实现快速缩减变量值域。一个非常著名的全局约束实例是“AllDifferent”，该约束被用来保证所有的 n 个变量取值互不相同。如果采用一般的约束定义方法，我们需要用弧一致算法对 $n(n-1)/2$ 个局部约束进行传播，当 n 值很大时，这是一个非常耗时的过程。一个非常高效的算法将 AllDifferent 约束描述为一个二分图，在图中，一个节点集合代表所有的变量，另一个节点集合代表所有变量的值域，节点间的边代表变量和变量值域之间的对应关系。

2.3.3 动态约束满足问题

动态约束满足问题由约束满足问题发展而来。为了区别一般约束满足问题和动态约束问题，将前者称为静态约束满足问题。在实际生活中，问题的约束并非一成不变的，而是随着时间发生变化。例如，一个 CSP 问题在某时增加了约束，或者减少了约束，或者约束的域值发生了改变，那么这个 CSP 问题就发生了变化，将随时间约束或约束的域值发生改变的一系列约束满足问题称为动态约束满足问题，当前对于动态约束满足问题的定义，主要还是从不同问题的角度出发，给出具有某种特殊意义的定义。

（1）基于活动的动态约束满足问题（activity - based DCSP，aDCSP）。S. Mittal 和 B. Falkenhiner 从变量的逻辑关系出发，活动之间具有激活关系，即一个或几个活动可能激活另一个活动，从而改变原来问题，对动态约束满足问题进行了描述[94]。一个 aDCSP 由一个典型的 CSP 和基于其他特殊的变量赋值，来描述如何增加（或减少）可行解中变量的约束组成。求解 aDCSP 时，由于一些变量可能使其他的变量变成是与解无关，因此不是 aDCSP 中所有的变量都必须赋值。

在 aDCSP 中，$V_{\text{initial}} \in V$ 定义了初始变量集，它们必须在所有的解中出现。对于一个典型的 CSP，包含 $v_i \in V$ 的约束被分成两类：一类称为相容性约束（compatibility），另一类称为活动约束（activity）。相容性约束 $C_{\text{c}} \in C$ 定义了 CSP 中变量的取值范围及其之间的关系，属于典型的 CSP 约束。活动约束 $C_{\text{a}} \in C$ 说明变量及其相关的值域在构造解时需要满足的相关条件。以下是一个活动约束形式的例子：

$$c_1 \in C_{\text{a}}: v_i = d_k^i,\ v_j = d_r^j,\ \rightarrow \text{active}(v_k)$$

$$c_2 \in C_{\text{a}}: v_j = d_k^i,\ v_j = d_r^j,\ \rightarrow \text{inactive}(v_r)$$

c_1 表示当 $v_i = d_k^i$，$v_j = d_r^j$ 时，激活变量 v_k，使得 v_k 成为 V 中的元素，即 v_k 也必须在问题的解中得到赋值。c_2 表示当 $v_j = d_k^i$，$v_j = d_r^j$ 时，终止变量 v_r，即在 V 中

删除变量 v_r，使得 v_r 不在解中出现。

特殊的状态也可以通过定义，使得一个或者一个变量集合的存在（与当前赋值无关）总是要求另一个变量的存在或者删除。

例如：一个 CSP 的变量集为：$V=\{v_1, v_2, v_3, v_4\}$，变量所对应的值域分别为：

$$D_1=\{a, b\},\ D_2=\{c, d\},\ D_3=\{e, f\},\ D_4=\{g, h\}$$

初始活动变量为：$V_{\text{initial}}=\{v_1, v_2\}$，约束 $C=C_c \cup C_a$。

式中，C_c：$v_1=a \rightarrow v_2=d$；$v_1=b \rightarrow v_2=c$；$v_2=c \wedge v_1=b \rightarrow v_3=e \rightarrow v_4=h$

C_a：$v_1=b \rightarrow \text{active}\ (v_3)$；$v_3=e \rightarrow \text{active}\ (v_4)$

当 $v_1=b$ 时 v_3 被激活，即问题包含 v_3，必须在解中为变量 v_3 赋值；$v_3=e$ 时 v_4 被激活，必须在解中为变量 v_4 赋值。该问题的可行解为：

$$\{a, d, -, -\}$$
$$\{b, c, f, -\}$$
$$\{b, c, e, h\}$$

其中“-”表示该变量未被激活。

（2）基于松/紧的动态约束满足问题。

Ari K Jonsson 和 Jeremy D. Frank 从强化/弱化问题出发指在动态环境下由约束的松弛或紧缩而产生的一系列相关的约束满足问题，将这类动态约束满足问题简称为 rrDCSP（restriction/relaxiation-based DCSP），图 2-5 是 rrDCSP 的示意图，rrDCSP 中，一元变量约束的松/紧可直接看成是变量域值的改变，具体定义如下。

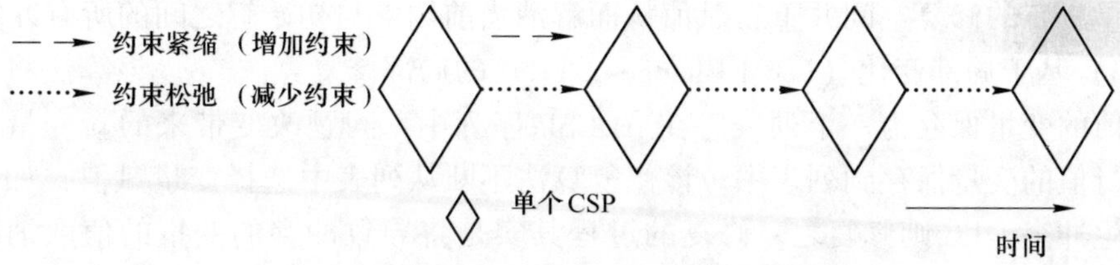

图 2-5　松/紧约束动态约束满足问题示意图

设 $P=\langle V, D, C\rangle$ 为一典型的 CSP 问题，$P'=\langle V', D', C'\rangle$，若 $V' \supseteq V$，即变量数量增加，$\prod v \in V,\ D'(v) \subseteq D(v)$，即每一个变量的值域减小，且可行变量值的组合减少，这种 CSP 问题被称之为强化的 CSP 问题；相反，如果 $V' \subseteq V$，即变量数量减少，$\prod v \in V,\ D'(v) \supseteq D(v)$，即每一个变量的值域增加，且可行变量值的组合增加，这种 CSP 问题被称之为弱化的 CSP 问题。动态 CSP 问题就是一个 CSP 问题的序列：$P_0, P_1, \cdots, P_m$，其中每一个 P_i（$i \geqslant 1$）都是 P_{i-1} 的强化或者弱化。

在求解 rrDCSP 问题时可将系列中的 CSP 看成单个的静态 CSP 而采用经典 CSP 求解方法，但是这会消耗大量的计算机资源。较好的求解算法是在求解当前 CSP 时充分利用时间序列前一个 CSP 的解，这不仅提高算法求解效率，还可以保持解在时间序列上的稳定性。

(3) 动态约束满足问题一般定义。

设 t 为时间，$P(t)=\{V(t), D(t), C(t)\}$，其中：

$V(t)$ 为 t 时刻的变量集：$V(t)=\{V_1(t), V_2(t), \cdots, V_n(t)\}$；

$D(t)$ 为 t 时刻变量的定义域集：$D(t)=\{D_1(t), D_2(t), \cdots, D_n(t)\}$，$D_i(t)$ 为 $V_i(t)$ 的值域；

$C(t)$ 为 t 时刻变量的约束关系集：$C(t)=\{C_1(t), C_2(t), \cdots, C_n(t)\}$，每个约束 $C_i(t)$ 与 $V(t)$ 的一个子集相关；

$V(t)$，$D(t)$，$C(t)$ 沿时间轴发展而变化，$P(t)$ 表示在 t 时刻的一个 CSP 问题，在时间轴上的所有 $P(t)$ 构成的一个系列，就是一个动态约束满足问题 DCSP。

目前的 DCSP 算法可分为以下三种：

1) 将序列中的每个 CSP 看成静态 CSP 而采用静态 CSP 算法求解[95]。每个 CSP 从一个空初始解（零个变量赋值）开始赋值，在变量赋值过程中参考前一个 CSP 的赋值，从而可以避免一些赋值不当产生的回溯。

2) 局部修复算法[96,97]，该算法将一个已经赋全值的上一个 CSP 的解作为赋值开始，通过修改最初的变量赋值产生一个满足当前约束条件的 CSP 的解，从而获得一个可行解。文献 [96] 利用了这种启发式局部修复算法，该算法通过搜索变量所有的修复空间并重新赋值从而解消当前约束与初始解之间的所有冲突。

3) 基于局部变化（Local Changes，LC）的局部修复算法[97]。该算法将当前未赋值的变量保存为一个列表。在 rrDCSP 序列中，问题改变带来的新变量和失去可行值的变量保存到列表中。该修复算法不断从列表中选择变量赋值，如果赋值产生冲突，LC 则修复之。修复的过程其实是将导致冲突的变量的值取消并重新赋值，从而使得该变量赋值与其他变量保持一致性。

可以看出，动态约束满足求解技术的核心，就是解的重用性和稳定性，即最大可能的保证变化发生之前所求得的解能够在问题发生变化之后的继续有效。这样可提高问题求解效率。

2.3.4 约束优化问题求解

约束满足优化问题（Constraint Satisfaction and Optimization Problem，CSOP）通常由标准的 CSP 和目标函数构成，即要求所有约束都被满足的同时优化某个目标函数。可以表示为四元组 $P=\langle V, D, C, F\rangle$，其中 F 表示目标函数。

对于 CSOP，找到最优解的最简单的方法是对这些问题使用完备求解器，通过反复使用来找到问题越来越好的解。迭代目标变量的所有可能取值，从目标变量值域的下界迭代到上界，或从目标变量值域的上界迭代到下界，更确切地说，可以使用求解器来找到 CSP 的任意解之后，对问题增加一个约束，排除不好于这个解的解。递归求解新 CSP，产生更接近于最优的解。重复该过程，直到扩充的 CSP 是不可满足的，得到最优解，这种方法没有真正利用约束知识，其中的约束传播是没有优化导向的，解空间搜索效率低下，对于大规模问题，该算法将显得力不从心。

文献［98］采用二分搜索算法寻最优解，以最小化 makespan 为例，采用二分搜索算法寻找最优解的框架如下：

Step 1：计算目标变量 makespan 的初始上界 UB（等于所有工序的加工时间总和）和初始下界 LB（约束传播之后的结果）；

Step 2：计算 $D=\frac{LB+UB}{2}$；

Step 3：置 makespan$\leqslant D$，将其作为一个附加的目标约束添加到原 CSP 问题，求解产生的新 CSP 问题，如果新 CSP 问题的解存在，将新解的目标函数值作为 UB；否则 $LB=D+1$；

Step 4：迭代 Step 2 和 Step 3，直到 $UB=LB$。

基于启发式修复算法求解约束优化问题时，常采用随机选择和重起搜索机制优化目标函数，目标优化的框架如下[99]：

Step 1：设置最大重起次数 MaxRestart，S_{best} 表示最好解，$MK(S_{\text{best}})$ 为最好解的目标函数值，sol 表示当前解，$MK(sol)$ 表示当前解的目标函数值。初始化设置为 $S_{\text{best}}=EmptySolution$，$sol=EmptySolution$，$counter=1$，设目标函数值上界 $MK(EmptySolution)=+\infty$；目标函数值下界由启发式方法得到，设为 mk_0。

Step 2：$sol\leftarrow$用启发式修复方法获得一个新解；

Step 3：如果 $MK(sol)<MK(S_{\text{best}})$，则 $S_{\text{best}}\leftarrow sol$；否则 S_{best} 不变；

Step 4：如果 $counter\leqslant$ MaxRestart 且 $MK(S_{\text{best}})>mk_0$，$counter=counter+1$，转 Step2；否则输出最好解，结束求解过程。

文献[100]提出了一种基于目标约束的优化算法，把目标变量定义为约束变量，加入约束网络中，然后进行带目标的约束传播和求解。一旦与目标约束变量相关联的变量发生传播触发事件之一，那同时触发目标变量的约束，对其论域进行检测和更新，若不符合当前目标值则回溯，这里把优化作为特殊约束处理，算法具体求解流程见图 2-6，在求解前需要先做两项工作：

（1）定义一个 makespan 变量并且规定这个值要比每一个任务的结束时间都要大；

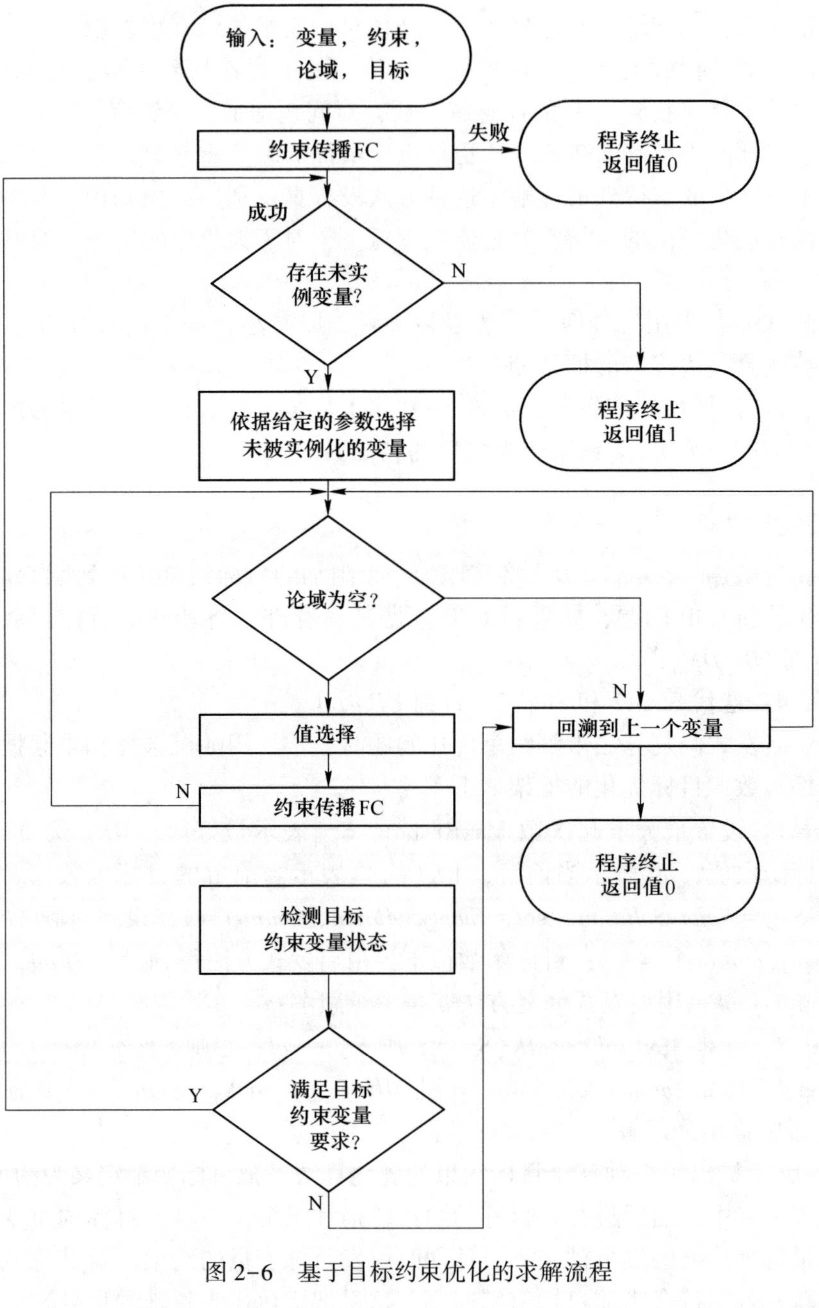

图 2-6 基于目标约束优化的求解流程

（2）将这个 makespan 目标约束变量设置成得到的解的 makespan。具体步骤如下：

Step 1：把调度中的所有任务状态都看成是可选择的。

Step 2：如果所有的任务已经固定了开始和结束时间，那么设置这个约束变量 make span 为用这个算法得到的 makespan 的解，否则，将那些已经固定了开始时间和结束时间的任务们的状态设置成为不可选择。

Step 3：如果状态为可选择的任务的集合非空，那么从这个集合中选择一个任务，为这个可选择的任务建立一个选择点（以用来回溯）并且从这个被选择的任务的最早开始时间开始调度这个任务直到它的最早结束时间为止，回到 Step 2。

Step 4：如果状态为可选择的任务的集合为空，回溯到最近的选择点。如果不存在这样的点报告这个问题无解，退出。

Step 5：向上回溯，考虑在选择点上已经被调度的任务，只要它的最早开始时间没有被改变，就将这个任务的状态设置成为不可选择的，回到 Step 2。

2.4　基于约束的调度方法

调度问题的实质是约束满足和优化问题，基于约束的调度要在满足次序约束、资源约束、路径约束和其他约束的前提下，为各项作业分配资源、决定时间变量。有时候不仅要求的可行解，而且要按照某种准则求得最优解。在现实调度问题中，无论是资源还是任务本身其结构都不是同质的，同时还存在许多附加约束。要对这些约束进行明晰的描述显然是困难的。约束满足技术具有灵活表达问题的约束、利用变量之间的约束关系修剪搜索空间、降低求解问题时的计算量的优势，许多调度问题都可以模型化为约束满足问题（CSP），借助约束满足问题的求解技术收缩搜索空间，降低调度问题的复杂性。

2.4.1　调度问题的约束满足模型

首先介绍相关术语：

（1）操作：将一个加工工序称作一个操作。

每个操作有四个域：开工时间，完工时间，加工时间，持续时间（开始到结束之间的一段时间）；

每个操作有两个约束：开工时间+持续时间=完工时间；加工时间+中断时间=持续时间。加工时间等于操作的有效执行时间，加工过程可能会有中断，中断的时间长度叫做中断时间。

（2）资源：根据资源性质，分为一元资源、离散资源、状态资源和可替换资源。

一元资源为不可同时被两个操作共享的资源；离散资源指能力是离散的，即能力为整数，当一个加工任务完成后，其能力可以回复，同时也具有不可同时被两个操作共享的特点；状态资源指状态随时间变化的资源（加热炉温度），可由一个状态集和一个行为集限定；可替换资源是从可替换集中分配的资源。

(3) 约束：工艺顺序约束和能力约束。

工艺顺序约束指同一工件的不同操作之间的加工顺序约束，由工件的加工工艺路径决定；能力约束描述工序占用资源的约束，能力约束又可以细分为表能力约束、析取能力约束和累积能力约束。表能力约束确保任何时刻对资源的需求和消耗不超过可用量限制；析取能力约束确保两个操作不在同一时刻共同使用一个一元资源或离散资源；累积能力约束指多个工件在同一机器上加工，每个工件需要消耗一定量的资源，工件对资源的总需求不能超过资源的总能力。

将车间调度问题表达为约束满足问题时，需要定义问题的变量和变量的值域，描述变量之间的约束关系。通常用操作的开工时间作为问题的变量，变量的初始值域下界通常设为工件的释放时间，上界设为工件的交货期，两个基本的约束条件是工艺顺序约束和能力约束，车间调度问题的约束满足模型可以描述如下：

(1) 变量：st_j^i 是工件 i 的第 j 个操作的开工时间；

(2) 值域：$D(O_j^i)$ 是 st_j^i 的值域，$D(O_j^i)$ 中的元素是工序 O_j^i 所有的可能开工时间点的集合；

(3) 约束集：包括操作优先顺序约束和能力约束。

1) 操作优先顺序约束：$st_j^i+du_j^i \leqslant st_{j+1}^i$

式中，du_j^i 是工序 O_j^i 的加工时间，此约束描述了同一工件相邻两个操作之间的加工顺序，也叫做时序约束，其含义是只有当工件 j 的上一个操作 O_j^i 加工完之后，下一个操作 O_{j+1}^i 才能开始加工。

2) 析取资源约束：$(\forall i \forall j R_j^k = R_i^l) \Rightarrow (st_i^l+du_i^l \leqslant st_j^k) \wedge (st_j^k+du_j^k \leqslant st_i^l)$

此约束表示对于具有同样资源需求的工序 O_i^l 和 O_j^k，加工时间不能有时间重叠。

3) 累积资源约束：$\sum_{O_j^i \in AO(m) \mid st(O_j^i) \leqslant t \leqslant et(O_j^i)} cap\_\ r(O_j^i,\ m) \leqslant cp(m)$

式中，$AO(m)$ 是使用机器 m 进行加工的操作集合，$cap\_\ r(o_{i,j}, m)$ 是操作 $o_{i,j}$ 对机器的能力需求，$cp(m)$ 是机器 m 的可用能力，此约束表示任何时刻操作对机器的能力需求不大于机器的可用能力。析取资源约束是累积资源约束的一种特例。

约束满足技术具有灵活表达问题的约束、利用变量之间的约束关系修剪搜索空间、降低求解问题时的计算量的优势，而车间调度问题具有约束松弛度紧、约束内联度高和 NP 难等特点，因此，约束满足技术在车间调度领域有很好的应用前景。

2.4.2 基于约束满足的调度算法

基于约束满足技术求解车间调度问题的主要算法包括：约束传播算法，树搜索算法和启发式修复算法。

2.4.2.1 约束传播算法

约束传播算法可以过滤和修剪搜索空间，减少计算量，但一般不能找到问题的解，还需要用某种搜索算法搜索问题的答案。约束传播算法分为时序约束传播和资源约束传播两种，通过约束传播，修剪或过滤变量的开工时间域，增强时序约束一致性和资源约束一致性。

(1) 时序约束传播：时序约束传播是指同一工件各工序的开工时间的传播，以满足操作优先顺序约束。例如，根据工件的最早释放时间，上游工序的最早可开工时间沿工艺路线向下游工序传播，根据工件的交货期，下游工序的最迟开工时间向上游工序传播，传播的结果是修剪工序的可行开工时间窗，收缩变量的值域。

(2) 资源约束传播算法：析取资源约束传播算法主要是对共享同一机器资源的工序进行排序，使得在任意时刻，任何两个工序的加工时间窗不能有重叠。算法的构造原理是根据同一台机器上每个操作的最早和最迟开工时间确定一种可行的加工顺序以满足资源约束的要求，同时修剪工序的开工时间窗[101]。

例如：设 o_A 和 o_B 分别代表工件 A 的工序和工件 B 的工序，用 $st(o_A)$ 和 $st(o_B)$表示两工序的开工时间，$et(o_A)$ 和 $et(o_B)$ 表示两工序的完工时间，则析取资源约束表达为 $et(o_A) \leqslant st(o_B)$ 或 $et(o_B) \leqslant st(o_A)$，它们表示加工完 o_A 之后 o_B 才能开始加工，或者加工完 o_B 之后 o_A 才能开始加工。如果工序 o_A 的最早可能完工时间 $eet(o_A)$ 大于工序 o_B 的最迟可能开工时间 $lst(o_B)$，则说明 o_A 不可能排在 o_B 之前加工，也就是说加工顺序应为 $o_B < o_A$，按这个排序顺序就可以修剪 o_A 和 o_B 的开工时间窗。

边界寻找（edge_ finder）约束传播算法是对共享同一机器资源的工序集中的工序进行排序[98]。该算法迭代性地从工序集中推理出最先开始加工的工序或最后开始加工的工序，最终得到所有工序的加工顺序。

例如设 Ω 表示工序集，$eest_\Omega$ 表示 Ω 中工序的最小最早开工时间，$llst_\Omega$ 表示 Ω 中工序的最大最迟开工时间，P_Ω 表示 Ω 中所有工序的加工时间之和；$est(o_i)$ 表示工序 o_i 的最早可能开工时间，$st(o_i)$ 表示工序 o_i 的开工时间；$let(o_i)$ 表示工序 o_i 的最迟可能完工时间，$et(o_i)$ 表示工序 o_i 的完工时间；$P(o_i)$ 表示工序 o_i 的加工时间，$o_i < \Omega$（$o_i > \Omega$）表示工序 o_i 在 Ω 中所有工序之前（之后）开始加工。edge_ finder 约束传播算法应用下面的推理规则对工序集排序：

(1) $\forall o_i \notin \Omega$，$[llst_{\Omega \cup \{o_i\}} - eest_\Omega < P(o_i) + P_\Omega] \Rightarrow [o_i < \Omega]$

(2) $\forall o_i \notin \Omega$, $[llst_{\Omega} - eest_{\Omega\cup\{o_i\}} < P(o_i) + P_{\Omega}] \Rightarrow [o_i > \Omega]$

规则(1)的含义是，如果将工序 o_i 放在 Ω 中至少一个工序之后加工，可用加工时间段为 $[llst_{\Omega\cup\{o_i\}} - eest_{\Omega}]$，$[llst_{\Omega\cup\{o_i\}} - eest_{\Omega} < P(o_i) + P_{\Omega}]$ 表示在可用加工时间段内没有足够的时间安排所有的工序加工，由此推理出 $[o_i < \Omega]$。规则(2)同理。

根据推出的加工顺序，工序 o_i 的完工时间 $et(o_i)$ 和开工时间 $st(o_i)$ 更新如下：$[o_i < \Omega] \Rightarrow [et(o_i) \leqslant llst_{\Omega} - P_{\Omega}]$，$[o_i > \Omega] \Rightarrow [st(o_i) \geqslant eest_{\Omega} + P_{\Omega}]$.

累积资源约束传播算法主要是通过动态分析资源的剩余可用能力，在求解过程中过滤和修剪待调度工序的开工时间窗。

Néron[102]提出累积资源调度问题的能量推理约束传播算法，并把能量推理算法嵌入到分支定界求解过程，取得良好搜索效率。所谓能量推理就是动态计算工序在时间区间 $[t_1, t_2]$ 上的能量需求并与资源在 $[t_1, t_2]$ 上的能力供应相比较，以推理工序的加工顺序，修剪工序开工时间窗。研究结果表明，能量推理算法比 edge_ finder 约束传播算法更适合于累积资源约束问题。

边界寻找约束传播算法和能量推理约束传播算法均是基于工序的当前开工时间界进行分析，这些算法应用于单纯的调度问题时是非常有效的，但应用到一体化计划与调度问题中时，各加工阶段的工序可能尚未全部确定或工序的开工时间窗很宽，上述算法的传播效果会很差，针对此问题 Laborie[103]提出 2 种新的约束传播算法，算法基于能量推理的思想，通过对资源事件的相对优先关系进行分析而不是对工序的时间特性进行分析来推理资源事件的开工时间下界或上界。

2.4.2.2 树搜索算法

树搜索算法的原理是通过不断搜索下一个要调度的工序（变量选择），试探性地为所选择的工序分配一个开工时间（值选择），逐步将部分解扩展为全局解来构造调度答案。当发生约束冲突时需要回溯，重新为先前调度的工序选择开工时间。因此树搜索算法的两个关键问题是增量构造策略和回溯搜索。

变量选择的顺序和值选择的顺序决定搜索空间的形状和搜索效率，所以，变量选择和值选择策略是增量构造算法的核心技术，需要根据问题特征开发有效的选择算法。

变量选择和值选择算法，为了尽早剪除不可行的搜索分支，变量选择顺序一般遵循困难变量优先调度的规则；值选择顺序遵循将最有希望构成全局解的值优先赋给变量。问题的关键是根据什么信息识别困难的变量，如何利用与问题有关的启发性信息引导搜索朝最有可能成功的方向前进，这就要根据问题特征构造变量选择和值选择算法。

在求解常规 CSP 时，使用的判别标准是变量的值域大小和变量参与约束数目的多少，具有最少剩余值的变量和参与约束最多的变量视为困难变量。

以上识别困难变量的标准在求解 Job Shop 调度问题时并不能直接套用。例如：实施约束传播之后，某两个工序 O_A 和 O_B 的开工时间窗分别为 $D(OA)=[0, 5]$，$D(OB)=[3, 8]$，其剩余可用开工时间数同为 6。根据上述标准两者应具有等同的选择机会。但若 O_A 所用机器上有两个待调度的工序，总能力需求为 10，而该机器的可用能力为 15；O_B 所用机器上也有两个待调度的工序，总能力需求为 13，而机器可用能力为 10。显然，调度 OB 比调度 OA 更困难。可见对 Job Shop 调度问题，仅以变量的值域评价标准选择下一个要调度工序，是不适用的。

综上所述，对于 Job Shop 调度问题而言，不仅要考虑工序的剩余可用开工时间，还应考虑与本工序竞用同一资源的其他工序的影响；不仅要考虑工序涉及的约束数目，还应考虑约束的紧度，即满足约束的困难程度。

2.4.2.3　*启发式修复算法*

启发式修复算法从有约束冲突的不可行初始解开始，迭代性地进行修复以减少冲突数目，最后得到无冲突的可行解。选择约束冲突的顺序决定启发式修复算法搜索空间的形状和搜索效率，如何识别冲突和如何消除冲突是启发式修复算法的核心技术。Minton[104]最先提出用启发式修复算法求解约束满足问题，并指出修复算法充分利用了当前解提供的信息，在大多数情况下，搜索效率得到提高。修复算法尤其适合当问题的解不是均匀地分布在整个搜索空间而是呈聚合分布的情形。基于启发式修复算法求解调度问题的关键是：如何产生初始调度，如何识别冲突，冲突选择的顺序和消解冲突的方法。

（1）初始调度的构造方法：通常先松弛资源约束，然后基于某种方法产生一个时间可行的初始调度。例如，Cesta[99]首先用顺序约束传播收缩各工序的开工时间窗，然后安排每个工序以其开工时间窗的下界作为开工时间点构造一个时间可行的初始调度（亦称最早开工调度，Earliest Start Schedule，ESS）；在此基础上，检查这个初始调度 ESS 是否有资源约束冲突，若没有，则说明初始调度已经满足资源能力约束，该初始调度就是最优的最终调度；若检查到冲突存在，则通过添加一个优先顺序约束消解冲突。Sakkout[105]研究了 Job Shop 车间的动态调度问题，先利用线性规划方法获得一个潜在的高质量初始解，然后用约束满足方法检查资源冲突并逐步消解冲突，获得最终可行解。

Beck[106]应用约束规划与线性规划相结合的混合方法求解混合流水车间提前/拖期费用最小的调度问题。在每一个搜索状态，首先利用线性规划求解一个线性松弛问题的最优解，得到一个提前/拖期费用最小的最优开工时间点集合，然后安排每一个工序都在其最优开工时间点开工，以此得到一个高质量的初始调度，根据该初始调度得到一个资源利用分布图，然后依据资源利用分布图识别竞争峰值，再用约束规划方法消解冲突。

（2）冲突识别方法：在时间 t，如果工序对资源的需求大于资源可用能力，则存在一个冲突。对于单能力车间调度问题，可以通过计算在某工序开工时间点的资源需求量来判断是否有冲突，即计算在工序开工时间点处交叠的工序数量，若交叠的工序数量大于1，则存在冲突。对累积资源调度（多能力车间调度），常基于资源利用分布图识别资源超额利用的区间，该区间存在冲突。

（3）冲突选择与消解方法：在初始调度中，资源冲突往往有多个，这就需要确定冲突消解的顺序，此顺序决定是否能找到可行解及找到可行解的效率。冲突的选择顺序可基于失败优先规则。例如，根据冲突工序对所包含的时间柔性将检测到的所有冲突进行排序，时间柔性最小的冲突视作关键冲突，应最先被消解。冲突的选择顺序也可基于某种费用标准，例如对提前/拖期费用贡献最大的冲突工序作为关键工序被首先消解冲突。冲突消解方法遵循成功优先规则，例如添加一个使工序对的时间柔性保持较大的优先顺序约束来消解冲突；添加一个使局部提前/拖期费用最小的优先顺序约束来消解冲突。

总之，一个可行解是不包含任何竞争峰值的解，冲突的消解就是在与竞争峰值有关的工序对之间添加优先顺序约束。

2.5　本章小结

本章阐述了 Job Shop 调度问题的数学定义及表示方法，并对调度问题现有求解方法进行了归纳总结。然后综述了约束满足技术的研究现状，最后介绍了约束满足方法在车间调度领域的应用，包括将车间调度问题映射为约束满足模型、基于约束满足的求解算法以及约束优化问题的求解方法。

3 约束满足技术中的变量排序研究

在约束满足问题求解过程中，变量赋值顺序决定了深度优先搜索树的形状，直接影响回溯次数和解空间的收敛幅度。现有的变量排序算法分别从不同视点控制变量赋值顺序，其性能与问题结构紧密相关。本章在研究变量排序算法的基础上，提取规模、约束紧度、约束连通度、变量约束偏差及资源利用率偏差等结构指标以量化问题特征，通过比较实验，明确算法与相关问题的适应度。

3.1 变量排序基础

源于人工智能领域的约束满足技术为求解 JSSP 提供了有效途径，能够灵活的表达系统组成元素及其作用约束，通过一致性增强技术、搜索控制策略和智能回溯算法预先或动态修剪搜索空间、根据问题特征提取启发信息引导搜索过程快速逼近可行解，减少计算复杂度。在求解过程中，变量赋值顺序确定了深度优先搜索树的形状，直接影响回溯次数和搜索空间的收敛幅度，是决定搜索效率的关键因素。

3.1.1 现有排序算法

国内外学者针对变量排序问题分别从不同视点出发设计各类排序算法以提高求解效率，文献［107］枚举了求解 CSP 问题的四类经典变量排序算法，针对 Job Shop 调度问题，文献［98］介绍了最小宽度启发式算法、基于初始约束图的最小度启发式算法和动态搜索重排算法。考虑到约束紧度不同，文献［108］提出了一种基于竞争资源需求概率的启发式算法，文献［109］介绍了约束偏差分析算法。这些研究奠定了变量排序算法领域的基础，以下将分别介绍现有典型变量排序的算法过程：

（1）最小宽度排序（Minimum Width Ordering，MWO）：基本思想是先选择约束多的变量为其赋初始值。在一个排序中，某一变量的宽度是指顺序排在这个变量前面并且与它存在约束关系的变量的个数。而某一排序的宽度则是，在该排序中所有变量的宽度中的最大值。采用最小宽度排序的启发式策略时，首先分别计算每个变量的约束个数（与该变量存在约束关系的其他变量的个数），然后将变量的约束个数按降序排列，从而求得宽度值最小的排序，然后根据此排序的顺序依次处理变量。

（2）最小带宽排序（Minimum Bandwidth Ordering，MBO）：基本思想是相互之间有约束关系的变量应尽可能使它们排序相邻。变量的带宽求法如下：先求得排序中该变量与相关变量之间的间隔，从中取间隔最大值便是该变量的带宽（相关变量是指与该变量有约束关系的其他变量；间隔是指一个排序中两变量之间的其他变量的个数）。在一个排序下，所有变量带宽值中的最大值为该排序的带宽。变量选择的顺序是带宽最小的排序。

（3）最小度排序（Minimum Degree Ordering，MDO）：最小度排序策略可看成与最小宽度排序大致相同的策略。变量的度数即当前状态下，与其具有约束关系的变量数。选择度数最小的变量优先赋值。如果在问题求解过程中，变量的数量和约束拓扑关系不发生变化，则产生固定的变量赋值顺序。

（4）动态搜索重排（Dynamic Search Rearrangement，DSR）：其计算基础是变量的值域规模，通过测量变量的值域，使得下一个要被处理变量的值域是最小的。若变量的值域是静态的，则搜索开始前将变量按照它们值域的大小升序排列；若排序是动态的，给每个变量赋值以后传播约束求得未被赋值的变量的值域，然后比较选择值域最小的变量。

（5）资源约束松弛度算法：由 Baptiste[110] 提出，资源约束松弛度是时间区间 $[EEST, LLST]$ 内机器资源 m 提供的可用能力与使用该资源的待调度工序集 $AO(m)$ 的总能力需求之差。其中 $EEST = \min_{o_{ij} \in AO(m)} \{earliest\_start(o_{ij})\}$ 为资源 m 上待调度工序集中工序的最小最早开工时间，$LLST = \max_{o_{ij} \in AO(m)} \{latest\_end(o_{ij})\}$ 是待调度工序集中工序的最大最迟开工时间，使用资源 m 的工序集的总能力需求是各个工序的最小加工时间总和 $\sum_{o_{ij} \in AO(m)} P(o_{ij})$，资源 m 的约束松弛度用下式计算：

$$\text{ResourceSlack}(m) = LLST - EEST - \sum_{o_{ij} \in AO(m)} P(o_{ij}) \tag{3-1}$$

在搜索过程中，动态计算各个资源的约束松弛度，将松弛度最小的资源确定为关键资源，首先调度关键资源上的工序，通过比较工序的最早开工时间和最迟开工时间，用 edge_ finder 约束传播算法对工序进行排序，迭代性地修剪和过滤待调度工序的开工时间窗，进而确定出工序的最终开工时间。

（6）基于竞争资源需求概率的启发式算法：Sadeh 针对 Job shop 车间调度问题提出一种搜索空间的概率模型，该模型描述工序的开工概率，工序在其剩余的开工时间窗内对机器的独立需求概率和所有工序对机器的累计需求概率。工序的开工概率描述待调度工序 o_i 在其剩余开工时间窗 STD_{o_i} 中选择某个开工时间点 τ 的概率，$|STD_{o_i}|$ 表示剩余开工时间窗中可用开工时间点的数量，则工序的开工概率计算公式为：

$$\sigma_{o_i}(\tau)=\begin{cases}\dfrac{1}{|STD_{o_i}|}, & 若\ \tau \in STD_{o_i}\\ 0, & 否则\end{cases} \tag{3-2}$$

工序对机器的独立需求概率表示在时刻 t，该工序占用机器 m 的可能性，计算公式如式（3-3）所示：

$$ID(o_i,\ m,\ t)=\sum_{t-P(o_i)\leqslant\tau\leqslant t}\sigma_{o_i}(\tau) \tag{3-3}$$

将这些独立需求叠加，获得竞用同一机器资源的所有工序对机器 m 的累计需求概率分布如式（3-4）所示：

$$D(m,\ t)=\sum_{1\leqslant i\leqslant n} ID(o_i,\ m,\ t) \tag{3-4}$$

式中，n 表示机器 m 上共有 n 个工序。累计需求概率分布描述了机器负荷在时间轴上的分布情况，也反映了待调度工序对资源的依赖程度。

基于上述概率模型的变量选择和值选择策略为：将累计需求最高的机器资源确定为关键资源，累计需求超出机器可用能力的部分就是竞争高峰时段。对关键资源上竞争高峰时段贡献最大的工序就是关键工序。优先调度关键工序，然后基于开工时间的生存概率模型选择工序的开工时间。生存概率是指工序选择某个开工时间点后，在其加工时段内与竞用同一机器的其他工序不发生冲突的可能性。选择具有最大生存概率的开工时间点作为工序的开工时间。

（7）约束偏差分析算法：时间柔性是指在问题答案中，还剩余多少个一致性的开工时间点，Pape[98] 针对 Job Shop 调度问题给出一种计算工序对的时间柔性（*Bslack*）的排序算法：

Step 1：计算工序 o_A 和 o_B 之间的松弛度，如式（3-5）：

$$slack(o_A\rightarrow o_B)=let(o_A)-est(o_B)-(P(o_A)+P(o_B)) \tag{3-5}$$

Step 2：将该松弛度正则化处理：$S=\dfrac{\min\ (slack(o_A\rightarrow o_B),\ slack(o_B\rightarrow o_A))}{\max\ (slack(o_A\rightarrow o_B),\ slack(o_B\rightarrow o_A))}$，从而得到工序对的时间柔性计算公式：

$$Bslack(o_A\rightarrow o_B)=\frac{slack(o_A\rightarrow o_B)}{\sqrt{S}} \tag{3-6}$$

Step 3：基于上述工序对的时间柔性模型，将具有最小 *Bslack* 的工序对确定为关键工序对，关键工序对作为困难变量被首先调度，一旦选择了下一个要调度的关键工序对，使工序对能够保持最大 *slack* 值的优先顺序关系作为值被添加到工序对之间，目的是添加优先顺序关系之后，工序对的剩余时间柔性越大越好。

（8）texture-based 概率算法：Beck[111] 提出一种基于结构的 texture-based 概率模型。搜索过程中，对每一个搜索状态实施动态分析，基于 texture 概率模型从表达搜索状态的约束图中提取结构信息，作为启发式决策的基础。基于 texture 概率模型，可以评估工序之间的竞争概率，将具有最高可能竞争概率的两个工序作为首先调度的变量，为该工序对添加一种新的顺序约束关系添加到约束图中，通过迭代逐步逼近问题的最终解。

3.1.2 典型算法分析

以上变量排序算法从不同出发点改进搜索效率。为了进行比较研究，对这些典型变量排序算法的计算基础、算法的复杂度、算法的主要目标和构造特征进行了如表 3-1 所示的分析和归纳。

表 3-1 典型变量排序算法

<table>
<tr><th>算法</th><th>计算基础</th><th>复杂度</th><th>目标</th><th>特征</th></tr>
<tr><td>Minimum Width Ordering（MWO）</td><td>变量宽度</td><td>$S(n)=O(n)$
$T(n)=O(n^2)$</td><td>最小化回溯次数</td><td rowspan="3">基于析取约束图的拓扑结构，一次性生成固定排序，计算量较小</td></tr>
<tr><td>Minimum Bandwidth Ordering（MBO）</td><td>变量带宽</td><td>$S(n)=T(n)=O(n^k)$</td><td>最小化回溯距离</td></tr>
<tr><td>Minimum Degree Ordering（MDO）</td><td>变量度数</td><td>$S(n)=T(n)=O(n)$</td><td>MWO 近似模型</td></tr>
<tr><td>Dynamic Search Rearrangement(DSR)</td><td>变量论域规模</td><td>$S(n)=O(n)$
$T(n)=O(n^2)$</td><td rowspan="3">识别困难变量，尽早剪除不可行分支</td><td rowspan="3">基于当前搜索状态下工序开工时间窗信息，动态选择变量，计算量较大</td></tr>
<tr><td>Constraint Based Analysis Slack(CBA)</td><td>约束松弛度偏差</td><td>$S(n)=O(mn)$
$T(n)=O(mn^2)$</td></tr>
<tr><td>Operation Resource Reliance(ORR)</td><td>资源累计需求函数</td><td>$S(n)=O(mn)$
$T(n)=O(n^2)+O(mn\log n)$</td></tr>
</table>

以上研究奠定了变量排序算法领域的基础，但是从如何选择和开发更为有效的变量排序算法的角度来看，现有研究目前存在着以下不足：

（1）变量选择策略应该是面向问题而异的，但是现有研究缺乏量化问题特征的指标体系；

（2）缺少关于问题结构和算法性能相关性的分析研究。

针对该问题，首先通过分析问题特征、提取量化指标并设计异构算例，然后将现有典型变量排序算法嵌入求解器，通过比较搜索性能的变化，探讨算法性能和问题结构的对应关系，从而明确算法与相关问题的适应度。

3.2 构建算法评价体系

本章使用符号定义如下：

N　　　问题中的变量数量；

$D(x_i)$	变量 x_i 论域；
VN	任意存在约束条件的二元变量组中，违反约束限制的取值数量；
CN	问题中的约束数量；
$CN(x_i)$	变量 x_i 的约束数量；
$RU(R_i)$	资源 R_i 的利用率；
$RU(P)$	所有资源的平均利用率；
SN	求解过程生成的搜索状态数量；
$\overline{\mathrm{du}_{R_{\mathrm{btnk}}}}$	瓶颈资源上工序平均处理时间；
$\overline{\mathrm{du}_{R_i}}$	资源 R_i 上工序平均处理时间；
$U(a, b)$	区间（a，b）的均匀分布；
M	预测最小 makespan；
SE	搜索效率 $SE=N/SN$；
NoS	解决问题数量；
ACT	平均计算时间，设定如果求解时间超过 2000s 则返回无解。

本章研究发现，现有的典型变量排序算法控制变量访问次序、引导搜索的求解开销往往随着问题结构的变化波动很大，即具有问题依赖性。因此从数量化、全面性以及独立性的角度出发，建立如下指标体系，用以明确问题特征对算法性能的影响。

（1）问题规模：反映了问题求解的难易程度，包含作业数 n、处理机数 m、作业资源比 n/m。

当 $m<10$ 且 $n/m>4$ 时问题较易求解，并且随 m 值的递减难度减小，随 $n/m\to 1$ 难度增加；当 $m\geqslant 10$，$n\geqslant 15$ 且 $n<2.5m$ 求解困难，绝大部分至今未决的难题都具有这种结构。

（2）约束紧度（CT）：描述变量之间约束的松紧程度，即满足约束关系的困难程度

$$CT(x_i, x_j)=\frac{VN}{|D(x_i)\|D(x_j)|} \tag{3-7}$$

可以看出 $0\leqslant CT(x_i, x_j)\leqslant 1$，值越小，变量 x_i 与 x_j 之间的约束越松弛，反之，约束越紧张。

（3）约束连通度（CC）：描述任意两个变量之间存在约束关系的概率。

$$CC=\frac{CN}{C_N^2}=\frac{2CN}{N(N-1)} \tag{3-8}$$

可以看出 $0\leqslant CC\leqslant 1$，直接反映了约束分布的疏密程度。

（4）变量约束偏差（$\sigma(CD)$）：描述了各个变量约束关系数量的均匀程度

$$\sigma(CD)=\sqrt{\frac{\sum_{i=1}^{N}\left(CN(x_i)-\sum_{j=1}^{N}CN(x_j)/N\right)^2}{N-1}} \tag{3-9}$$

可以看出 $\sigma(CD)$ 越大，表示变量约束数量的差异越大。

（5）资源利用率偏差（$\sigma(RD)$）：描述了资源负荷运转的不一致性

$$\sigma(RD)=\sqrt{\frac{\sum_{i=1}^{m}\left(RU(R_i)-RU(P)\right)^2}{m-1}} \tag{3-10}$$

式中，$RU(R_i)=\dfrac{\sum_{R_j^l=R_i}du_j^l}{makespan}$，$RU(P)=\dfrac{\sum_{i=1}^{m}RU(R_i)}{makespan}$，可以看出 $\sigma(RD)$ 值越大，各个资源利用率的差异越大。

3.3 实验设计

3.3.1 算例参数

在比较试验中，实验算例采用不可松弛时间窗 Job Shop CSP，描述如下：

给定作业集合 $J=\{J_1, J_2, \cdots, J_n\}$，资源集合 $RES=\{R_1, R_2, \cdots, R_m\}$，$\forall J_l$ 释放期 rd_1，交货期 dd_l，包含工序集 $O^l=\{O_1^l, O_2^l, \cdots, O_{n_l}^l\}$，$\forall O_i^l$ 资源需求 R_i^l，加工时间 du_i^l，变量集为开工时间 $\{st_i^l\}$，$1\leqslant l\leqslant n$，$1\leqslant i\leqslant n_l$。搜索目标是为每道工序指派一致性开工时间，满足如下约束：

（1）$st_1^l\geqslant rd_l$ 且 $st_{n_l}^l+du_{n_l}^l\leqslant dd_l$；

（2）$O_i^l<O_j^l \Rightarrow st_i^l+du_i^l\leqslant st_j^l$；

（3）$R_i^l=R_j^k \Rightarrow (st_i^l+du_i^l\leqslant st_j^k)\vee(st_j^k+du_j^k\leqslant st_i^l)$。

针对该问题，根据上文提出的各项结构指标设计异构算例，并通过调整以下参数来模拟不同的问题环境：

（1）问题规模参数：包括资源数量 m，作业资源比 n/m，变量数量 N。

（2）时间窗范围参数（RP）：按照以下公式控制作业释放期和交货期的分布：

$$dd_l=\text{Random}((1+SP)MU(1-RP,\ 1)),\quad rd_l=\text{Random}((1+SP)MU(0,\ RP)) \tag{3-11}$$

式中，$M=(n-1)\ \overline{du_{R_{\text{btnk}}}}+\sum_{i=1}^{m}\overline{du_{R_i}}$，根据以上分布函数可以随机生成作业交货期和释放期，RP 值越大，可以均匀降低变量之间的时序约束和析取约束紧度。

（3）瓶颈资源参数（BP）：根据 BP 值计算相应 $\sigma(RD)$，瓶颈资源生成方法如下：

Step 1：根据 BP 值随机选定瓶颈资源 $R_{\text{btnk-1}}$，$R_{\text{btnk-2}}$，$\cdots$，$R_{\text{btnk-}BP}$；

Step 2：计算每道工序的加工时间 du_j^l，如式（3-11）所示：

$$\forall R_j^l = R_{\text{btnk}},\ du_j^l = \text{Random}(U(8,\ 16)),\ \forall R_j^l \neq R_{\text{btnk}},\ du_j^l = \text{Random}(U(3,\ 11)) \quad (3\text{-}12)$$

Step 3：对于 $\forall R_{\text{btnk-}j}$（$j=1,\ 2,\ \cdots,\ BP$），令各瓶颈资源松弛度为 0，即将其相关工序加工时间均匀增加至 $\sum_{R_j^l = R_{\text{btnk-}j}} du_j^l = M$。

（4）松弛度参数（SP）：计算公式如下

$$SP = 0.1 \times (BP - 1) + RP \quad (3\text{-}13)$$

对于 $BP \geqslant 2$ 或者不同 rd_l/dd_l，引入 SP 以保证大部分问题可解。

3.3.2 比较求解器

按照上述方法随机生成实验算例，通过测量搜索效率 SE、解决问题数量 NoS 以及平均计算时间 ACT 评价求解性能。开发的 CSP 比较求解器搜索流程如图 3-1 所示，采用 Delphi7.0 实现，数据库使用 Oracle 8i，阴影区域为变量排序模块，分别嵌入 MWO、MBO、MDO、DSR、ORR、CBA 等 6 种典型算法，程序运行环境为 Pentium4/CPU 3.00GHz/RAM1GB。

其他组成模块嵌入策略如下：

（1）基于释放期和交货期的预传播

$$\forall J_l:\ es_1^l \geqslant rd_l,\ ls_{nl}^l \leqslant dd_l - du_{nl}^l \quad es_{m+1}^l \geqslant es_m^l + du_m^l,\ ls_m^l \leqslant ls_{m+1}^l - du_m^l$$

式中，$m=1,\ 2,\ \cdots,\ n_l-1$。

（2）顺序约束传播：当变量 st_j^l 赋值后

$$es_{j+1}^l \geqslant st_j^l + du_j^l,\ ls_{j-1}^l \leqslant st_j^l - du_{j-1}^l$$

（3）析取约束前向传播：为变量 st_j^l 赋值后

$$\{es_j^l,\ ls_j^l\} \wedge \{st_i^k - du_j^l,\ st_i^k + du_i^l\} = \phi$$

式中，$R_i^k = R_j^l$。

（4）能力一致性检查：对于任意两个未赋值变量 st_i^k，st_j^l，如果 $R_i^k = R_j^l$，则

$$\{(es_i^k,\ es_i^k + du_i^k) \wedge (ls_i^k,\ ls_i^k + du_i^k)\} \wedge \{(es_j^l,\ es_j^l + du_j^l) \wedge (ls_j^l,\ ls_j^l + du_j^l)\} = \phi$$

（5）值选择：计算相容度函数如下：

$$f(st_i^k,\ \tau) = \sum_{R_i^k = R_j^l} \{es_j^l,\ ls_j^l\} \wedge \{\tau - du_j^l,\ \tau + du_i^k\}$$

为变量 st_i^k 选择 τ，使 f（st_i^k，τ）最小。

3.4 实验结果及分析

按上述方法生成实验算例进行求解，通过测量搜索效率和平均计算时间 ACT 衡量算法性能。实验部分共分为四组，分别从约束连通度、变量约束偏差、约束紧度、规模及资源利用率偏差等角度考证问题结构对算法求解性能的影响，实验结果如下。

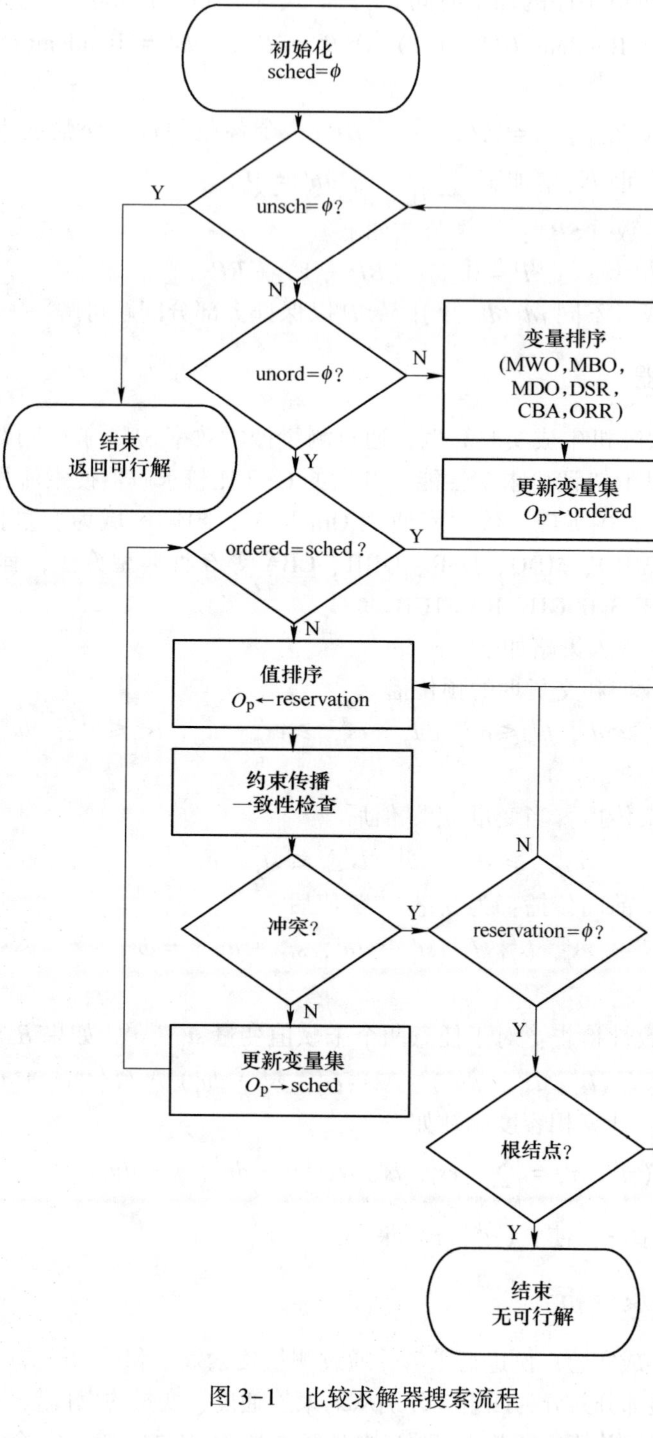

图 3-1　比较求解器搜索流程

3.4.1　实验结果

3.4.1.1　约束网络效应

第一组实验旨在分析问题的约束拓扑结构与算法性能的关联，参数设置如下：$n \times m = 5 \times 5$；$BP = 1$；$RP = 0.2$，通过调整工艺路径能够生成不同的 CC 和$\sigma(CD)$。

通过大量实验得到，对于 Job Shop 调度问题，当 $n/m = 1$ 时，CC 绝大部分分布在［0.233，0.473］，$\sigma(CD)$ 绝大部分分布在区间［0.616，1.321］，选取 $0.7 \leqslant \sigma(CD) \leqslant 0.8$，得到算法搜索效率随 CC 变化趋势如图 3-2 所示；选取 $0.2 \leqslant CC \leqslant 0.3$，得到算法搜索效率随 $\sigma(CD)$ 变化趋势如图 3-3 所示，可以看出。

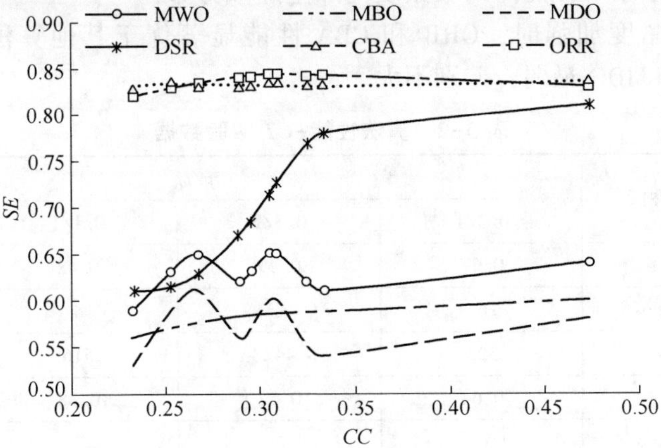

图 3-2　SE-CC 曲线

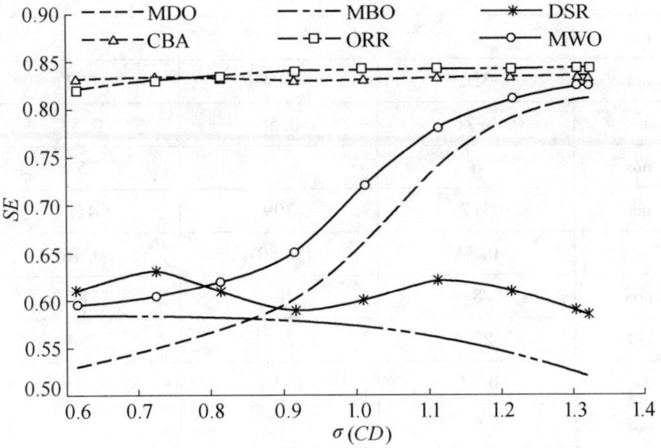

图 3-3　SE-$\sigma(CD)$ 曲线

（1） SE(DSR) 随 CC 上升递增；

（2） SE(MWO) 随 $\sigma(CD)$ 上升递增；

（3） SE(MDO) 与 SE(MWO) 曲线形状类似，波动幅度高于 SE(MWO)；

（4） MBO 受 CC 和 $\sigma(CD)$ 变化影响很小；

（5） CBA 和 ORR 总体性能最好，两者差别不大，受 CC 和 $\sigma(CD)$ 变化影响很小。

3.4.1.2 约束紧度效应

第二组实验旨在分析约束紧度与算法性能的关系，参数设置：$n \times m = 20 \times 5$；$N = 100$；$CC = 0.208$；$\sigma(CD) = 0.696$，通过调整 RP 和 BP 生成不同的约束紧度，实验数据如表 3-2 所示。可以看出：

（1） 各算法求解性能随约束紧度增加呈递减分布；

（2） 约束紧度加强时，ORR 和 CBA 性能显著优于其他算法，DSR 次之，MWO、MBO 和 MDO 最弱，差别不大。

表 3-2 算法性能-*CT* 实验数据

算法	性能	*rp/bp*			
		0.3/1	0.3/2	0.1/1	0.1/2
MWO	se	0.67	0.49	0.42	0.32
	nos	6	6	4	3
	act	323	442	516	677
MBO	se	0.64	0.52	0.38	0.34
	nos	6	6	3	3
	act	339	417	570	637
MDO	se	0.62	0.43	0.34	0.28
	nos	4	5	3	2
	act	350	504	637	774
DSR	se	0.71	0.56	0.53	0.41
	nos	6	7	5	4
	act	317	399	421	538
CBA	se	0.84	0.80	0.76	0.74
	nos	8	8	8	8
	act	271	282	294	305
ORR	se	0.85	0.83	0.79	0.78
	nos	8	8	8	8
	act	267	273	286	291

3.4.1.3 问题规模效应

第三组实验旨在分析问题规模与算法性能的关系，参数设置：$m=5$，10，15，20；$n/m=1$；$BP=1$，2，…，$m-1$；$RP=0.1$，0.2，0.3，随着 m 递增，各算法求解性能比较如表 3-3 所示，可以看出：

（1）各算法求解性能随问题规模增加呈递减分布；

（2）随着 m 值增加，MWO、MBO、MDO 和 DSR 求解性能迅速弱化，ORR 和 CBA 性能显著优于其他算法，两者差别不明显。

表 3-3 算法性能-*m* 实验数据

算法	性能	*m*			
		5	10	15	20
MWO	se	0.68	0.26	0	0
	act	73.5	609.2	—	—
MBO	se	0.63	0.21	0	0
	act	82.5	632.5	—	—
MDO	se	0.58	0.24	0	0
	act	82.1	618.7	—	—
DSR	se	0.69	0.41	0.09	0
	act	70.6	521.3	1792.9	—
CBA	se	0.8	0.7	0.28	0.26
	act	62.9	213.2	914.8	1954.2
ORR	se	0.8	0.8	0.45	0.39
	act	68	185.8	722.1	1504.1

3.4.1.4 瓶颈资源效应

为了进一步区分 CBA 和 ORR 的求解特性，第四组实验参数设置为：$n\times m=15\times15$；$BP=1$，2，…，14；$RP=0.1$，0.2，0.3，通过在给定问题规模下通过改变瓶颈资源数量调整 $\sigma(RD)$，得到搜索效率随 $\sigma(RD)$ 变化曲线如图 3-4 所示，可以看出：

（1）各算法求解性能随 $\sigma(RD)$ 增加呈递减分布；

（2）$\sigma(RD)$ 增大时，ORR 性能显著优于 CBA。

3.4.2 实验分析

从上述实验看到，随着问题结构不同，各种变量排序算法引导搜索的求解开销往往波动很大，导致不同算法之间的相对求解能力发生变化如表 3-4 所示，通过对实验结果分析可以得出：

（1）针对特定 Job Shop CSP，首先应根据各项结构指标分析问题特征，以此为基础选择合适的变量排序算法控制搜索路径。如表 3-4 所示，当问题的约束网络中，变量约束偏差显著时，应选择 MWO 或者 MDO；约束连通度较高时应选用 DSR。CBA 和 ORR 适用于大规模、约束紧度较高的复杂问题。当系统中各资源利用率分布不一致时，ORR 体现出较强的计算优势。

（2）生产实践中的调度问题往往呈现多维特征同时并存，设计新的变量排序算法时，应在利用问题的特殊性质基础上，充分结合基于约束网络的静态拓扑结构信息和在向前看一致性检查过程中时间窗动态收缩信息，设计合理的启发函数，正确引导搜索过程，提高求解效率。

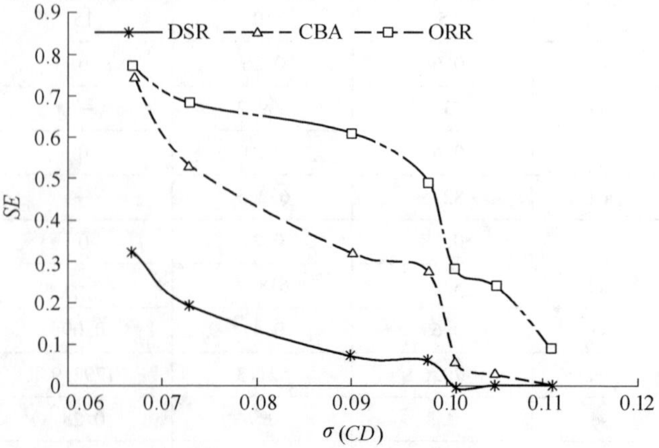

图 3-4　SE-$\sigma(RD)$ 曲线

表 3-4　算法-指标相对适用度

算法-指标	规模	*CC*	$\sigma(CD)$	*CT*	$\sigma(RD)$
MWO	-	○	+	-	-
MBO	-	○	○	-	-
MDO	-	○	+	-	-
DSR	-	+	○	-	-
CBA	+	○	○	+	-
ORR	+	○	○	+	+

注：+求解能力相对增强；-求解能力相对减弱；○无影响。

3.5　本章小结

在约束满足问题求解过程中，变量赋值顺序决定了深度优先搜索树的形状，直接影响回溯次数和解空间的收敛幅度。现有的变量排序算法分别从不同视点控制变量赋值顺序，其性能与问题结构紧密相关。本章通过对现有变量排序算法进行分析，提出了量化问题结构的五项指标和相关参数，分别从约束连通度、变量约束偏差、约束紧度、规模及资源利用率偏差等角度对问题结构特征与算法效果之间的关系进行了数值实验，明确了现有变量排序算法与问题特征之间的相对适应度。本章的研究结果不但有助于根据问题的结构合理地选择现有的变量排序算法，也为设计更为有效的搜索控制策略提供了依据和导向。

4　大规模 Job Shop 调度的多级邻域排序算法

Job Shop 调度问题可以被视为具有约束内联度高、约束松弛度低等性质的约束满足问题，在深度优先搜索求解过程中，选择合理的变量赋值顺序是提高求解效率的重要途径。因此利用问题相关的启发信息构造变量排序算法，优化控制搜索路径，引导搜索过程尽快收敛于满意解，具有重要的研究意义，从第 3 章的研究中可以看出现有变量排序算法尚未将工序开工时间窗动态收缩信息和问题的约束网络信息充分结合起来引导搜索过程，当问题规模增大（处理机数量≥10）时，求解性能迅速弱化。

本章针对大规模 Job Shop 调度问题，将变量邻域属性引入排序机制，构造变量的多级邻域结构模型并设计了一种新的变量排序算法。

4.1　邻域的概念

给定最优化问题，邻域是指从确定的可行解集 S 到它的幂集 2^S 的一个映射

$$N: S \to 2^S$$

如果 $S=R^n$，则一个固定欧氏空间内的一个点集就是一个自然的邻域。在组合优化问题中，邻域 N 的构造主要依赖于可行解集 S 的结构。在调度问题中，邻域的结构一般比较复杂，尤其是对于多处理机的情况。

举例：对于强 NP-难调度问题 $1 \| \sum w_j D_j$，设 $z^0 = [z_1, z_2, \cdots, z_n]$ 是任务下标的一个排列，所有这些排列的集合就是问题的可行解集，于是可以构造以下不同邻域：

（1）相邻交换邻域

$$N_A(z^0) = \{z \mid z \in Z,\ z \text{ 是对 } z^0 \text{ 交换一对相邻的任务得到的}\} \tag{4-1}$$

（2）k-交换邻域

$$N_K(z^0) = \begin{cases} z \mid z \in Z,\ z \text{ 是对 } z^0 \text{ 最多连续交换 } K \text{ 对相邻的任务得到的}, \\ \text{其中 } K = 1, 2, \cdots, n-1 \end{cases} \tag{4-2}$$

（3）向后替换邻域

$$N_{BS}(z^0) = \begin{cases} z \mid z \in Z,\ z = [z_1, \cdots, z_{k-1}, z_{k+1}, \cdots, z_l, z_k, z_{l+1}, \cdots, z_n], \\ \text{其中 } k = 1, 2, \cdots, n-1,\ k = k+1, \cdots, n-1 \end{cases} \tag{4-3}$$

（4）一般替换邻域

$$N_{GS}(z^0)= N_{BS}(z^0) \cup \left\{ \begin{matrix} z \mid z \in Z, z = [z_1,\cdots,z_{l-1},z_k,z_l,\cdots,z_{k-1},z_{k+1},\cdots,z_n], \\ \text{其中 } k=2,3,\cdots,n, l=1,2,\cdots,k-1 \end{matrix} \right\} \tag{4-4}$$

4.2 多级邻域结构模型

本章中使用符号说明如下：

$O_i^l < O_j^l$	作业 J_l 中工序 O_i^l 先于 O_j^l 加工
$O_i^l \parallel O_j^k$	工序 O_i^l 与 O_j^k 具有相同的资源需求
$W(x_i)$：	变量 x_i 权重
$W(x_i, x_j)$：	变量 x_i 和 x_j 之间二元约束权重
$\mathrm{slack}(x_i, x_j)$：	变量 x_i 和 x_j 之间的约束松弛度
lft_i^l	O_i^l 的最晚完工时间
est_i^l	O_i^l 的最早开工时间
$N_\alpha(x_i)$：	变量 x_i 的 α 级邻域
$\mid N_\alpha(x_i) \mid$：	变量 x_i 的 α 级邻域规模
$H_\alpha(x_i)$：	变量 x_i 的 α 级困难指数
$\mathrm{Stable}_\alpha(x_i)$：	变量 x_i 的 α 级邻域稳定变量集
$\mathrm{Active}_\alpha(x_i)$：	变量 x_i 的 α 级邻域活动变量集
$U(a, b)$	表示区间（a，b）的均匀分布
M	预测最小 *makespan*

Job Shop 调度问题固有的约束网络拓扑结构是一类重要的启发信息，描述了工序之间相互作用、相互影响的复杂约束关系，以此为基础，提出以下定义建立映射函数，构造变量的邻域空间。

定义 4-1：变量 x_i 的 1 级邻域 $N_1(x_i)$ 是由和 x_i 具有直接约束关系的变量组成的，即和 x_i 的距离为 1 的变量集合。对于 Job Shop 调度问题，变量对应于待调度工序，其 1 级邻域计算如下：

$$N_1(O_i^l) = \{O_j^k \mid (O_j^k \parallel O_i^l) \vee (k = l \wedge j = i \pm 1)\} \tag{4-5}$$

求解过程中，搜索控制策略和一致性增强技术的联合作用，使当前变量的选择和赋值不仅会影响到与它具有直接约束关系的变量，而且将传播到更远距离的待调度变量，因此当问题规模较大时，仅考虑 1 级邻域往往不足以反映复杂的约束网络关系，本书通过引入活动变量和稳定变量的概念，进一步将变量邻域空间拓展为多级层次结构。

定义 4-2：当 $\alpha=1$ 时，对于 $\forall x_j \in N_1(x_i)$，$N_1(x_j)-N_1(x_j) \wedge N_1(x_i) \neq \varnothing$，则称 x_j 为 x_i 1 级邻域活动变量，否则称 x_j 为 x_i 1 级邻域稳定变量。对于 $\forall x_j \in N_\alpha(x_i)$，如果

$N_1(x_j)-N_1(x_j)\wedge(N_1(x_i)\vee N_2(x_i)\vee\cdots\vee N_\alpha(x_i))\neq\varnothing$，则称 x_j 为 $x_i\alpha$ 级邻域活动变量，否则称 x_j 为 $x_i\alpha$ 级邻域稳定变量。

定义 4-3：变量 x_i 的 2 级邻域计算如下：

$$N_2(x_i)=N_1(x_j)-N_1(x_j)\wedge N_1(x_i) \tag{4-6}$$

式中，x_j 为 x_i1 级邻域活动变量，即 $x_j\in \text{Active}_1(x_i)$，依次类推，变量 x_i 的 α 级邻域计算如下：

$$N_\alpha(x_i)=N_1(x_j)-N_1(x_j)\wedge(N_1(x_i)\vee N_1(x_i)\vee\cdots\vee N_{\alpha-1}(x_i)) \tag{4-7}$$

式中，x_j 为 x_i 的 $\alpha-1$ 级邻域活动变量，即 $x_j\in \text{Active}_{\alpha-1}(x_i)$。

基于上述定义，给定工序 O_i^l，构造其 α 级邻域伪码如下：

```
* * * * * * * * * * * * * * * * * * * * * * * * * * * * * * * * * * * * * * * * * * * * *
Procedure Determine Neighbor(O_i^l, α)
Begin
  If α=1 then
    For ∀O_j^k ∈ Unsche do
      If(O_j^k ∥ O_i^l) or(k=1 and j=i±1) then O_j^k ∈ N_1(O_i^l)
    End for;
  else
    For ∀O_n^m ∈ Active_{α-1}(O_i^l) do
      For ∀O_j^k ∈ N_1(O_n^m) do
        If O_j^k ∉ N_1(O_i^l) ∨ N_2(O_i^l) ∨ … ∨ N_{α-1}(O_i^l) then O_j^k ∈ N_α(O_i^l)
      End for;
      End for;
    End;
  End.
* * * * * * * * * * * * * * * * * * * * * * * * * * * * * * * * * * * * * * * * * * * * *
```

应用举例：对于 3×3Job Shop 调度问题如图 4-1 所示，按照以上方法计算各工序 1~2 级邻域如表 4-1 所示。

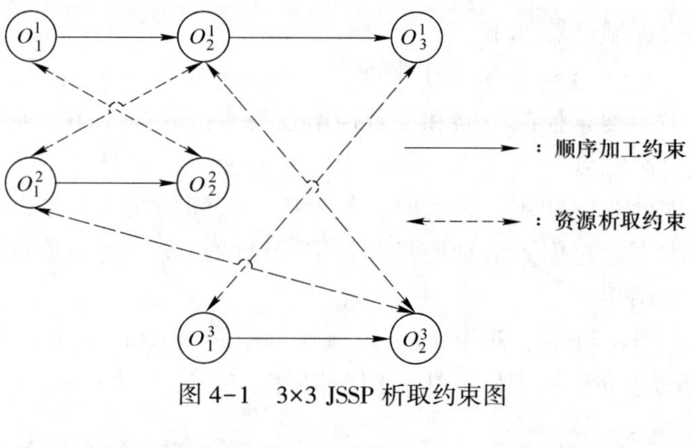

图 4-1 3×3 JSSP 析取约束图

表 4-1 各工序 1~2 级邻域

工序 O_i^l	$N_1(O_i^l)$	$\text{Active}_1(O_i^l)$	$N_2(O_i^l)$
O_1^1	$\{O_2^1, O_2^2\}$	$\{O_2^1, O_2^2\}$	$\{O_3^1, 2O_1^2, O_2^3\}$
O_2^1	$\{O_1^1, O_3^1, O_1^2, O_2^3\}$	$\{O_1^1, O_3^1, O_1^2, O_2^3\}$	$\{2O_2^2, 2O_1^3\}$
O_3^1	$\{O_2^1, O_1^3\}$	$\{O_2^1, O_1^3\}$	$\{O_1^1, O_1^2, 2O_2^3\}$
O_1^2	$\{O_2^1, O_2^2, O_2^3\}$	$\{O_2^1, O_2^2, O_2^3\}$	$\{2O_1^1, O_3^1, O_1^3\}$
O_2^2	$\{O_1^2, O_1^1\}$	$\{O_1^2, O_1^1\}$	$\{2O_2^1, O_2^3\}$
O_1^3	$\{O_3^1, O_2^3\}$	$\{O_3^1, O_2^3\}$	$\{2O_2^1, O_1^2\}$
O_2^3	$\{O_2^1, O_1^2, O_1^3\}$	$\{O_2^1, O_1^2, O_1^3\}$	$\{O_1^1, 2O_3^1, O_2^2\}$

表 4-1 中，工序前的系数表示该工序出现的次数，计算邻域规模时，将集合中各工序系数相加，例如 $|N_2(O_1^1)| = 1+2+1=4$。

4.3 多级邻域变量排序算法（MNO）

变量排序算法一般遵循困难变量优先调度的设计原则，通过选择困难变量，引导当前搜索介入临界区域，即移动到容易检测的冲突状态，尽早剪除非法分支，最小化回溯次数和回溯距离。变量涉及的约束数量和相关约束紧度是判定其困难性的主要标准，以此为依据，本书根据上述多级邻域结构模型，在计量满足单一约束困难程度的基础上，有机合成变量的邻域信息，定量分析困难变量。

4.3.1 困难指数计算

（1）计算 $W(x_i, x_j)$。

在 JSSP 中，对于任意二元约束及相关工序 O_i^l 和 O_j^k，其权重计算方法如式（4-4）所示，$W(O_i^l, O_j^k)$ 代表了工序 O_i^l 和 O_j^k 具有一致性开工时间点的概率，反映了约束满足的难易程度：

$$W(O_i^l, O_j^k) = \begin{cases} \min(\text{slack}(O_i^l \to O_j^k), \text{slack}(O_j^k \to O_i^l)) & \text{如果} \quad O_i^l \parallel O_j^k \\ \text{slack}(O_i^l \to O_j^k) & \text{如果} \quad O_i^l < O_j^k \\ \text{slack}(O_j^k \to O_i^l) & \text{如果} \quad O_j^k < O_i^l \end{cases} \tag{4-8}$$

式中，$\text{slack}(O_i^l \to O_j^k) = \text{lft}_j^k - \text{est}_i^l - (du_i^l + du_j^k)$。

（2）计算 $W(x_i)$。

根据作用约束权重和涉及约束数量，对于当前搜索状态下任意待调度工序 O_i^l，其权重 $W(O_i^l)$ 可按照式（4-5）计算如下，反映了作用于工序上的所有约束的平均权重：

$$W(O_i^l)=\frac{\sum_{O_j^k\in N_1(O_i^l)}W(O_i^l,\ O_j^k)}{|N_1(O_i^l)|}\tag{4-9}$$

（3）计算 $H_\alpha(x_i)$。

$W(O_i^l)$ 值越小，表示工序 O_i^l 受约束程度越高，O_i^l 越困难，反之亦然；当 $W(O_i^l)$一定时，相关约束数量越多，O_i^l 越困难。因此，仅考虑直接作用约束时，工序 O_i^l 的 1 级困难指数 $H_1(O_i^l)$ 计算如式（4-6）所示，与工序权重成正比，与 1 级邻域规模成反比：

$$H_1(O_i^l)=\frac{W(O_i^l)}{|N_1(O_i^l)|}=\frac{\sum_{O_j^k\in N_1(O_i^l)}W(O_i^l,\ O_j^k)}{|N_1(O_i^l)|^2}\tag{4-10}$$

根据上文提出了多级邻域结构模型，工序之间通过活动变量传递约束，约束作用力随着距离增加逐渐减弱，因此扩展式（4-6），可以得到多级困难指数计算公式如下，式（4-7）定义了工序 O_i^l 的 2 级困难指数 $H_2(O_i^l)$，式（4-8）给出了 α 级困难指数的一般计算方法：

$$H_2(O_i^l)=\frac{\sum_{O_j^k\in N_1(O_i^l)}W(O_i^l,\ O_j^k)}{|N_1(O_i^l)|^2}+\frac{\sum_{O_n^m\in \mathrm{Active}_1(O_i^l)}\sum_{O_t^s\in N_1(O_n^m)\wedge N_2(O_i^l)}W(O_n^m,\ O_t^s)}{4|N_2(O_i^l)|^2}\tag{4-11}$$

$$\vdots$$

$$H_\alpha(O_i^l)=\frac{\sum_{O_j^k\in N_1(O_i^l)}W(O_i^l,\ O_j^k)}{|N_1(O_i^l)|^2}+\frac{\sum_{O_n^m\in \mathrm{Active}_1(O_i^l)}\sum_{O_t^s\in N_1(O_n^m)\wedge N_2(O_i^l)}W(O_n^m,\ O_t^s)}{4|N_2(O_i^l)|^2}$$
$$+\cdots+\frac{\sum_{O_q^r\in \mathrm{Active}_{\alpha-1}(O_i^l)}\sum_{O_v^u\in N_1(O_q^r)\wedge N_\alpha(O_i^l)}W(O_q^r,\ O_v^u)}{\alpha^2|N_\alpha(O_i^l)|^2}\tag{4-12}$$

工序 O_i^l 的困难指数 $H_\alpha(O_i^l)$ 值越小，表示工序的困难程度越高，当前搜索状态下，选择 $H_1(O_i^l)$ 最小的工序为下一个调度工序。根据问题规模可以调整 α 的取值，对于 $m\geqslant10$，本书取 $\alpha=3$。

4.3.2　算法描述

在上述困难指数计算方法的基础上，设计了一种多级邻域变量排序算法（MNO），具体步骤如下：

[MNO 算法]

Step 1：初始化当前搜索状态下未调度工序集 Unsch 和约束集 Constraints。

Step 2：对于 ∀ Constraint，计算约束权重。

Step 3：遍历所有待调度工序 $O_i^l\in$ Unsch，确定其 1－α 级邻域 $N_1(O_i^l)$，

$N_2(O_i^l)$，…，$N_\alpha(O_i^l)$。

Step 4：根据式（4-8）计算各个待调度工序的 α 级困难指数 $H_\alpha(O_i^l)$。

Step 5：选择 $H_\alpha(O_i^l)$ 最小的工序作为下一个调度工序。

Step 6：更新未调度工序集 Unsch = Unsch − $\{O_i^l\}$，Constraints = Constraints − $\sum_{O_j^k \in N_1(O_i^l)}(O_i^l, O_j^k)$。

可以看出，上述 MNO 算法的计算复杂度为 $T(n) = S(n) = O(n^2)$，其中 n 为 Job Shop 调度问题中的工序总数量。

4.4 实验结果及分析

为了验证 MNO 算法的有效性，将其与现在应用效果较好的 CBA 和 ORR 算法加以比较，针对不同规模 JSSP，通过测量以下各项指标评价求解性能：

（1）搜索效率（*SE*）：即变量数与搜索状态数的比值，$0 \leqslant SE \leqslant 1$。

（2）解决问题数量（*NoS*）：返回可行解的问题数量。

（3）平均计算时间（*ACT*）：即平均 CPU 占用时间。

开发的 CSP 求解器搜索流程如下，采用 delphi7.0 实现，分别嵌入 MNO、CBA 和 ORR 三种变量排序算法，数据库使用 Oracle 8i，程序运行环境为 CPU3.00GHz/Pentium4/RAM1GB。

4.4.1 实验结果

采用 3.3.1 小节所述方法设计算例，实验参数设置为：$m=5$，10，15，20；$BP=0$，1，…，$m-1$；$n/m=1$；$RP=0.1$，每种参数组合随机产生 10 组测试算例，按照上述方法生成作业的释放期、加工时间和交货期，各作业工艺路径采用随机数产生。本书设定当求解时间超过 2000s 时，则中止求解，认为问题无可行解。表 4-2 为实验结果，以此为依据绘制比较曲线如图 4-2～图 4-4 所示。

表 4-2 算法性能比较

VOHs	*Pref.*	*m*			
		5	10	15	20
MNO	*SE*	0.8	0.8	0.62	0.53
	NOS	8	8	6.8	5.6
	ACT	65.6	165.3	632.7	1151.8
CBA	*SE*	0.8	0.7	0.28	0.26
	NOS	8	8	6.8	3.1
	ACT	62.9	213.2	914.8	1954.2

续表 4-2

VOHs	*Pref.*	*m*			
		5	10	15	20
ORR	*SE*	0.8	0.8	0.45	0.39
	NOS	8	8	6.8	4.2
	ACT	68	185.8	722.1	1504.1

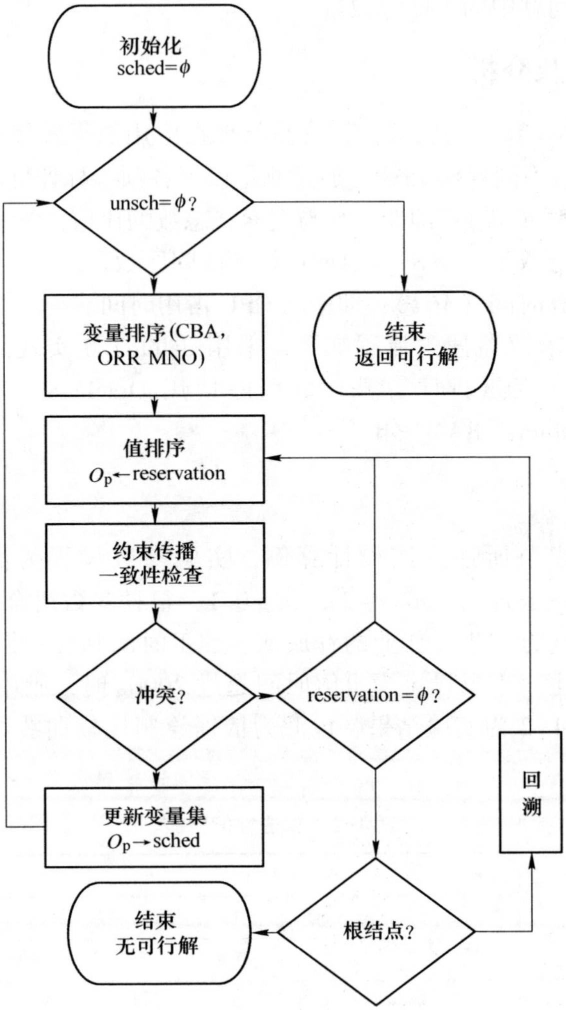

图 4-2　CSP 求解器搜索流程

4.4.2　实验分析

根据上表数据绘制比较曲线如图 4-2~图 4-4 所示，可以看出：

（1）搜索效率相同时，平均计算时间 ORR>MNO>CBA，即算法的时间消耗依次降低；

（2）问题规模>10 时，搜索效率 MNO>ORR>CBA；

（3）问题规模>15 时，解决问题数量 MNO>ORR>CBA；

（4）问题规模>10 时，CBA>ORR>MNO；

（5）随着问题规模增加，MNO 的求解优势渐趋明显。

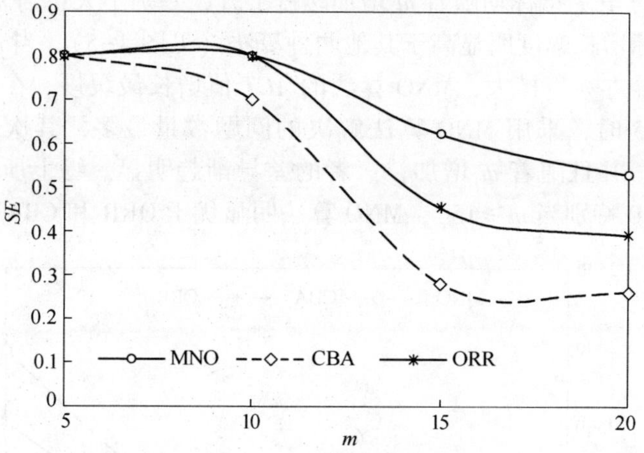

图 4-3　*SE*-规模变化曲线

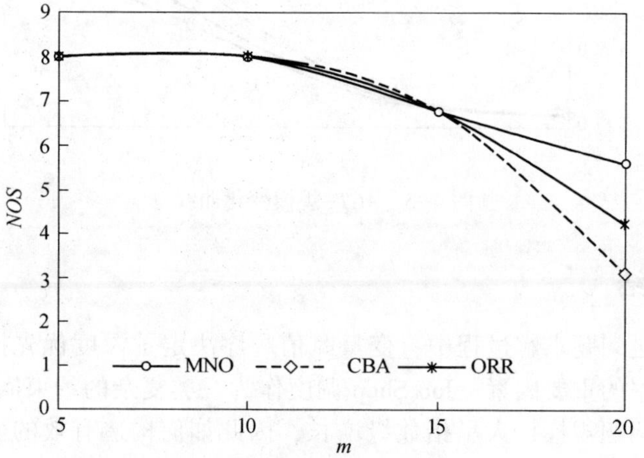

图 4-4　*NOS*-规模变化曲线

通过上述实验数据处理和现象分析可以得出：

（1）当 JSSP 规模较小时（$m=5$），以上三种算法均能获得较好的求解性能。搜索效率与解决问题数量基本相同，平均计算时间 MNO 介于 CBA 与 ORR 之间，略微高于 CBA，这种差异主要是由算法的时间消耗引起的。通过实验数据可以看出，随着问题规模增大，这类计算代价与算法减少的搜索时间相比较，几乎可以忽略不计。

（2）随着问题规模增大，相对于其他两种算法，MNO 算法能够体现出较强的求解优势。在搜索效率方面，当 $m>5$ 时，MNO 与 ORR 差别不明显，两者均优于 CBA；当 $m>10$ 时，MNO 的 *SE* 指标逐渐高于 ORR，特别当 m 接近 15 时，MNO 算法的 *SE* 值显著高于其他两种算法。在平均计算时间方面，当 $5\leqslant m\leqslant 10$ 时，三种算法的 *ACT* 指标均随着 m 增加缓慢上升，差别不大；当 $m>10$ 时，CBA 算法的时间指标增长幅度明显高于其他两种算法（见图 4-5），当 $m>15$ 时，*ACT* 增长幅度的差异进一步扩大，MNO 算法的 *ACT* 值增长最缓慢。在解决问题数量方面，当 $m>15$ 时，采用 MNO 算法解决的问题数量最多，其次为 ORR 算法，CBA 算法最少，并且随着 m 增加，三者的差异渐趋明显。综上所述，对于大规模 JSSP（$m\geqslant 10$ 特别当 $m\geqslant 15$），MNO 算法明显优于 ORR 和 CBA 算法。

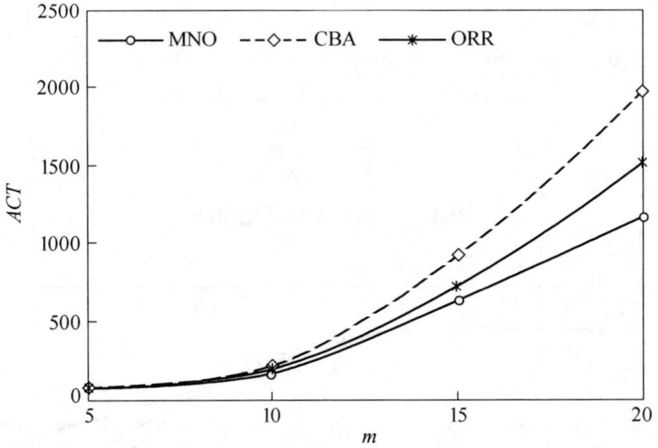

图 4-5　*ACT*-规模变化曲线

4.5　本章小结

在约束满足问题求解过程中，变量赋值顺序决定了深度优先搜索树的形状，是影响求解效率的重要因素。Job Shop 调度作为一类复杂的约束满足问题，其计算复杂度随着问题规模扩大呈指数级增长，因此如何构造有效的变量排序算法，引导搜索过程快速收敛于可行解，是提高问题求解效率的关键之一。本章着眼于问题的约束拓扑关系，提出了变量的多级邻域结构模型并设计了一种新的变量排序算法，并将其与现有变量排序算法进行了比较。数值实验的结果表明，对于大规模 Job Shop 调度问题，本书提出的多级邻域变量排序算法具有更好的求解性能。

5 基于约束优化的在线调度

本章针对作业到达时间随机分布 Job Shop 在线调度问题，建立了基于专家系统的动态仿真模型，将邻域搜索嵌入约束满足实现迭代优化，采用间隔性滚动机制与关键事件驱动相结合的混合调度策略保证求解的高效性和稳定性。

5.1 在线调度概述

经典调度是假设调度问题一个实例的所有信息，包括工件个数、就绪时间、加工时间等在开始调度之前都是预先确定的，这种情况称为离线调度。然而在生产实际中许多情况并非如此，而是在所有信息指导之前就必须进行调度，即在线或者半在线调度，在线调度中，工件信息逐个释放[112,113]，在决定当前工件的加工时对后面就绪的工件信息一无所知。离线调度在安排所有工件之前知道所有工件信息。半在线调度介于两者之间，即不允许对已经安排的工件重排，在调度之前知道后面就绪工件的部分信息。

在线调度问题充分体现了现代调度的动态随机性[114,115]，其本质是原始问题在求解过程中由于新变量和约束的加入或删除不断变化，动态特征主要体现在：变量、变量的值域、约束的变化（数量或内容），主要采用以下求解方法：

(1) 局部修改法：保留所有前面问题的赋值，并将其作为起点，当问题发生改变后，对初始赋值进行一系列修改，直到得到当前问题的解。修改表现为变量的重新赋值以使得尽可能消解量所涉及的冲突。

(2) 基于局部变化的局部修改法：保留一组当前没有赋值的变量。当问题发生变化时，任何新加的变量或者失去当前赋值的变量，构成变量集。根据算法反复选择变量进行赋值，如果导致一些约束条件偏离，将修改当前的赋值集合以解决这种不一致性。修改就是通过释放已赋值的部分变量，即引起不一致性的变量，并对其重新赋值使之满足所有约束，这种方法避免了与不一致无关的变量的修改。

(3) 约束记录法：该方法记录下任何一种能够在问题中推演的约束及其调整，为了在任何新的包含这种调整的在线问题中重新应用。这种方法主要用于求解约束周期性变化的在线问题。

本章中使用符号说明如下：

n　　作业数；

m　　处理机数；

k	工期紧因子；
rd_i	作业 i 的到达时间（$i=1, 2, \cdots, n$）；
dd_i	作业 i 的交货期（$i=1, 2, \cdots, n$）；
b	作业平均到达时间间隔；
P_{ij}	作业 i 的第 j 道工序加工时间（$i=1, 2, \cdots, n$; $j=1, 2, \cdots, m$），$P_{ij} \geqslant 0$；
E_i	作业 i 的加工完成时间，$i=1, 2, \cdots, n$；
S_i	作业 i 加工开始时间，$i=1, 2, \cdots, n$；
S_{ij}	作业 i 的第 j 道工序原开工时间；
S_{ij}'	作业 i 的第 j 道工序新开工时间；
μ_p	每道工序平均处理时间；
μ_g	作业平均工序数量；
t	当前时间；
p_r	机器平均利用率；
N	尚未开始执行即进入下一个调度周期的作业数。

5.2 滚动时域调度策略

不确定信息环境下动态决策的关键在于把调度优化与实时反应在一定程度上结合起来，对于作业到达时间呈随机分布 Job Shop 在线调度问题，滚动时域控制 RHC(Rolling Horizon Control）领域里的研究成果带来了宝贵的启示，滚动时域调度方法定义如下：

定义 5-1：滚动时域调度方法是用沿时间滚动进行的一系列小规模或有限时段的局部调度代替大规模或无限时段的一次全局调度。滚动时域调度方法是一个随调度时刻向前推进的迭代过程，在每个调度时刻，利用刷新的当前已知信息，确定一个滚动窗口，局部调度在滚动窗口内进行，局部调度解的一部分被执行，这部分解的完成时刻就是新的调度时刻，如此重复迭代进行，直到全部调度完成。

5.2.1 滚动时域研究现状

基于时间分解的滚动时域优化方法早在 20 世纪 70 年代就开始应用于上层决策[116,117]，在生产计划领域，至今已有大量文献［118～120］对滚动时域方法框架下生产计划的稳定性[121,122]和未来信息预测偏差对计划性能的影响[123～125]等深层次问题展开研究；在车间调度领域，滚动时域方法的应用还很初步，只是近十年来才有相关文献报道。例如对于工件动态到达、释放期完全可预测的静态问题，文献［126］的研究表明，由于滚动时域方法把一个全局大规模优化问题分解为一系列相关联的小规模优化子问题，计算复杂性大大降低，调度质量比分派规则法有明显提高，尤其是当关键资源的竞争非常激烈时更为突出。文献［127］将滚动时域调度方法用于大规模单机静态调度问题，用分枝定界方法求解子问题，通过大量的仿真试验研究滚动时域的决策参数（如预测时域的大小、决策窗口的大小、窗口滚动的频率等）对滚动调度效果的影响。文献［128］将滚动时域调度方法用于多机调度，用 EDD 规则、ListScheduling 求解多机调度的子问题，用仿真试验研究滚动调度决策参数与调度效果的关系。对工件动态到达，且近期的工件到达时刻可预测的动态 Job Shop 问题，文献［129］建立了滚动调度的框架，描述了滚动构造优化子问题的方法，同时融合了周期性和事件驱动的重调度策略以处理不确定性，仿真结果表明此方法对多种典型扰动有很强的鲁棒性，但遗传算法求解子问题收敛速度慢。已有文献中关于通用的滚动时域调度策略的理论研究还很缺乏。

5.2.2 滚动时域调度要素

一般说，滚动时域调度策略具有预测窗口、滚动窗口、调度子问题、滚动机制等四个要素，以下将分别进行定义。

定义 5-2：预测窗口为在每一调度时刻开始的一个预测时间区域内所有已知或预测的信息集合，预测窗口的大小决定了对未来动态信息预知的程度。

显然预测窗口大小为零，相当于对未来信息完全不知；而当预测窗口大小足够大到未来全部信息都为已知时，调度问题就变成了一次全局静态调度。

本书定义的预测窗口是在每一调度时刻可得的工件集，包括新到达的工件与已到达尚未开始加工的工件。

定义 5-3：在每一调度时刻进行局部调度时所利用的一定规模的预测窗口中的信息集合定义为该时刻的滚动窗口。

将预测窗口 $F(t)$ 内的工件按一定规则排序，选取其中的前 k 个工件组成滚动窗口 $K(t)$，$K(t)$ 内的工件个数 $|K(t)|=k=\min\{\kappa, |F(t)|\}$，其中 k 是滚动窗口的长度，κ 是滚动窗口的一个决策参数。当 $|F(t)|>\kappa$ 时，$k=\kappa$，$|K(t)|<|F(t)|$，当 $k=|F(t)|<\kappa$ 时，$K(t)=F(t)$。

滚动窗口的长度 k 是滚动时域调度策略的一个量化参数，表征调度子问题的规模。本文通过定义紧迫度函数，在每个调度时刻选取紧迫函数值最小的 κ 个工件进入滚动窗口，这样可以有效控制问题的规模，兼顾工期约束和 makespan 目标要求。

定义 5-4：每一调度时刻基于滚动窗口的信息而进行的调度称为局部调度。

定义 5-5：每一调度时刻在一定优化指标下基于滚动窗口和其他确定信息所设计的局部调度问题称为调度子问题。

综上所述，滚动调度策略的实施就是随着决策时刻的向前推进，带动预测窗口和滚动窗口随时间向前滚动，每次滚动都有工件从滚动窗口内移出，执行加工调度，又有新的工件进入预测窗口，预测窗口内又有新的工件进入滚动窗口。如何构造调度子问题对全局结果具有重要影响，包括某一时刻调度子问题求解后，从当前时刻开始的实际加工调度执行到哪里，下一调度时刻如何确定等。

定义 5-6：滚动机制就是指预测窗口和滚动窗口向前滚动的方式，也就是某一时刻调度子问题求解后，从当前时刻开始的实际加工调度执行到哪里，下一调度时刻如何确定，如何选取新的工件进入滚动窗口等。

从驱动方式的角度，滚动机制可以分为以下四类：

（1）间隔性机制：每一决策时刻的调度子问题优化后，执行调度结果中的前 λ 个工件加工，其中 $1 \leqslant \lambda < |K(t)|$，下一决策时刻为这 λ 个工件的加工完成时间。调度过程伴随工件的加工完成间隔进行，某一固定数目的工件加工完成后，再进行一次新的优化调度。λ 的选择可根据全局和子问题的规模以及对动态因素发生频度的预测。如果 λ 选择得比较大，调度频率就相应减少，但对动态因素的反应能力减弱。

（2）周期性机制：每一决策时刻的局部子问题优化后，执行调度结果中的前面的工件加工，每隔固定时间 ΔT 进行一次优化，即假设当前决策时刻为 t，则下一决策时刻为 $t+\Delta T$，这时如果有工件正在加工，其状况将作为新的局部调度的初始状态，反映在下一次调度周期中。调度的次数和系统对动态因素的适应能力由 ΔT 决定，针对不同问题，应权衡调度的次数和系统对动态因素的适应能力二者的矛盾，选取适当的 ΔT。

（3）事件驱动机制：每一决策时刻的局部子问题优化后，执行调度结果中的工件加工，直到新的动态事件发生或当前方案执行完毕开始新的调度，所以下一调度时刻应该为新的动态事件发生的时刻或当前所有工件加工完成的时刻。这种机制在保证对动态因素的适应性前提下，调度频度最低，但前后局部调度间的关联性大大降低，全局调度结果的次优性可能会下降。事件驱动机制中的调度次数取决于动态事件发生的频度。

（4）混合机制：是间隔性调度机制或周期性调度机制与事件驱动机制的结合。间隔性调度机制或周期性调度机制中，λ 或 ΔT 选择不当，会造成调度过于频繁，或者对动态因素的发生不能及时反应。如果将某些动态因素定义为关键事件，当关键事件发生时，按事件驱动调度机制，没有关键事件发生时，按间隔性或周期性调度机制，就可以发挥两类调度机制各自的优势。

5.2.3 滚动调度参数设置

针对上述要素，滚动时域调度策略需要设定预测窗口、滚动窗口、滚动步长等量化参数。对于加工过程中有机器损坏和修复以及工件到期时间可改变的动态环境下的 Job Shop 调度问题，方剑[111]提出一种事件驱动的仿真模型，采用周期性和事件驱动相结合的滚动机制；Ovacik 将滚动时域调度方法应用于求解最小化工件最大的迟滞时间的单机调度问题[122]；Chand[121]的 RHP 处理的是单机工件动态到达最小化工件完成时间之和的调度问题，Chand 的 RHPs[121]的滚动参数可以用（x，y，z）表示，其中（x，y）是一种基于工件数目的滚动窗口选择方式，x 表示滚动窗口中未来工件的个数，已到达工件数不超过 y 个，在每一调度时刻的滚动窗口中工件数目不超过 $x+y$ 个。z 表示每步局部调度后要执行加工的工件个数。根据文献［114］的实验结果，x 较好的取值是 12，y 的取值是 z 的 2.5 倍左右，推荐值为（12，5，2）。

基于以上研究成果，本章针对作业到达时间随机分布 Job Shop 在线调度问题，采用间隔性滚动机制和事件驱动相结合的混合调度策略，具体参数设置如下：

（1）预测窗口 $F(t)$ 为每一调度时刻定义的可得工件集，包括新到达的工件与已到达尚未开始加工的工件。

（2）紧迫度函数 $\mathrm{Slack}(J_l)$：对于任意待调度工件，$\mathrm{Slack}(J_l)$ 计算如下

$$\mathrm{Slack}(J_l) = dd_l - rd_l - \sum_{i=1}^{m} p_{il} \tag{5-1}$$

（3）滚动窗口的决策参数 $\kappa=10$，在每个调度时刻选取紧迫函数值最小的 10 个工件进入滚动窗口。

（4）滚动步长：采用基于工件数目的滚动步长，$\lambda = 2/5 | K(t) |$，下一决策时刻为这 λ 个工件的加工完成时间。

（5）关键事件：当前已到达工件的数目在不同调度时刻有很大不同，在某些调度时刻可能会积累过多的已到达工件没有进入调度，削弱滚动时域方法的计算有效性，因此定义关键事件 $| F(t) | \geqslant 4 | K(t) |$，当关键事件发生时重新确定滚动窗口立刻进行重调度，否则按照滚动步长触发调度。

5.3 基于邻域的约束优化

5.3.1 约束满足的缺陷

求解 CSP 问题的方法包括树搜索算法、约束传播算法和启发式修复算法。树搜索算法主要是系统回溯算法，应用到组合优化问题已经有几十年了。该算法显著的优点就是完全性：它们能够以系统方式搜索整个解空间，找到问题的一个解，或枚举出问题的所有解，或在问题没有解的情况下给出一个完备的证明。对于优化问题，能够确保找到问题的最优解，也能够通过失败的找到较好的解证明最优。这种算法适合规模非常小的问题或细分后规模小的子问题。缺点就是，对于实际应用中

的大规模问题时，该搜索算法由于解空间组合爆炸变得不切实际，不能在有效的时间内找到问题的解，算法的可测量性差。约束传播算法一般不单独使用，与其他两种方法结合使用。启发式修复算法实际上是一种邻域搜索算法。

5.3.2　邻域搜索的特点

邻域搜索是一种非常有效的解决组合优化问题的方法。从任一可行解出发，通过对其邻域的不断搜索和当前解的替换来实现优化[130]。根据搜索行为，它又可分为局部搜索算法和指导性搜索算法。局部搜索算法是以局部优化策略在当前解的邻域中贪婪搜索，如只接受优于当前解的状态作为狭义个当前解的爬山法；接受当前解邻域中的最好解作为下一个当前解的最陡下降法等。指导性搜索算法是利用一些指导规则来指导整个解空间中优良解的探索，如 SA、GA、TS 等。邻域搜索机制具有以下特点：

(1) 算法通用易实现，只要设计好邻域函数，就能求解组合或函数优化问题；

(2) 不完全搜索解空间，比系统方法效率高；

(3) 对于组合优化问题，在限定的时间内，能够找到一个较好的解（质量高）。

(4) 不会导致早期失误问题。

邻域搜索算法的效率主要取决于三方面[131]：

(1) 搜索空间的大小（变量的数量和每个变量值域的大小）；

(2) 搜索空间的结构（每个约束的结构以及约束连接的拓扑结构）；

(3) 启发式函数（邻域函数的定义以及如何选择一个好的邻域）。

邻域搜索算法局限性在于：

(1) 算法性能对邻域函数和初值具有依赖性。

(2) 算法的局部优化特性。算法没有避免搜索过程陷入局部极小的能力。

(3) 不能保证能够找到问题的解。

根据上面的介绍可知，约束满足技术与邻域搜索算法在解决组合优化问题时，都各有自己的优势和局限性，如果将这两种技术结合起来，将互相补充。邻域搜索算法使用 CP 理念（利用辅助约束）能够加速邻域的搜索，使大邻域更加易处理[132]，在 CP 树搜索内部节点或叶子节点使用邻域搜索算法，修改实例化的变量，跳离当前节点，能够在搜索树中搜寻到一组接近于贪婪路径的解。树搜索算法结合邻域搜索算法能够加快搜索过程，提高效率，但丧失了完全性。

5.3.3　结合方式

约束满足与邻域搜索相结合主要有三种形式[133]：

(1) 在系统搜索之前或之后实施邻域搜索算法。文献［134］采用的是在系统搜索之后进行邻域搜索修复。首先基于松弛问题的最优开工时间构造一个时间可行的炼钢-连铸初始调度，然后迭代性的检测资源冲突并逐步消除冲突，最终得到一个可行调度。

（2）在某些搜索点用邻域搜索算法改进树搜索算法的解优化和改进解的质量。这些点可能是搜索树的叶子结点（完全指派）或内部结点（部分指派）。

（3）全面实施邻域搜索，仅用约束传播技术帮助邻域搜索算法选择邻域或修剪搜索空间。

5.4 系统设计

5.4.1 系统仿真

专家系统为 Job Shop 在线调度问题仿真提供了有效途径，能够产生贴近现实的直观模型，根据车间、资源、工件的实时状态信息选择合适的处理策略。第一个调度专家原型系统是 ISIS（1984）[135]，使用向后间隔调度和过滤束搜索算法，以约束违反度作为评价函数。在此基础上，OPIS（1988）引入条件机制获得良好的柔性和满意度。考虑机器故障和预防性维护，文献［136］设计了一种满足设备可用能力的启发式排序算法实现 Job Shop 重调度。文献［137］针对机器处理时间不确定的问题，采用专家估值进行工件排序。对于工件随机释放 Job Shop 问题，文献［138］开发了离散仿真事件驱动的专家系统，由流时间偏移触发调度规则的动态选择。以上研究表明迄今为止绝大多数人工智能调度系统均以仿真为内核进行优化决策，不足之处在于：（1）多使用分派规则和优先调度法，缺乏解的优化。（2）强调实时响应系统变化，导致频繁重调度，降低稳定性。

G2 是美国著名软件开发公司——Gensym 公司开发的具有图形界面的、集成化的面向对象的智能实时专家系统开发平台[139]，通过模块、规则和知识来监控事件，推理复杂数据，进而进行智能决策支持。将模糊逻辑、神经元网络、专家系统无缝集成，更切合实际需要，结合预测、诊断等功能；实时能力强，并发式多线程实时能力，每秒可处理 3000 条规则，开放性兼容性强、跨平台可移植性强。广泛应用于过程设计及模拟仿真[140~143]。

本章基于 G2 平台建立专家系统仿真模型，结合滚动时域调度策略，依据处理机负荷变化动态调整调度规则生成初始可行解，将邻域搜索嵌入约束满足实现调度优化，兼顾求解的快速性和高效性。

5.4.2 动态车间设计

（1）加工顺序：随机生成机器数排列；

（2）P_{ij}：为反映现实生产过程，通过统计分析历史数据采用处理时间如表5-1所示。

表 5-1　处理时间分布

处理机	1	2	3	4	5
平均值	15	17	12	18	19
方差	2	2.5	1	3	2.5

（3）rd_i：以往 Job Shop 相关研究和经验数据表明，作业到达时间近似满足泊松分布，因此相邻时间间隔服从指数分布，均值计算如下：

$$b = \frac{\mu_p \mu_g}{p_r m} \tag{5-2}$$

式中，$p_r = 0.75$；$\mu_p = 16.3$；$\mu_g = 3.5$；$m = 6$，计算可得 $b = 10.8$。

（4）dd_i：现有工期分配模式以作业信息为基础开发启发式算法以符合现实特征，本书采用全部工作量（*TWK*）规则，计算如下：

$$dd_i = rd_i + k \sum_{j=1}^{m} p_{ij} \tag{5-3}$$

Blocher 等人（1998）提出工期紧因子 k 根据正态分布设计，均值 10，标准方差 2，本书取最小值 2。

5.4.3　目标函数构造

对于 Job Shop 在线调度，引入间隔性与事件驱动混合调度策略，预测窗口作业集包括新到达的作业以及上一周期尚未开始加工的作业，定义如下度量函数：

（1）有效性：采用 makespan 和作业拖期双重标准度量调度方案有效性，Ishibuchi 和 Murata（1998）通过反复实验计量得出 makespan 的变化程度小于作业拖期，权重取值直接影响多目标问题解的质量和收敛速度，建议分别采用 5，2。因此有效性度量函数设计为：{5×makespan+2×tardiness}，即

$$\{5[\max(E_1, E_2, \cdots, E_n) - \min(rd_1, rd_2, \cdots, rd_n)] + 2[\sum_{i=1}^{n} \varphi(E_i - dd_i)]\}$$

其中

$$\varphi(E_i - dd_i) = \begin{cases} 1 & E_i - dd_i > 0,\ i = 1, 2, \cdots, n \\ 0 & E_i - dd_i \leqslant 0,\ i = 1, 2, \cdots, n \end{cases}$$

（2）稳定性：对于相继两次调度方案中的重复作业，即尚未开始执行即进入下一个调度周期的作业，需要度量其稳定性。一个重要标准是两次方案中作业开工时间总偏差，关系到相关资源需求变动。此外引入当前时间偏离度（$S_{ij} - t + S'_{ij} - t$）惩罚值（Lin et al.，1994），拟合曲线采用 $F(x) = 10x^{-\frac{1}{2}}$，因此稳定性目标函数构造为：

$$\{\sum_{i=1}^{N} \sum_{j=1}^{m} |S_{ij} - S'_{ij}| + \sum_{i=1}^{N} \sum_{j=1}^{m} 10(S_{ij} - S'_{ij} + 2t)^{-\frac{1}{2}}\}$$

综上可得目标函数

$$\min g = \{5[\max(E_1, E_2, \cdots, E_n) - \min(rd_1, rd_2, \cdots, rd_n)] + 2[\sum_{i=1}^{n} \varphi(E_i - dd_i)]\} +$$

$$\left\{\sum_{i=1}^{N}\sum_{j=1}^{m}|S_{ij}-S'_{ij}|+\sum_{i=1}^{N}\sum_{j=1}^{m}10\left(S_{ij}-S'_{ij}+2t\right)^{-\frac{1}{2}}\right\} \tag{5-4}$$

5.5 求解流程

图 5-1 所示为专家系统处理流程，离散事件驱动模型按照作业到达时间分布创建实体，同时为其各项属性赋值（处理时间、交货期及加工顺序等）。设定调度间隔，确定调度作业集和重调度子集，根据车间状态触发优先调度规则动态选择生成初始可行解，将邻域搜索嵌入约束满足快速获得近优解。实时监测调度执行过程，当关键事件发生时立刻触发重调度，将已调度但尚未开始加工的作业和在新释放的作业按照紧迫度函数进行排序，重新选择工件进入滚动窗口，否则根据滚动间隔进行调度。

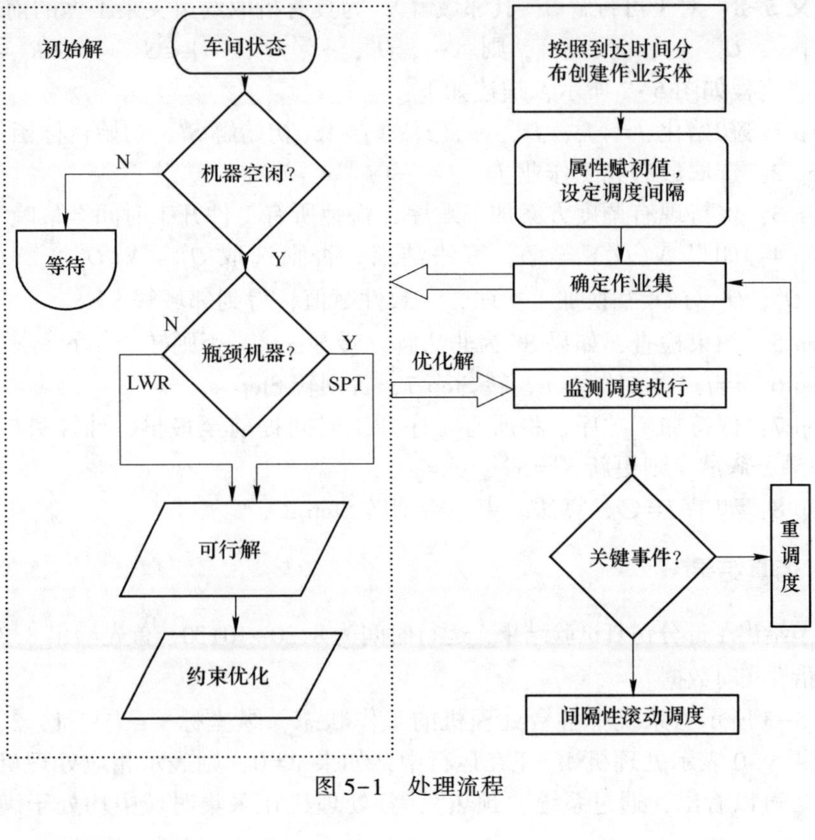

图 5-1 处理流程

5.5.1 生成初始可行解

确定调度时刻车间临界状态和作业集，包括上次调度之后到达的作业和已调度尚未开工的作业，根据以下优先规则产生初始可行方案。

瓶颈机是指当前时刻负荷最大的处理机，处理机 m_j 的负荷计算如下

$$\text{Load}(m_j) = \sum_{i=1}^{n} P_{ij} \tag{5-5}$$

式中，$j=1$，2，…，m，n 为当前时刻等待加工工序数量。

根据处理机负荷状态选择优先规则，处理过程如图 5-1 右部所示，处理机空闲时，根据实时车间状态按式（5-5）计算判断是否为当前瓶颈机，如果是采用 SPT（Shortest Processing Time）选择作业加工，否则采用 LWR（Least Work Remaining）规则调度。

5.5.2　约束优化

定义 5-7：$\forall O_j^l$ 前向邻域为当前调度方案中，与 O_j^l 具有析取约束且开工时间先于 O_j^l 的工序集，即 $N(O_j^l)=\{O_i^k \mid R_i^k=R_j^l$ 且 $st_i^k=st_j^l\}$。

定义 5-8：对于可行解 S，其邻域解 S^* 为具有析取约束关系工序的前向置换。如 $S=\{\cdots, O_j^l, \cdots, O_i^k, \cdots\}$，则 $\{\cdots, O_i^k, \cdots, O_j^l, \cdots\} \in S^*$，其中 $R_i^k=R_j^l$。

算法流程如图 5-2 所示，描述如下：

Step 1：初始化 $J=\{J_1, J_2, \cdots, J_n\}$，$j=1$，初始解 S^0，初始目标函数值 g^0。

Step 2：选取最后完工作业 J_l，$J=J-\{J_l\}$。

Step 3：保持现有调度方案加工顺序，松弛所有工件开工时间至最晚。

Step 4：如果 $N(O_j^l)=\varnothing$，算法结束。否则选取 $O_i^k \in N(O_j^l)$，$N(O_j^l)=N(O_j^l)-O_i^k$，O_i^k 与 O_j^l 互换加工次序，一致性赋值，得到邻域解 S^*。

Step 5：约束检查，如果 S^* 为非法解，转 Step 4，否则转 Step 6。

Step 6：$j=j+1$，如果 $j>m$，转 Step 7，否则转 Step 4。

Step 7：保持加工顺序，将所有工序开工时间提前至最早，计算目标函数值 g^*，如果 $g^*<g^0$，则更新 $S^0=S^*$，$g^0=g^*$。

Step 8：如果 $J=\varnothing$，算法结束，否则转 Step 2。

5.5.3　仿真结果

本节给出了部分仿真试验结果，运行时间为 8:30~10:30，首先给出 8:30~9:30 的各项指标实时数据。

图 5-3 所示为系统中各台处理机的工作状态，纵坐标 $y\in\{0, 1, 2, 3, 4, 5\}$，如果 $y>0$ 表示处理机 M_y 正在运行中；如果 $y=0$，则表示相应处理机处于闲置状态。可以看出，通过系统“预热”，各处理机在采集时域中均处于满负荷运行状态。

工件的提前/拖期数据是衡量调度方案优劣程度的重要指标，如果纵坐标 $y>0$，代表工件拖期完工，y 值为拖期时间（s）；如果 $y<0$，代表工件提前完工，$|y|$为提前时间（s）；如果 $y=0$，代表工件如期完工。采用单一规则调度策略下，各工件的提前/拖期数据实时记录如图 5-4 所示。

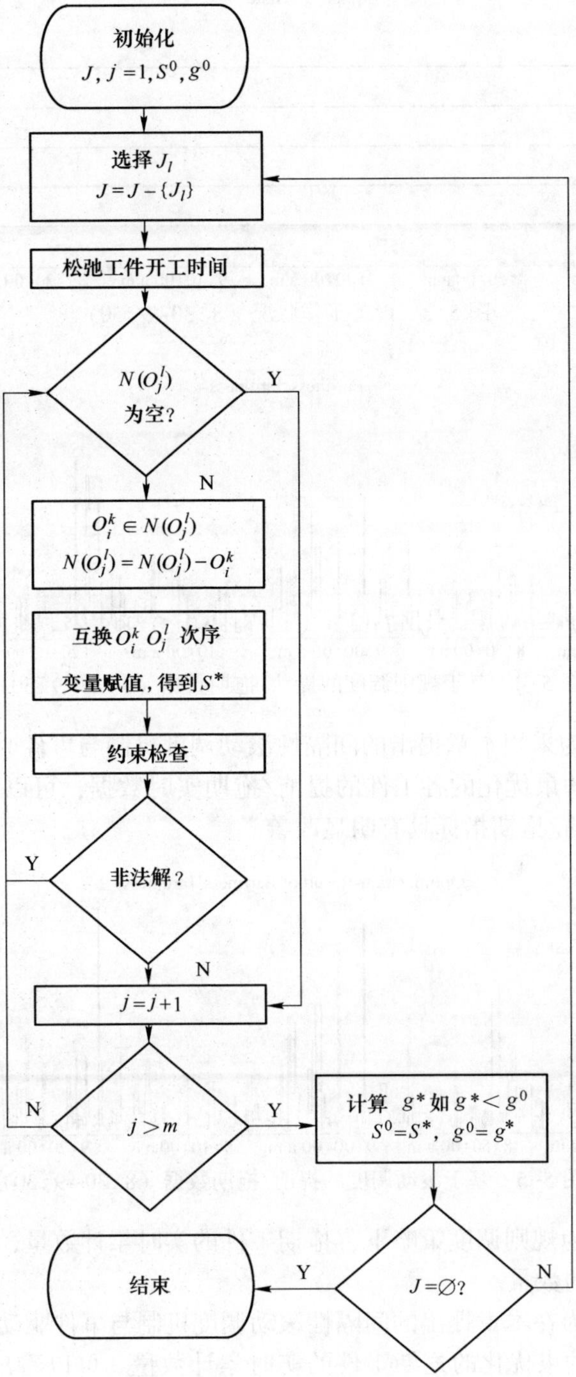
初始化
J, j =1, S0, g0
选择 Jl
J = J − {Jl}
松弛工件开工时间
N(Ojl) 为空?
Y
N
Oik ∈ N(Ojl)
N(Ojl) = N(Ojl) − Oik
互换 Oik Ojl 次序
变量赋值，得到 S*
约束检查
非法解？
Y
N
j = j+1
j > m
N
Y
计算 g* 如 g* < g0
S0=S*, g0= g*
J =∅?
Y
N
结束

图 5-2 算法流程

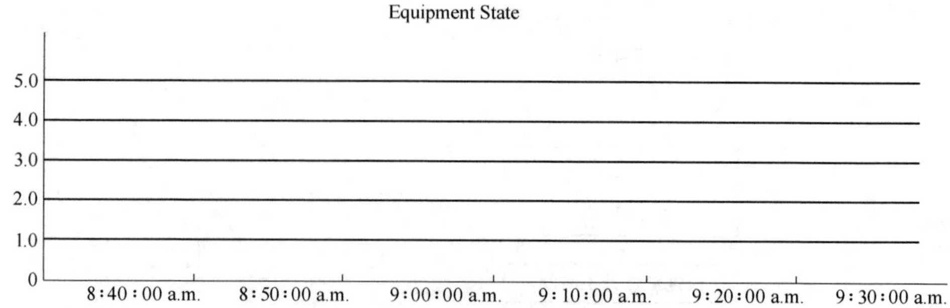

图 5-3　设备工作状况（8:30~9:30）

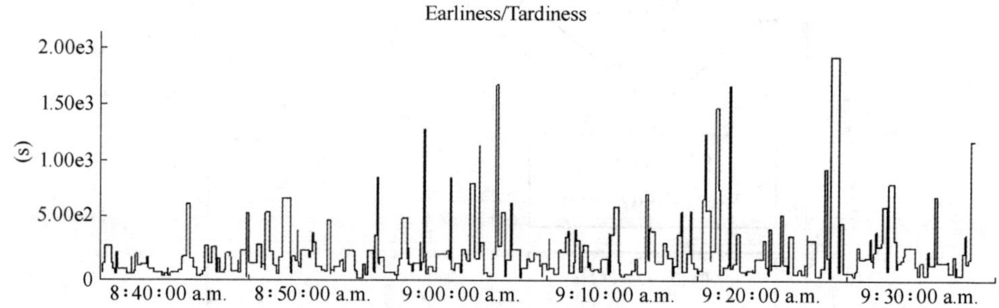

图 5-4　基于规则调度的提前/拖期数据（8:30~9:30）

图 5-5 所示为采用本章提出的间隔性滚动调度机制与事件驱动相结合的混合调度策略，经过约束优化的各工件的提前/拖期实时数据，可以看出与图 5-4 相比，各工件的提前/拖期指标具有明显改善。

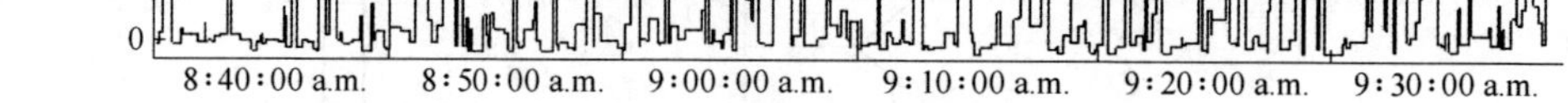

图 5-5　基于滚动调度的提前/拖期数据（8:30~9:30）

图 5-6 所示为规则调度策略下，拖期工件的实时累计数量，横轴为时间，纵轴表示拖期工件的数量。

图 5-7 所示为在本章提出的间隔性滚动调度机制与事件驱动相结合的混合调度策略下，经过约束优化的拖期工件的实时累计数量。可以看出随着时间推移，本章提出的算法能够有效改善拖期工件数量。

图 5-8~图 5-12 为 9:30~10:30 的各项指标实时数据。

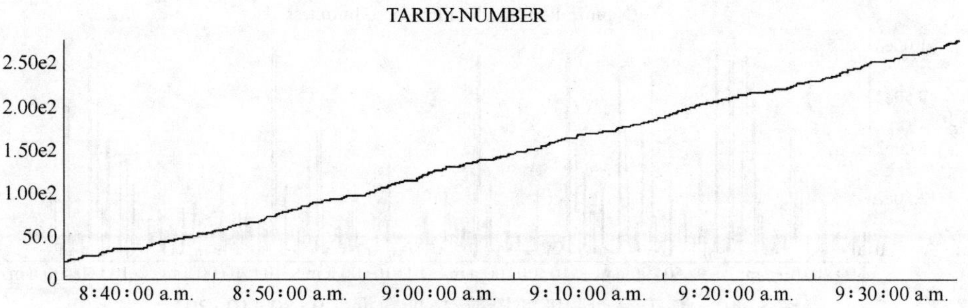

图 5-6 基于规则调度的拖期工件数（8:30~9:30）

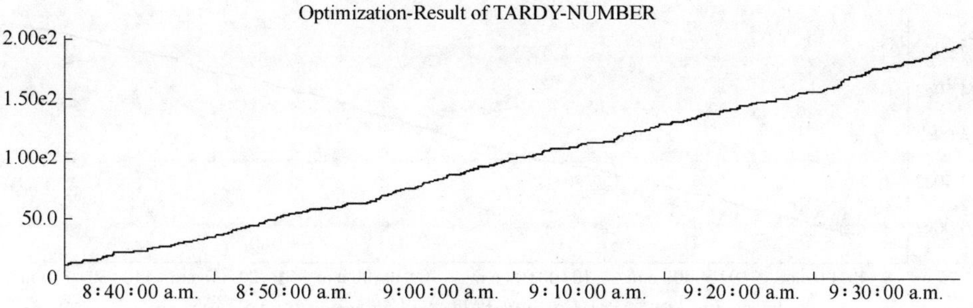

图 5-7 基于滚动调度的拖期工件数（8:30~9:30）

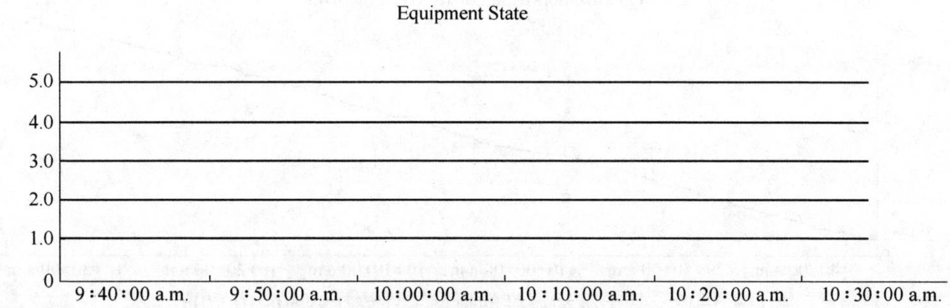

图 5-8 设备利用状况（9:30~10:30）

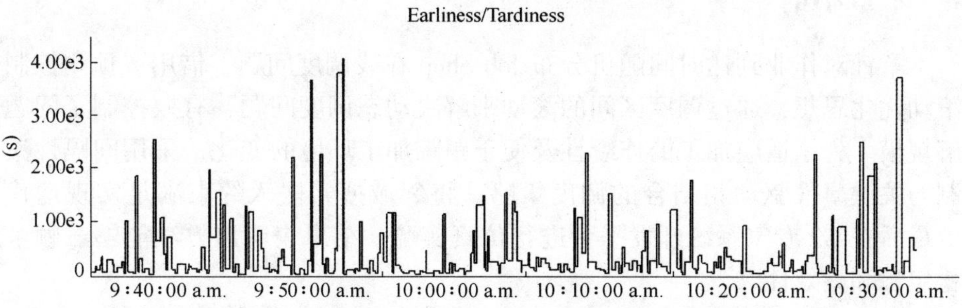

图 5-9 基于规则调度的提前/拖期数据（9:30~10:30）

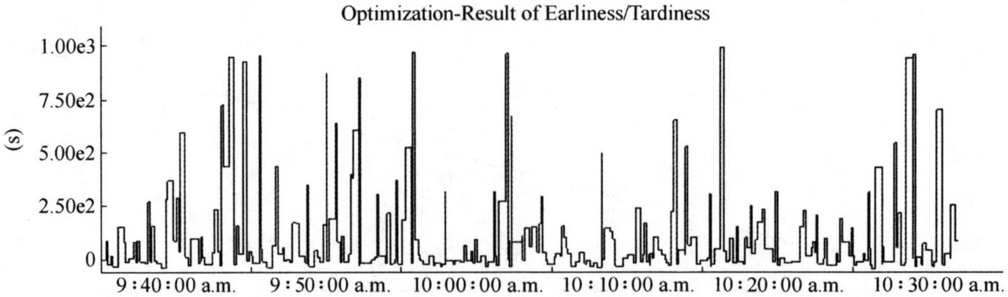

图 5-10 基于滚动调度的提前/拖期数据（9:30~10:30）

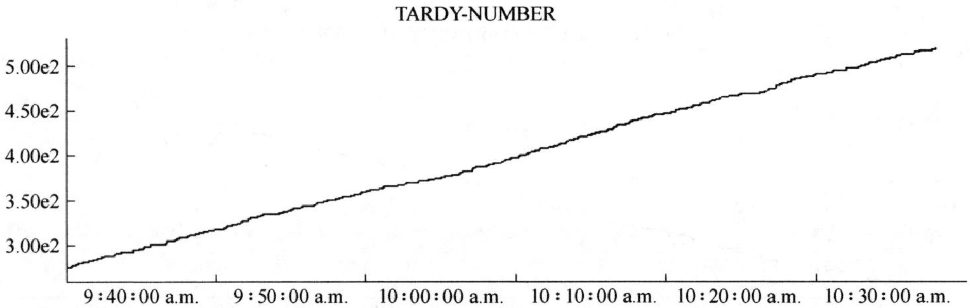

图 5-11 基于规则调度的拖期工件数（9:30~10:30）

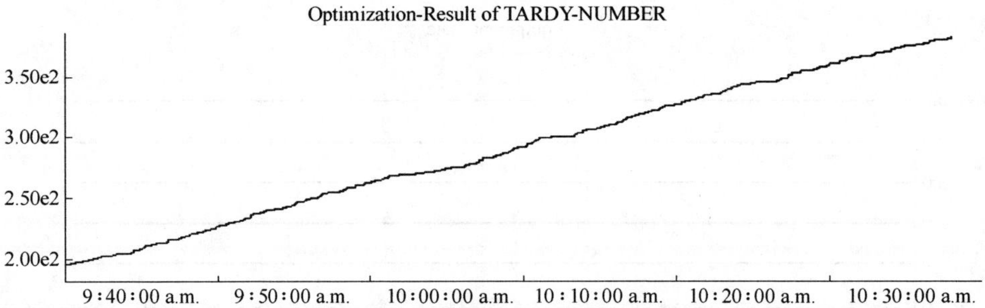

图 5-12 基于滚动调度的拖期工件数（9:30~10:30）

5.6 本章小结

本章针对作业到达时间随机分布 Job Shop 在线调度问题，借用了预测控制中的滚动优化思想，通过调度区间的滚动来解决动态调度问题，有效控制了问题的求解规模。为了适应加工的连续性及便于跟踪加工环境的变化，采用间隔性滚动机制与关键事件驱动相结合的调度策略，将邻域搜索嵌入约束满足实现迭代优化。最后在 G2 专家系统开发平台进行仿真实验，结果表明该方法能够兼顾求解的稳定性和高效性。

6 处理扰动的动态调度专家系统

动态调度是指当生产过程参数或调度数据变化时，根据实时生产状况重新产生调度方案或对原调度进行在线局部修改，使生产约束得到满足，生产代价最小，动态调度方法一直是学术界、企业界研究的热点问题[144]。本章针对调度方案在车间执行过程中遇到不可预见的动态扰动环境，如机器故障、定单改变、工件加工时间改变等，设计了基于动态约束满足的重调度方法，在G2平台上开发了动态调度专家系统。

6.1 动态调度概述

动态调度是在生产过程中出现扰动因素时，动态调度系统根据系统监控到的实时情况及时地对原调度计划进行顺序修改和资源调度，更新并下发生产指令，快速应对各种突发事件，保证生产过程持续、稳定地进行。

6.1.1 调度策略

对于扰动环境下的重调度问题，传统调度策略和优化算法很难得到满意解，目前出现了完全反应式、预测调度和鲁棒调度等典型的重调度模式，使调度方案尽快做出反应，同时保持调度的性能和稳定性：

（1）反应式调度[145~147]：在车间状况发生预料不到的动态扰动时，根据现场信息实时对扰动因素产生反应，对未执行的调度方案重新进行决策，以尽量优化动态扰动后的调度性能。这种重调度模式的初始调度生成时，不用考虑无法预知的动态扰动因素的影响，只优化调度性能，因而简单有效。扰动发生后仅对未执行的调度进行优化，信息处理量少，计算要求低，反应迅速，因而能在实践中得到广泛运用。但因为在初始调度中没有对可能发生的扰动留有余地，因而调度的鲁棒性较差，当扰动发生后，会由于车间物料计划的改变而增大成本。

（2）预测/反应式调度[148,149]：对可能出现的扰动的周期和分布规律按一定方式进行建模，根据车间状态和订单信息形成初始调度方案时，在其中插入空闲时间作为执行中对扰动进行反应的余量，这样生成的初始调度方案称为预测调度（predictive schedule）。预测调度在执行过程中如果动态扰动发生，则采用反应式调度策略进行反应，但由于预测调度中插入了空闲时间，可以部分或全部吸收扰动的影响，使得执行调度相对预测调度的性能和稳定性都下降不大。这种重调度模式的鲁棒性较反应式好，但对扰动的建模和预测调度的生成都是比较复杂的问题，计算量与实时性的矛盾更为突出。

（3）鲁棒调度法[150]：生成预测调度的时候考虑某些不确定性的影响，把调度的鲁棒性作为辅助性能指标。文献中研究的鲁棒性可分为两类。一类可称为性能鲁棒性，即受扰动后调度的性能变化不大；另一类可称为调度决策的鲁棒性，即实际实现的调度方案和预测调度差异尽可能小。鲁棒调度对小扰动有较好的适应性，但引入鲁棒性能指标后，求解的难度大大增加。而且和反应式重调度的关系更加复杂。

6.1.2 调度方法

（1）简单移动方法。重调度应该有较好的实时性，修改算法不宜过于复杂和费时，简单移动是一种最基本的在线调度调整方法，通过改变操作的开始时间消除干扰或将干扰传播到后续操作。对尚未执行的操作依次采用简单移动法，可得到一个较好的可行调度。常用的移动法有向前移动、向后移动、双向移动，文献［151］对这几种移动方法的特点作了评述。

（2）基于滚动窗口的重调度方法。Nelson[152]提出了基于滚动窗口的重调度方法，解决工件间歇性到达的动态调度问题，取得了较好的效果。滚动优化方法只对预测期内的工件生产进行重新优化，不但提高了系统对生产环境变化的响应速度，而且保证调度系统的稳定性，因为如果生产需要外部物料供应的话，若完全重新调度，则计划人员要保持高的库存水平以支持新调度。

（3）启发式重调度方法。Abumizar[153]针对 Job Shop 调度问题提出一种启发式重调度方法，当扰动发生时，仅重调度那些直接或间接受到扰动影响的工件，以此减少由于扰动引起的生产周期的增加，同时也减少了与初始调度的偏差，效率和稳定性都较好。

（4）匹配反馈重调度方法。Sun[154]提出一种匹配反馈调度方法，处理订单变动或机器故障扰动事件。该文用基于约束的树搜索方法和基于代理的方法产生一个最优调度，开发出两种调度策略：基于最早交货时间的调度策略，为客户尽可能早的提供产品；基于交货期的调度策略，尽可能迟的开始生产制造，以减小在制品库存。当扰动事件发生时，依据两种调度策略重新安排调度，然后检查分配的时间值是否与原始调度相同，若不同，则将与重新调度的任务有关的任务或有冲突的任务添加到待调度任务列表中，重新分配时间值。

（5）基于鲁棒的重调度方法。是指针对生产过程中各种不确定因素，比如物料到达时间的不确定、工件加工时间的不确定、订单交货期的变更以及机器故障的随机出现等，分析这些不确定因素对目标函数的影响以及调度方案对这些不确定因素的灵敏性，制定出满足实际需求的具有鲁棒性的调度方案。

Daniels[155]讨论了调度鲁棒性的概念。Honkomp[156]利用确定性和随机仿真模型，减小处理时间变化的影响，随机模型捕捉参数的变化，确定性模型对两种调度的预测结果进行比较，选出鲁棒性较高的调度策略。Sun[157]基于时序约束网络对物料交货时间、机器失效时间、工件加工时间等不确定性因素进行灵敏性分析，评价潜在的调度扰动，开发基于灵敏性分析结果的调度方法来产生鲁棒性调度。一般，对于不确定性因素变化频繁，但变化幅度较小的情况，适宜采用鲁棒调度方案，只要不出现大的扰动，就可以按此方案组织生产，获得比较满意的结果，所以，鲁棒调度有较高的执行率，当生产过程参数发生变化时，可以通过自身的修改，适应变化的条件，使得调度方案继续可用。

6.2　动态调度专家系统

动态调度系统应该能够实时跟踪各个生产状态的加工过程，准确识别生产过程中的随机扰动，迅速进行重调度，这就是扰动环境下的调度问题。根据所跟踪的信息，系统中的扰动分为任务变化类扰动、加工异常类扰动以及设备故障类等扰动，如图 6-1 所示。

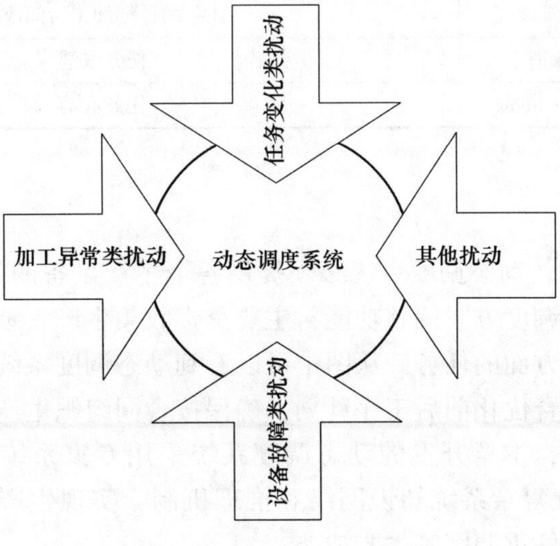

图 6-1　动态调度系统的扰动分类

6.2.1　扰动事件

生产车间中主要存在的动态事件如表 6-1 所示，尽管这些扰动多种多样，但从重调度的角度来看，这些事件都涉及三个要素，即任务、资源（加工机器）及时间。

表 6-1 生产车间中的动态事件

编号	动态事件	效果
1	机器故障	一段时间内，机器不可用
2	设备维护	一段时间内，机器不可用
3	操作员误工	较短时间认为机器闲置；较长时间，则重新调度操作工
4	刀具故障	一段时间内，机器不可用
5	工序加工时间变化	工序完工时间改变
6	物料延迟到达	任务开工时间和完工时间改变
7	机器处理能力变化	任务处理时间改变
8	刀具磨损	处理时间延长，完工时间拖期
9	切换时间变化	任务开工时间和完工时间改变
10	新订单到达	插入到调度方案中
11	工序再加工	任务的某些工序重新加工
12	任务返工	整个任务的所有工序重新加工
13	原料短缺	某些工序无法开工
14	紧急任务	交货期改变或突然需求，提前调度
15	任务优先级改变	任务的计划加工时间改变
16	订单取消	任务取消
17	外包（outsourcing）	任务取消

6.2.2 功能分析

如图 6-2 所示，动态调度系统必须提供各个生产设备的运行状况监视功能，以及异常情况下的调度方案调整功能，主要负责收集生产实绩信息、异常事件报警和生产重调度等方面的任务。从图中可以看到动态调度系统处于回环反馈的重要位置，是不断耦合优化前后工序计划，确保按合同组织生产的重要环节。

基于上述分析，本章开发的动态调度系统采用专家系统集成开发工具——G2 实现，通过建立复杂系统知识网络和推理机制，实现生产过程监控、异常事件报警以及动态事件重调度等主要功能。

6.2.3 专家系统结构

动态调度专家系统结构图如图 6-3 所示，主要包括相互独立的知识库与实时推理机制，此外，类库主要存放与问题域相关的各种类定义，包括类的属性、图标、类之间的联系和类的继承关系等；过程库是用于存放过程性和模型化的确定性知识，由与类相关的方法和具有全局性的过程共同构成；人机交互界面是在系

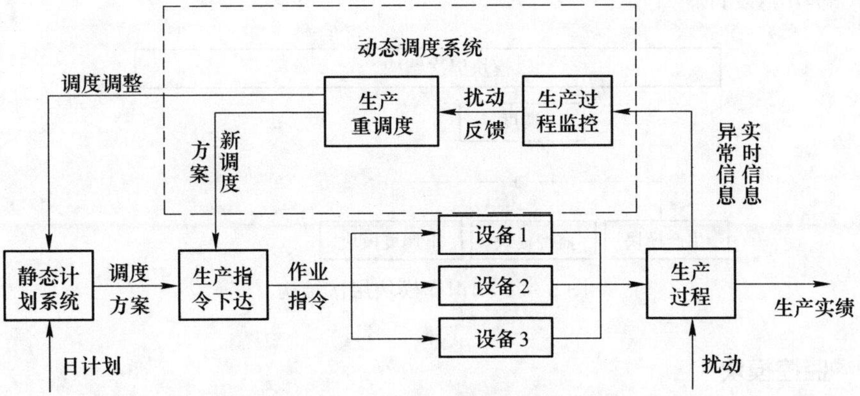

图 6-2 动态调度系统功能

统与用户之间进行信息交换的可视化平台，提供调度方案输入、生产现场动态模拟、报警信息显示等界面。

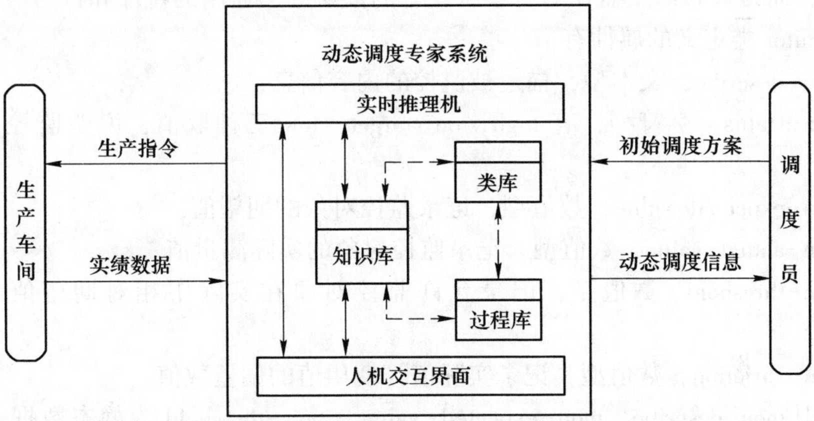

图 6-3 动态调度专家系统结构图

6.3 模块划分与功能设计

系统采用树状层次结构对知识库进行模块化管理，基本思想是将系统知识按逻辑抽象为几个层次，每个层次包括几个模块，形成一个树状结构。下层模块存储具有一般性和抽象性的知识，并向上层模块传递所需结果。下层模块可以不依赖于上层模块而独立运行。上层模块存储具有特殊性和差异性的知识，并向下层模块搜索知识。上层模块的运行依赖于部分下层模块，需要运用到包含于下层模块中的知识，是下层模块知识的综合与协调。知识库的模块层次结构如图 6-4 所示，主要包括监控模块（monitoring），重调度模块（rescheduling），生产模块（equipment）以及集成上述三者的动态调度模块（scheduling），本节将详细介绍各模块的功能设计。

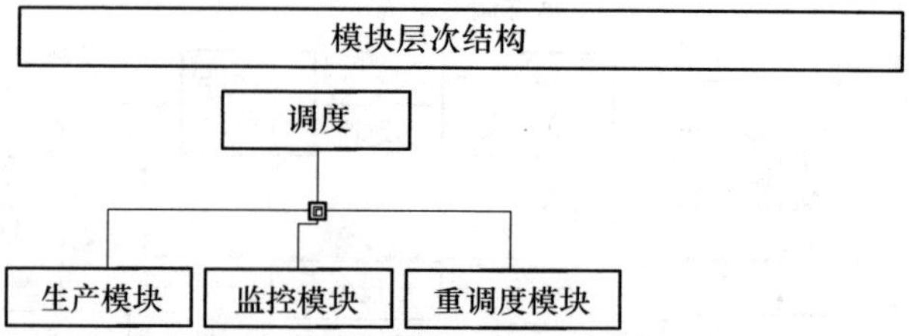

图 6-4　知识库模块层次结构

6.3.1　监控模块

监控模块抽象定义了系统的监控功能，包括定义监控器、计算实际与预期的偏差、判断是否需要报警等，是一个具有通用性的模块。

在该模块中定义了一个概念性的类——监控器（Monitor），它不是切实存在的对象，而是代表需要监控的对象所具有的抽象的、通用的特性和行为。

Monitor 类定义的属性有：

mon-describe，文本型，描述被监控的内容信息；

mon-status，字符型，有 high，on-target，low 三种取值，说明监控对象的状态；

mon-expected-value，数值型，记录监控对象的期望值；

mon-actual-value，数值型，记录监控对象的实际测量值；

mon-threshold，数值型，记录允许监控对象在实际中相对期望值的波动范围；

mon-variation，数值型，记录实际值与期望值的偏差数值。

其中 mon-describe，mon-expected-value，mon-threshold 为静态数据，mon-actual-value，mon-status，mon-variation 为动态数据。要实现监控功能，需要对 Monitor 进行差值计算及状态判断。

6.3.2　重调度模块

重调度模块是系统的关键模块，描述了柔性 Job Shop 的调度问题，并针对时间类和设备故障类扰动建立了基于动态约束满足的重调度模型。

根据调度需要定义了以下几个类：调度方案（Schedule），作业（Job），操作（Operation-Work），设备（Machine），约束（Sch-Constraint），动态事件（Dynamic-Event）。模块的概念模型如图 6-5 所示，类的关键属性由下划线标示。在系统概念模型中，不同的类之间存在着关联、聚集和继承（包括多重继承），共同构成知识网络。

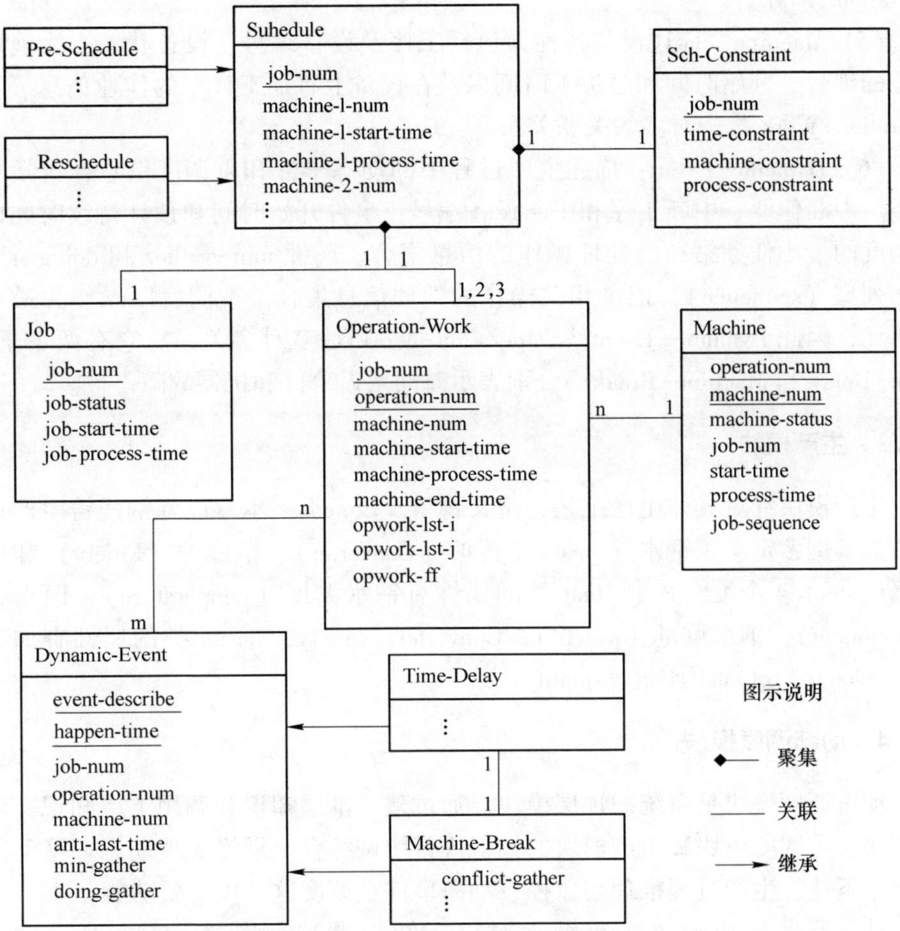

图 6-5　重调度模块概念模型

（1）Schedule：记录调度方案基本数据，包括作业编号、各工序加工设备编号、开始时间和加工时间。它有两个子类，Pre-Schedule 和 Reschedule，分别表示预调度方案和重调度方案。

（2）Sch-Constraint：记录调度方案的约束满足情况，包括作业编号、时序约束、设备资源能力约束和特殊工艺约束，与 Schedule 是一对一的聚集关系。

（3）Job：记录作业的生产数据，包括作业编号、作业状态、作业开始时间和持续加工时间，与 Schedule 是一对一的聚集关系。其中作业状态由生产车间提供。

（4）Operation-Work：记录调度方案在各工序的操作数据，包括加工工序与设备编号、开始时间、加工时间、结束时间以及重调度所需要的 $Slack_j^i$。它与 Schedule 是多对一的聚集关系，一个 Schedule 对应着相应工序阶段数量的

Operation-Work。

（5）Machine：描述设备特性，包括工序及设备编号、设备状态、当前加工作业的编号、开始时间和已加工时间以及在设备上有加工计划的作业信息。它与 Operation-Work 是一对多的关联关系。

（6）Dynamic-Event：描述生产过程中的动态事件和重调度信息，包括事件分类、中断作业、中断工序和中断设备编号、事件开始时间和预计持续时间以及重调度的最小任务集和已处理操作的信息集合。属性 min-gather 和 doing-gather 为序列型（sequence），记录相关操作的处理信息集合。重调度以操作为最小处理单元，因此 Dynamic-Event 与 Operation-Work 是多对多关系。它有两个子类，Time-Delay 和 Machine-Break，分别表示时间延迟事件和机器故障事件。

6.3.3　生产模块

生产模块针对具体生产工艺，定义物料及设备类，本章以炼钢连铸生产过程为仿真实例，定义了钢水（Heat）、转炉（Converter）、精炼炉（Finery）和连铸机（Caster）4 个类，其中 Heat 类的属性有钢水温度（temperature）、钢水成分（component）、钢水重量（weight）；Converter，Finery，Caster 类的属性有加工速度（velocity）和加工质量（quality）。

6.3.4　动态调度模块

动态调度模块是系统的顶层模块，通过建立本层知识和调用下层知识，对监控模块、重调度模块和生产模块的知识进行协调综合，最终实现动态环境下的生产指令下达、生产过程推理与监控、动态事件重调度这三项主要功能。

动态调度模块通过多重继承对以下知识类进行定义：Sch-Heat，Sch-Machine，Act-Schedule。其中 Sch-Machine 有三个子类：Sch-Converter，Sch-Finery，Sch-Caster。Act-Schedule 用于记录生产实绩数据，便于与调度方案进行比照和分析。类之间的继承关系如图 6-6 所示，在类定义的基础上，通过规则、过程和方法实现动态调度的三个功能。

（1）调度方案处理和生产指令生成：调度方案（定义为 Pre-Schedule 对象）通过人机界面输入，用户执行提交操作后，触发一系列过程处理，包括约束检查，创建关联对象和生成生产指令等。

（2）接收车间数据，推理生产现场：系统通过变量接收车间的生产数据。变量是 G2 内置的类，用于接收外部实时数据和保存历史数据，可以作为子对象包含于其他对象之中。系统定义的变量有：Sch-Heat 的 job-status、temperature、component 和 weight 属性，Sch-Converter、Sch-Finery、Sch-Caster 的 velocity、quality 属性，对应于每个设备故障变量 Breakdown-Var。根据变量接收的数据值

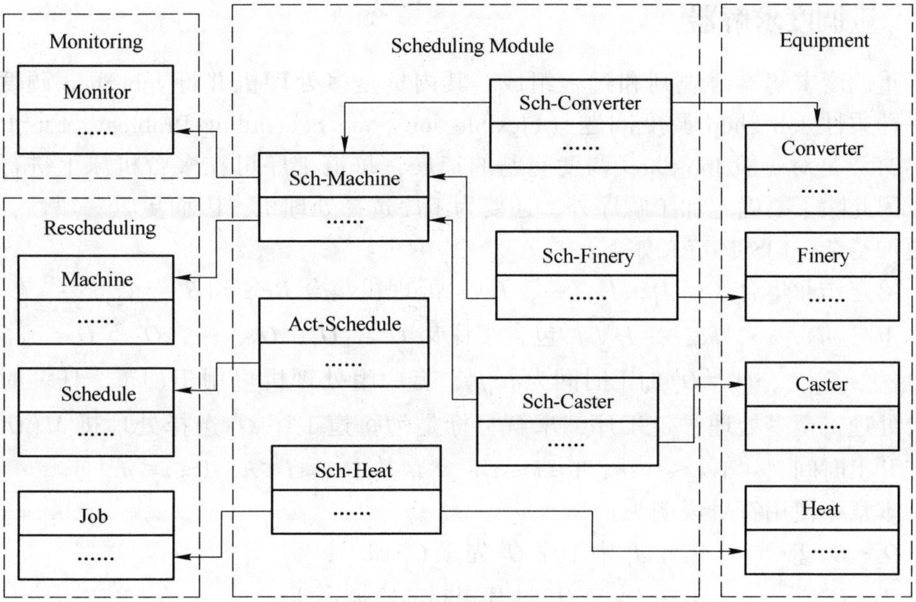

图 6-6 动态调度模块类继承图

和接收时间，系统对车间的生产状况进行推理，并在 Act-Schedule 的属性中记录实际生产数据，在人机交互界面上动态模拟生产现场。Sch-Heat 的 job-status 属性接收当前作业状态。在生产过程中，当作业状态发生变化，生产车间将变化后的状态传递给系统，动态调度模块通过一系列的规则和过程对接收数据进行分析，计算作业加工情况和设备运行情况，并通过动态模拟界面，全面直观的掌握车间的生产运行状况。

（3）生产数据异常时，推理是否重调度：系统考虑的动态事件有设备故障和时间延迟，通过对生产过程中的异常情况进行实时监控，及时采取措施进行报警和重调度。其中，设备故障扰动通过设备故障变量 Breakdown-Var 进行识别，Breakdown-Var 为布尔型变量，用于接收设备的故障信息。时间延迟扰动通过 Sch-Machine 继承 Monitor 类的知识进行监控，监控内容为设备作业的已加工时间，期望值为计划加工时间。

设备故障变量接受到新值时，调用过程 Machine-Breakdown，若判断设备发生故障，则发出报警信息，要求生产车间给出预计维修时间，创建 Machine-Break 实例，并调用重调度求解器执行重调度。

采用数据驱动判断生产过程中是否发生时间延迟，当设备的 mon-status 属性值发生变化时，如果判断对象状态为超出期望值（over-target），则调用过程 Pt-Delaying，发出报警信息，创建 Time-Delay 实例，并调用重调度求解器执行重调度。

6.4　重调度求解器

重调度求解器由规则和过程组成，其内核是多处理机并行 Job Shop 调度模型，即柔性 Job Shop 调度问题（Flexible Job Shop Scheduling Problem，FJSSP），FJSSP[158]是对一般 Job Shop 调度问题的扩展，每道工序可在多台机床上进行加工，因此除了要确定加工顺序外，还要为工序选择处理机，因而更具一般性，求解更加复杂，FJSSP 定义如下：

给定作业集合 $J=\{J_1, J_2, \cdots, J_n\}$，处理机集合 $RES=\{R_1, R_2, \cdots, R_m\}$，$M=\{M_1, M_2, \cdots, M_m\}$，$J_l \forall J_j$ 包含工序集 $O^l=\{O_1^l, O_2^l, \cdots, O_{n_l}^l\}$ $O_j=\{O_{1j}, O_{2j}, \cdots, O_{n_j j}\}$，$O_i^l \forall O_i^l$ 加工时间为$du_i^l p_i^l$，有一组处理机可用于加工，任一时刻一台处理机至多处理一道工序，求解目标是为每道工序 O_i^l 选择处理机 $M(O_i^l)$，确定开工时间 $\{st_i^l \mid 1 \leqslant l \leqslant n, 1 \leqslant i \leqslant n_l\}$ st_j^i，其中 $1 \leqslant l \leqslant n$，$1 \leqslant i \leqslant n_l$。

本章中使用符号说明为：

$O_i^l < O_j^l$	作业 J_l 中工序 O_i^l 先于 O_j^l 加工；
$O_i^l \parallel O_j^k$	工序 O_i^l 与 O_j^k 具有相同的资源需求；
$M(O_i^l)$	操作 O_i^l 使用的处理机；
st_i^l	工序 O_i^l 的开工时间；
et_i^l：	工序 O_i^l 的完工时间；
$Slack_i^l$	工序 O_i^l 的松弛度；
t_{break}	设备故障时刻；
t_{recover}	设备修复时刻；
cap_{m}	处理机 M_{m} 的剩余加工能力 M_j。

6.4.1　重调度求解流程

FJSSP 由于带有并行机，任务在该工序的加工机器并不唯一确定，因此对于任务的每道工序来说存在两个待定值的属性，即工序的开工时间和加工机器，因此将该问题映射为约束满足问题时，以二元变量表示每道工序的两个待定属性变量，即：$v=\{st_i^l, M(O_i^l)\}$，其中变量 v 的值域为：$d=[rd_i^l, dd_i^l] \cup M_i$，$M_i$ 表示操作 O_i^l 的可选加工机器值。考虑到生产车间对于重调度效率方面的实时性和调度质量方面的稳定性要求，本章采用源于动态约束满足求解技术的局部修复策略对问题进行求解，基本求解流程如图 6-7 所示，首先分离出只受故障影响的操作，即提取所有受约束变化影响而需重新赋值的变量组成重调度最小操作集 A。

对于加工时间异常类扰动，采用时间参数修复算法，通过不断选择 A 中下一个将要调度的操作（变量选择）以及对其开工时间（值选择），调整相关操作的

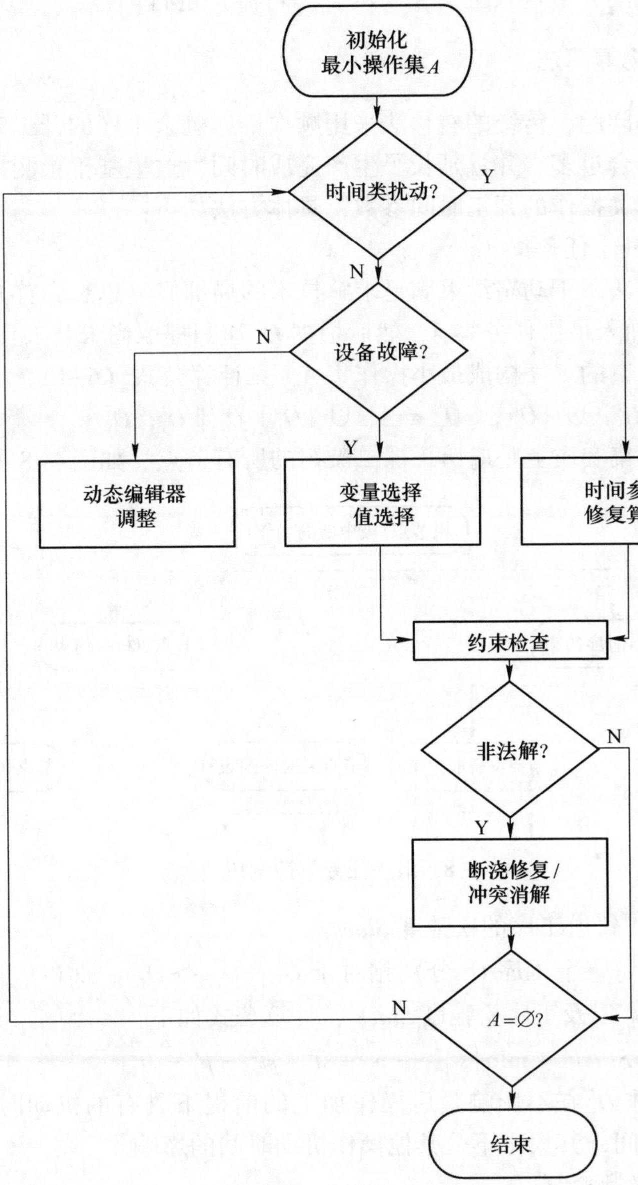

图 6-7 重调度求解流程

时间属性，最终修复失效的调度方案，从而得到可行的重调度结果。

对于设备故障类扰动，由变量和值选择规则选择变量并赋值，根据设备剩余能力对作业重新分派加工设备和开工时间，通过约束检查识别赋值不当导致的资源冲突，冲突解消算法通过约束传播修改变量的开工时间并更新变量集及变量值域。

对于其他类扰动，通过人机交互（动态编辑器）进行调整。

6.4.2 时间参数修复算法

针对这类扰动问题，传统的右移法采用顺次推迟剩余工序的开工时间，这种方法涉及的作业集合过多，并且延长了生产完成时间，这里基于预测操作修改的思想，适当调整相关操作的开工时间参数，具体方法如下：

Step 1：确定最小任务集 A。

最小任务集算法源于动态约束满足求解技术的局部修复思想，首先将扰动直接作用的工序 O_i^l 加入最小任务集 A，然后根据 O_i^l 递归提取尚未开工且与 O_i^l 具有时序约束或析取约束的工序构成最小操作集 A，见计算公式（6-1），

$$A = \{O_i^l\} \cup \{O_{i+1}^l \mid O_i^l \in A\} \cup \{O_j^k \mid O_j^k \parallel O_i^l,\ O_i^l \in A\} \tag{6-1}$$

获取最小任务集实质上是遍历一棵二叉树的所有节点，如图 6-8 所示。

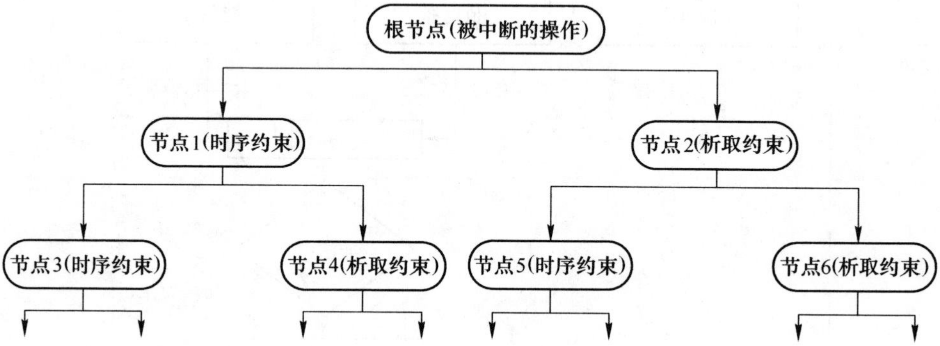

图 6-8 最小任务集搜索树

Step 2：计算 A 每道工序的松弛度 $Slack_i^l$。

计算任务集内每一个工序 O_i^l 分别相对于 $O_{i+1}^l(O_{i+1}^l > O_i^l)$，$O_j^k(O_j^k \parallel O_i^l)$ 的最晚开工时间 lst_i、lst_j 以及工序松弛度 $Slack_i^l$，计算公式如下：

$$Slack_i^l = \min\{st_{i+1}^l - p_i^l - st_i^l,\ st_j^k - p_i^l - st_i^l\} \tag{6-2}$$

$Slack_i^l$ 代表操作 O_i^l 在不影响紧后操作加工的前提下具有的机动时间，是 O_i^l 单独拥有的机动时间，其大小不受其他操作机动时间的影响。

Step 3：时间参数修复。

假设 O_i^l 时间延迟后的结束时间 $et_i^{l\prime}$，对于 O_{i+1}^l 开工时间 $st_{i+1}^l{}'$ 计算如下：

$$st_{i+1}^l{}' = \max\{st_{i+1}^l,\ st_{i+1}^l + et_i^{l\prime} - st_{i+1}^l\} \tag{6-3}$$

对于同设备紧后工序 O_j^k，开工时间 st_j^k 计算如下：

$$st_{i+1}^l{}' = \max\{st_j^k,\ st_j^k + et_i^{l\prime} - st_{i+1}^l\} \tag{6-4}$$

对于同一道工序，如果开工时间需要根据式（6-3）、式（6-4）重复更新时，取两者中较大的一个。反复执行上述步骤，直至遍历 A 中所有任务。

修复各个受影响的工序时间参数后，需要检查生成的调度是否满足相关工艺约束限制，如果违反约束条件，则进一步调整重调度方案使其具备可行性。这里以炼钢-连铸生产工艺为例，针对连铸机的连浇约束进行约束检查，通过调整炉次的精炼时间和连铸机拉速，在小范围内调整一个炉次的浇注时间生成可行重调度方案。

Step 4：约束检查。

由于连铸机具有连浇约束，因此必须检查生成的重调度方案是否满足同浇次连续浇注的约束条件，如果出现断浇则进一步判断动态事件发生时刻该浇次是否已经开始加工。如果浇次尚未开工，则延迟该浇次的开始时间，否则进一步调整方案。

Step 5：断浇修复。

首先在保证生产质量的前提下缩短该炉次的精炼时间，若仍不能完全缓冲，则适当降低连铸机拉速，延长前序作业的加工时间。

降低拉速的具体方法为：设同浇次前序作业从事件发生时刻起至紧前作业结束，总加工时间为 PT，断浇时间为 Δt，则调整后的总加工时间为 $PT'=PT+\Delta t$。当前连铸机拉速为 v(m/min)，调整后拉速为 v'(m/min)，计算调整后的拉速 $v'=(PT/PT')\times v$，计算同浇次每个前序作业调整后的加工时间 $pt'=(v/v')\times pt=(PT'/PT)\times pt$。根据加工时间计算各作业的开始时间和结束时间。

6.4.3　基于设备剩余能力的重调度

处理设备故障类扰动问题是根据正常设备的剩余能力，重新分派作业的加工设备，并根据冲突情况，重新调整工序时间参数。假设设备 M_k 发生故障，设备故障时刻为 t_{break}，设备修复时刻为 $t_{recover}$，设备故障的局部重调度方法如下：

Step 1：确定最小任务集 A 为故障维修时间区间内，故障设备所在工序拟加工的所有作业，计算公式如下：

$$A=\{O_i^l \mid (st_i^l \geqslant t_{break} \wedge st_i^l < t_{recover}) \vee (et_i^l > t_{break} \wedge et_i^l \leqslant t_{recover})\} \quad (6-5)$$

Step 2：变量排序与值排序。

对 A 中的操作按开始时间不减的顺序排序，选取开始时间最小的未处理工序 O_i^l，令 $t_1=st_i^l$，$t_2=et_i^l$，计算在 $[st_i^l,\ et_i^l]$ 内，该工序正常设备的剩余能力 cap_m，计算公式如下：

$$cap_m=(et_i^l-st_i^l)-\sum_{M(O_j^k=m)}\max\{(\min\{et_j^k,\ et_i^l\}-\max\{st_j^k,\ st_i^l\}),\ 0\} \quad (6-6)$$

按照 cap_m 不增的顺序对设备排序。将操作 O_i^l 安排给剩余能力最大的设备。遍历 A 中工序，依次执行上述操作。

Step 3：约束检查。

检查各个正常工作设备在 [t_{break}, $t_{recover}$] 内的所有工序，若存在 O_i^l 和 O_j^k，其开工时间 $st_i^l-p_j^k<st_j^k<et_i^l$，说明存在设备资源冲突，冲突值为 $\Delta f=et_i^l-st_j^k$。

Step 4：冲突消解。

为消解冲突，将 O_j^k 的开始时间推迟 Δf，并采用时间类重调度方法对相关的后序作业进行调整。重复执行约束检查与冲突消解，直至得到可行解。

6.5 系统仿真

炼钢-连铸是钢铁生产的瓶颈工序，其生产调度属于多机并行的 Job Shop 问题，也是调度中最难解决的问题之一[159]，本节以炼钢-连铸生产过程为仿真实例进行实验。

6.5.1 实例环境

某钢铁厂有转炉 3 台，精炼炉 3 台，连铸机 3 台，调度方案由文献 [124] 提供，共计 18 组，数据见表 6-2，其中，浇次 1 由炉次 1~6 组成，浇次 2 由炉次 7~12 组成，浇次 3 由炉次 13~18 组成。下面将这 18 组调度方案作为实验数据，对动态调度系统进行仿真实验，检验系统对动态调度功能的实现情况。

表 6-2 调度方案数据表

炉次	吹炼阶段			精炼阶段			浇注阶段		
	开始时间	加工时间	加工设备	开始时间	加工时间	加工设备	开始时间	加工时间	加工设备
1	0	50	CF-1	50	45	RF-1	95	35	CC-1
2	30	50	CF-2	80	45	RF-2	130	35	CC-1
3	50	50	CF-1	100	45	RF-1	165	35	CC-1
4	75	50	CF-3	145	45	RF-1	200	35	CC-1
5	125	50	CF-3	190	45	RF-1	235	35	CC-1
6	175	50	CF-3	225	45	RF-3	270	35	CC-1
7	30	45	CF-3	100	40	RF-3	140	35	CC-2
8	80	45	CF-2	125	40	RF-2	175	35	CC-2
9	115	45	CF-1	165	40	RF-2	210	35	CC-2
10	160	45	CF-2	205	40	RF-2	245	35	CC-2
11	215	35	CF-2	250	30	RF-2	280	40	CC-2
12	255	35	CF-1	190	30	RF-1	320	40	CC-2
13	125	35	CF-2	160	30	RF-3	190	40	CC-3

续表 6-2

炉次	吹炼阶段			精炼阶段			浇注阶段		
	开始时间	加工时间	加工设备	开始时间	加工时间	加工设备	开始时间	加工时间	加工设备
14	160	35	CF-1	195	30	RF-3	230	40	CC-3
15	205	35	CF-1	240	30	RF-1	270	40	CC-3
16	225	45	CF-3	270	40	RF-3	310	30	CC-3
17	255	45	CF-2	300	40	RF-2	340	30	CC-3
18	285	45	CF-3	330	40	RF-3	370	30	CC-3

6.5.2 生产指令生成

将 18 组数据通过人机交互界面输入系统并提交，可以看到在 SCHEDULES 工作空间左侧的信息板上出现了各方案的约束检查结果，如图 6-9 所示。同时，生产动态模拟界面 SCHEDULING-GUI 上的各设备 job-sequence 属性中生成了设备生产指令，包括计划在设备上加工的作业编号、开始时间和加工时间，如图 6-10 所示。

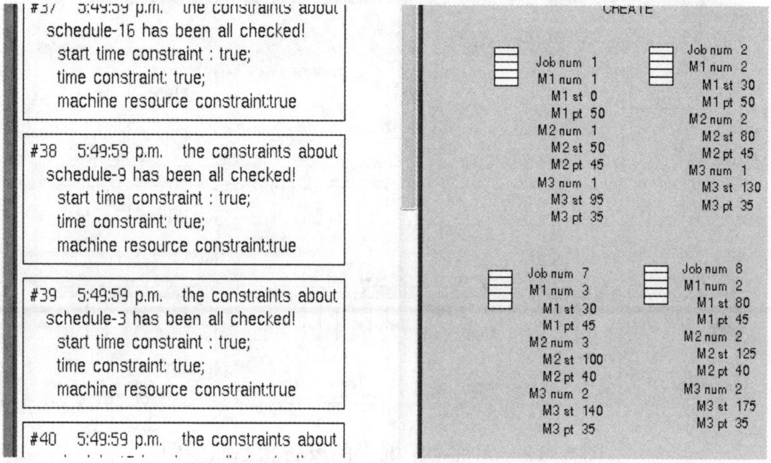

图 6-9 调度方案提交与约束检查

6.5.3 生产过程推理与动态模拟

当系统外部数据接收到车间生产信息时，将对车间的生产状况进行推理，并根据推理结果，在车间动态模拟界面对生产现场情况进行模拟，钢水的炉次、持

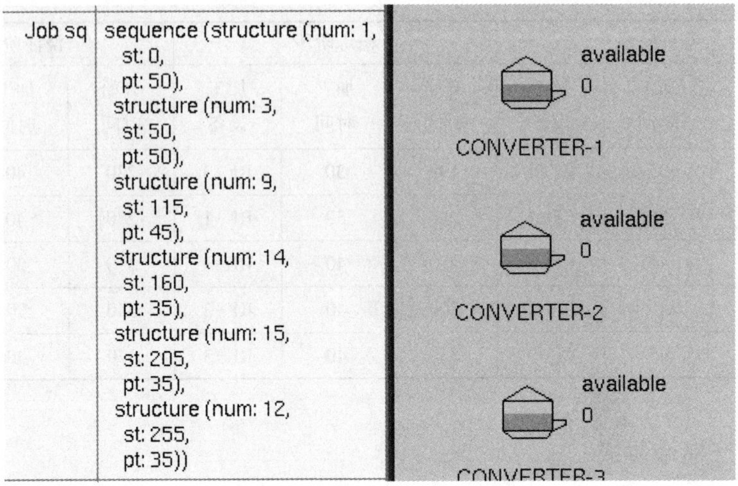

图 6-10 转炉 CF-1 生产指令

续加工时间、温度和设备的作业状态、已加工时间这些重要属性在界面中标示，设备的加工状态通过曲线图进行描述，如图 6-11 所示，能够快速直观了解设备的利用情况和故障情况。

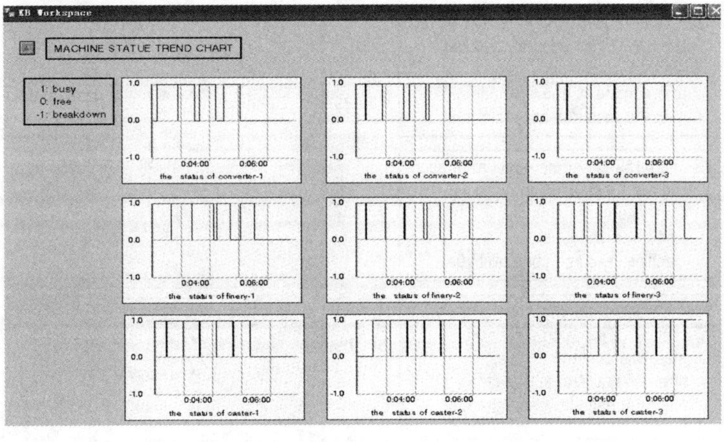

图 6-11 无扰动情况下的设备状态曲线图

6.5.4 异常情况报警与重调度

对生产过程中的扰动因素，系统采用随机函数进行仿真，重点监视各工序的开始和加工时间、设备状态等数据。如果出现异常并确定需要报警，报警信息将显示在消息板上，包括异常情况出现时间、对应代码、对应炉次及设备，以及对异常情况的详细描述，如图 6-12 所示。

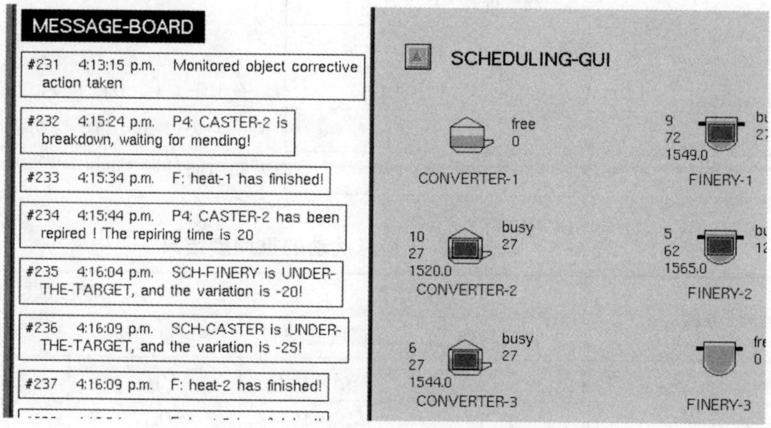

图 6-12 报警信息板与动态仿真界面

（1）时间延迟类重调度：假设炉次为 7 的作业在精炼阶段由于某种原因加工时间延长了 15min，需要对后序操作进行重调度，调度结果如表 6-3 所示。

表 6-3 操作 O_{72} 加工时间延长重调度数据

最小任务集	调度结果	
	调度操作	调度处理
$O_{7,2}$，$O_{13,2}$，$O_{7,3}$，$O_{8,3}$，$O_{14,2}$，$O_{13,3}$，$O_{9,3}$，$O_{14,3}$，$O_{6,2}$，$O_{10,3}$，$O_{15,3}$，$O_{16,2}$，$O_{6,3}$，$O_{11,3}$，$O_{16,3}$，$O_{12,3}$，$O_{18,2}$，$O_{17,3}$，$O_{18,3}$	$O_{7,2}$	$pt_{7,2}=55$
	$O_{7,3}$	$st_{7,3}=155$
	$O_{8,3}$	$st_{8,3}=190$
	$O_{9,3}$	$st_{9,3}=225$
	$O_{10,3}$	$st_{10,3}=260$
	$O_{11,3}$	$st_{11,3}=295$
	$O_{12,3}$	$st_{12,3}=335$

从实验数据可以看出，最小调度任务集由 11 个操作组成，而真正处理的操作只有 7 个。如果采用右移法需要进行调整的操作为 24 个，远大于本方法调度处理操作数。由此可见，相对于右移法，基于预测控制的重调度方法可以有效地缩小重调度任务集合，减少不必要的调度修改。

（2）设备故障类重调度。

假设在 125min，炼钢炉 CF-2 发生故障，预计维修时间为 35min，此时炉次为 13 的作业将会受到影响，对该事件进行局部重调度，重调度过程中的详细数据见表 6-4，调度结果数据见表 6-5。

表 6-4 设备 CF-2 检修扰动的重调度数据

任务集	调度处理		冲突检测
	原加工设备	现加工设备	
$O_{9,1}$	CF-1	CF-1	在 CF-1 上，$O_{9,1}$和 $O_{13,1}$出现资源冲突，冲突值 $\Delta f=35$。说明需要将 $O_{13,1}$开始时间延迟 35min
$O_{5,1}$	CF-3	CF-3	
$O_{13,1}$	CF-2	CF-1	

表 6-5 设备 CF-2 检修扰动的重调度结果

最小任务集	调度结果		调度结果	
	调度操作	调度处理	调度操作	调度处理
$O_{13,1}$，$O_{14,1}$，$O_{13,2}$，$O_{15,1}$，$O_{14,2}$，$O_{13,3}$，$O_{14,3}$，$O_{12,1}$，$O_{15,2}$，$O_{6,2}$，$O_{15,3}$，$O_{12,2}$，$O_{16,2}$，$O_{6,3}$，$O_{16,3}$，$O_{12,3}$，$O_{18,2}$，$O_{17,3}$，$O_{18,3}$	$O_{13,1}$	$st_{13,1}=160$	$O_{14,3}$	$st_{14,3}=265$
	$O_{14,1}$	$st_{14,1}=195$	$O_{6,2}$	$st_{6,2}=255$
	$O_{13,2}$	$st_{13,2}=195$	$O_{6,3}$	$st_{6,3}=300$
	$O_{13,3}$	$st_{13,3}=225$	$O_{15,3}$	$st_{15,3}=305$
	$O_{15,1}$	$st_{15,1}=230$	$O_{16,3}$	$st_{16,3}=345$
	$O_{14,2}$	$st_{14,2}=230$	$O_{17,3}$	$st_{17,3}=375$
	$O_{15,2}$	$st_{15,2}=265$	$O_{18,3}$	$st_{18,3}=405$

对于重调度方案，浇次 1 的炉次 5 和炉次 6 之间有 30min 的断浇。由于出现故障时该浇次已经开浇，因此将炉次 6 的精炼时间缩短至最低值 20min，浇铸开始时间为 $st_{6,3}=275$。此时仍存在 5min 的断浇时间，需要降低 CC-1 的拉速。CC-1 的 velocity 属性值为 5（单位：m/min）。$PT=140$，$PT'=145$，计算得 $v'=0.97v=4.8$m/min，通知车间将拉速降至 4.8m/min，以避免断浇。

6.6 本章小结

调度方案在车间实际执行时，可能会遇到不可预见的动态扰动，如机器故障、订单改变、工件加工时间改变等，使得实际执行的调度方案偏离原始调度，扰动出现后，对于未执行调度的工件采用什么样的反应策略进行重调度是车间调度问题中一类引起广泛关注的问题。本章针对扰动环境下的炼钢-连铸动态调度问题，在学习现有研究成果的基础上，通过分析动态调度系统的功能及各类扰动事件，设计基于动态约束满足的重调度算法，以专家系统集成化开发工具 G2 为平台构建知识推理网络，建立了炼钢-连铸智能调度系统。

参考文献

[1] 刘飞，等.CIMS 制造自动化 [M]. 北京：机械工业出版社，1997.

[2] 唐恒永，赵传立. 排序引论 [M]. 北京：科学出版社，2002.

[3] Garey M R，Johnson D S，Sethi R. The complexity of flow shop and job shop scheduling [J]. Mathematics of Operations Research，1976，1：121~155.

[4] 王书峰，邹益人. 车间作业调度（JSSP）技术问题简明综述 [J]. 系统工程理论与实践，2003，1：49~55.

[5] Blazewicz J，Domschke W，Pesch E. The job-shop scheduling problem：Conventional and new solution techniques [J]. European Journal of Operational Research，1993，1：1~33.

[6] Jain A S，Meeran S. Deterministic job-shop scheduling：Past，present and future [J]. European Journal of Operational Research，1999，113：390~434.

[7] White，K P，Rogers R V. Job-shop scheduling：Limits of the binary disjunctive formulation [J]. International Journal of Production Research，1990，28（12），2187~2200.

[8] Papadimitriou C H，Stieglitz K. Combinatorial optimization：Algorithms and complexity [M]. Prentice-Hall，1982.

[9] Nemhauser G L，Wolsey L A. Integer and combinatorial optimization [M]. Wiley，1988.

[10] Johnson S M. Optimal two and three stage production scheduling with setup time times included. Naval Research Logistics Quarterly，1954，1：61~68.

[11] Zaiudris S H，Evans J R. Heuristic methods and applications：survey [J]. European Journal of Operational Research，1989，43：88~110.

[12] Moursli Y，Pochet. A branch-and-bound algorithm for the hybrid flow shop [J]. International Journal of Production Economics，2000，64：113~125.

[13] Gupta J，et al. Scheduling a two-stage hybrid flow shop with parallel machines at the first stage [J]. Annals of Operational Research，1997，69：171~191.

[14] Milttal B，et al. Two machine sequencing problem with parallel machines [J]. Operational Research，1973，10：50~61.

[15] Rajendran C，Chaudhari D. Scheduling in n job m stage flow shop with parallel processors to minimize makespan [J]. International Journal of Production Economics，1992，27：137~143.

[16] Brah S A，Hunsucker J L. Branch and bound method for the flow shop with multiple processors [J]. European Journal of Operational Research，1991，51：88~99.

[17] Nueron E，Baptiste P，Gupta J. Solving hybrid flow shop problem using energetic reasoningand global operations [J]. Omega，2001，29：501~511.

[18] Panwalar S，lskander W. A survey of scheduling rules [J]. Operational Research，1977，25（1）：45~61.

[19] Fry T D，Vicens L，Macleod K，et al. A heuristic solution procedure to minimize on a single machine [J]. Journal of Operational Research，1989，1：117~129.

[20] Adams J，Balas E，Iawack D. The shifting bottleneck procedure for job shop scheduling [J]. Management Science，1988，34：391~401.

[21] Wu S, Wysk R A. An application of discrete-event simulation to online control and scheduling in flexible manufacturing [J]. International Journal of Production Research, 1989, 27 (9): 1603~1623.

[22] Leung L C, Maqnheshwari S K, Miller W A. Concurrent part assignment and tool allocation in FMS with material handling considerations [J]. International Journal of Production Research, 1993, 31 (1): 117~138.

[23] Hopfield J, Tank D W. Neural computation of decisions in optimization problems [J]. Biological Cybernetics, 1985, 52: 141~152.

[24] 武波，马玉祥．专家系统 [M]．第二版．北京：北京理工大学出版社，2001: 9~13.

[25] Kusiak A, Chen M. Expert systems for planning and scheduling manufacturing systems [J]. European Journal of Operational Research, 1988, 34 (2): 113~130.

[26] Collinot A, Pape C L, Pinoteau G. SONIA: A knowledge-based scheduling system [J]. AI Eng, 1988, 3 (2): 86~94.

[27] Bensana E, Dubois D. OPAL: A multi knowledge-based system for industrial job-shop Scheduling [J]. Int J of Prod Res, 1988, 26 (5): 795~819.

[28] Sarin S C, Salgame R R. Development of a knowledge-based system for dynamic scheduling [J]. Prod. Res., 1990, 28 (8): 1499~1512.

[29] 汪定伟，等．基于两级 CBR 的钢铁企业动态调度系统研究 [J]．控制与决策，2004, 19 (10): 1109~1112.

[30] Rangnath Salgame, Subhash C. Development and implementation of a knowledgebased system for the dynamic scheduling of a two-stage production process [J]. Production Planning & Control, 1990, 1 (3): 158~169.

[31] 崔希波，潘学军．基于规则的专家调度法在镀锡生产中的应用 [J]．控制工程，2003, 10 (增刊): 96~98.

[32] Yunus Kathawala, William R Allen. Expert systems and job shop scheduling [J]. International Journal of Operations & Production Management, 1993, 13 (2): 23~35.

[33] 孙福权，唐立新，郑秉霖．炼钢-连铸生产调度专家系统 [J]．冶金自动化，1998, (6): 31~33.

[34] Negenman E G. Local search algorithms for the multiprocessor flow shop scheduling problem [J]. European Journal of Operational Research, 2001, 128: 147~158.

[35] Nowicki, Smutnicki. The flow shop with parallel machines: A tabu search approach [J]. European Journal of Operational Research, 1998, 106: 226~253.

[36] M ben Daya, et al. A tabu search approach for the flow shop scheduling problem [J]. European Journal of Operational Research, 1998, 109: 88~95.

[37] Golver F. Future path for integer programming and links to artificial intelligence [J]. Computers and Operational Research, 1986, 13 (1): 533~549.

[38] Golver F. Tabu search-part Ⅰ [J]. ORSA Journal on Computing, 1990, 1 (3): 190~206.

[39] Golver F. Tabu search-part Ⅱ [J]. ORSA Journal on Computing, 1991, 2 (1): 4~32.

[40] Metripolis N, Rosenbluth A. Equation of state caculations by fast computing machines [J].

Journal of Chemical Physics, 1953, 21: 1087~1092.

[41] Kirpartrick S, Jelatt C D, Vecchi M P. Optimization by simulated annealing [J]. Science, 1983, 220: 671~679.

[42] Holand J. Adaptation in natural and artificial systems [D]. University of Michigan Press, Ann Arbor, 1975.

[43] 方宇炜，曾晋. 炼钢-连铸过程的 Petri 网实时调度模型 [J]. 清华大学学报，1999，39 (1): 79~82.

[44] 李霄峰，徐立云，邵惠鹤，等. 炼钢-连铸系统的动态调度模型和启发式算法 [J]. 上海交通大学学报，2001，35 (11): 1658~1662.

[45] Cowling P, Ouelhadj D, Petrovic S. A multi-agent architecture for dynamic scheduling of steel hot rolling [J]. Journal of Intelligent Manufacturing, 2003, 14: 457~470.

[46] Rossi F. Constraint logic programming: a survey on research and applications [C]. In: New Trends in Constraints Joint ERCIM/Compulog Net Workshop; 2000; Paphos, Cyprus: Springer; 2000. 40~74.

[47] 张居阳，礼欣，孙吉贵. 基于约束的调度研究和实现 [J]. 计算机工程与应用，2004 (33): 46~49.

[48] 郭冬芬，李铁克. 基于约束满足的车间调度算法综述 [J]. 计算机集成制造系统，2007，13 (1): 117~125.

[49] Fox M S, Smith S F. ISIS-a knowledge-based system for factory scheduling [J]. Expert Systems, 1984, 1 (1): 25~49.

[50] Fisher M L. An application oriented guide to Lagrangian relaxation [J]. Interfaces, 1985, 15 (2): 10~21.

[51] Sally C Brailsford, Chris N Potts, Barbara M Smith. Constraint satisfaction problems: Algorithms and applications [J]. European Journal of Operational Research, 1999, 119: 557~581.

[52] Degraer J, Coolsaet K. Classification of three-class association schemes using backtracking with dynamic variable ordering [J]. Discrete Mathematics, 2005, 300: 71~81.

[53] 杨宏安，孙树栋，杨苏馨，等. 基于 CSP 的 Job Shop 调度算法研究 [J]. 系统工程，2004，22 (11): 15~18.

[54] Khalil S Hindi, Krzysztof Fleszar. A constraint propagation heuristic for the single-hoist, multiple-products scheduling problem [J]. Computers & Industrial Engineering, 2004, 47: 91~101.

[55] Baptiste P, Pape C L. A Theoretical and experimental comparison of constraint propagation techniques for disjunctive scheduling [J]. IJCA, 1995 (1): 600~606.

[56] Cheng C, Smith S F. Applying constraint satisfaction techniques to job shop scheduling [J]. Annals of Operations Research, 1997, 70: 327~357.

[57] Nuijten W, Aarts E. A computational study of constraint satisfaction for multiple capacitated job shop scheduling [J]. European Journal of Operational Research, 1996, 90 (2): 269~284.

[58] 段黎明，陈进，刘飞. 基于约束分析的 Job Shop 调度算法的综述 [J]. 重庆大学学报，1998，1 (1): 133~138.

[59] 陈恩红，薛瀚宏．基于约束满足的 Job Shop 调度问题求解方法研究 [J]. 软件学报，1998，2（9）：946~948.

[60] 杨宏安，孙树栋，等．基于约束满足的 Job Shop 调度算法研究 [J]. 计算机工程与应用，2003，9（31）：36~37.

[61] Liu M，Wu Ch. Identical parallel machine scheduling problem for minimizing the makespan using genetic algorithm combined by simulated annealing [J]. Chinese Journal of Electronics，1998，7（10）：317~321.

[62] Yang Sh X，Wang D W. Constraint satisfaction adaptive neural network and heuristics combined approaches for generalized job-shop scheduling [J]. IEEE Transactions on Neural Networks，2000，11（2）：474~486.

[63] Lyu J，Gunasekaran A. Intelligent simulation model to evaluate scheduling strategies in a steel company [J]. International Journal of Systems Science，1997，28（6）：611~616.

[64] Nagar A，Heragu S S，Haddock J. A combined branch-and-bound and genetic algorithm based approach for a flowshop scheduling problem [J]. Annals of Operations Research，1996，3（6）：397.

[65] Shah Manesh J，Damian R. Dynamic scheduling in a steel plant using expert system [J]. Second International Conference on Data and Knowledge Systems for Manufacturing and Engineering，1989，10：16~18.

[66] Shaw K J，Nortcliffe A L，Thompson M. Interactive batch process schedule optimization and decision-making using multiobjective genetic algorithms [J]. Proceedings of the IEEE International Conference on Systems，Man and Cybernetics，1999，10：486~491.

[67] 庞哈利，王庆，郑秉霖．分布式炼钢-连铸在线生产调度系统 [J]. 东北大学学报（自然科学版），1999，20（6）：580~582.

[68] Norbis M，Mac G，Smith J. Interactive decision support system for the resource constrained scheduling problem [J]. European Journal of Operational Research，1996，94（10）：54~65.

[69] Krebs J E，Platzman L K，Mitchell C M. Real-time AGV-scheduling system that combines human decision-making with integer-programming algorithms. Proceedings of the IEEE International Conference on Systems [J]. Man and Cybernetics，1989，3：965~970.

[70] 何霆，马玉林．Job Shop 调度研究现状及发展趋势 [J]. 机械制造，2000，10：19~21.

[71] Huffman D A. Impossible objects as nonsense sentences [J]. Machine Intelligence，1971，6：295~323.

[72] Haralick R M，Elliott G L. Increasing tree search efficiency for constraint satisfaction problems [J]. Artificial Intelligence，1980，14：263~313.

[73] Haralick R M，Shapiro L G. The consistent labeling problem：Part Ⅱ [J]. IEEE Transactions PAMI，1980，2：193~203.

[74] Pvan Hentenryck. Constraint satisfaction in logic programming [J]. Cambridge：MIT Press，1992.

[75] Cohen J. Constraint logic programming language [J]. Communications of the ACM，1990，33：52~68.

[76] Dechter R. Constraint networks. Encyclopedia of artificial intelligence [J]. John Wiley and Sons, 1992: 276~285.

[77] Roman Bartak. Theory and Practice of Constraint Propagation. CPDC 2001.

[78] Sadeh N, Sycara K, Xiong Y. Backtracking techniques for the job shop scheduling constraint satisfaction problem [J]. Artificial Intelligence, 1995, 76: 455~480.

[79] William D Harvey. Nonsystematic backtracking search [J]. PhD thesis, Stanford University, 1995.

[80] Beldicanu N, Bourreau L, Chan P, et al. Search strategy in CHIP [J]. In 2nd International Conference on Metaheuristics (MIC97), 1997.

[81] Matthew L Ginsberg, William D Harvey. Iterative broadening. In proceedings of national conference on artificial intelligence [J] . AAAI Press, 1990, 216~220.

[82] William D Harvey, Matthew L Ginsberg. Limited discrepancy search [J]. In Proceedings of the International Joint Conference on Artificial Intelligence, 1995, 607~615.

[83] Waltz D. Understanding like drawings of scenes with shadows [J]. The Psychology of Computer Vision, McGraw-Hill, 1975, 19~91.

[84] Fikes R E. A system for solving problems stated as procedures [J]. Artificial Intelligence, 1970, 120~127.

[85] Mohr R, Henderson T C. Arc and path consistency revisited [J]. Artificial Intelligence, 1986, 28: 225~233.

[86] Deville Y, Hentenryck P. An efficient arc consistency algorithm for a class of CSPs [J]. Proceedings International Joint Conference on AI, 1991: 57~72.

[87] Bessiere C, Cordier M O. Arc-consistency and arc consistency again [J]. Proceedings of AAAI, 1993: 81~93.

[88] Bessiere C, Freuder E C, Regin J C. Using constraint metaknowledge to reduce arc consistency computation [J]. Artificial Intelligence, 1999, 10 (7): 125-141.

[89] Bacchus F, Grove A. Looking forward in constraint satisfaction algorithms [J]. Dept. of Computer Science, University of Waterloo, 1999.

[90] Bacchus F, Grove A. On the forward checking algorithm [J]. Principles and Practice of Constraint Programming, 1995: 292~309.

[91] Dechter R. Constraint processing [J]. Morgan Kaufmaim, 2003, 141~158.

[92] Dechter R, Frost D. Backjump-based backtracking for constraint satisfaction problems [J]. Artificial Intelligence, 2002, 36 (2): 147~188.

[93] Freuder E C. Synthesizing constraint expressions [J]. Communications of the ACM, 1978, 21 (11): 958~966.

[94] Mittal S, Falkenhiner B. Dynamic constraint satisfaction problems [J]. Proceeding of the 8th AAAI, 1990: 25~32.

[95] P van Hentenryck, Provost T L. Incremental search in constraint logic programming [J]. New Generation Computing, 1991, 9: 257~275.

[96] Minton S, Johnston D M, Philps A B, et al. Minimizing conflicts: A heuristic repair method for constraint satisfaction and scheduling problems [J]. Atrificial Intelligence, 1992, 58: 161~205.

[97] Verfaillie G, Schiex T. Solution reuse in dynamic constraint satisfaction problems [J]. Proceedings of the 12th National Conference on Artificial Intelligence, 1994: 307~312.

[98] Baptiste P, Pape C L, Nuijten W. Constraint - based scheduling [M]. Boston: Kluwer Academic Publishers, 2001.

[99] Cesta A, Oddi A, Smith S F. A constrained-based method for project scheduling with time windows [J]. Journal of Heuristics, 2002, (8): 109~136.

[100] 张居阳. 基于约束的现代调度系统研究 [D]. 吉林大学博士学位论文, 2006: 76~81.

[101] Baptiste P, Pape C L. Disjunctive constraints for manufacturing scheduling: principles and extensions [J]. Computer Integrated Manufacturing, 1996, 9 (4): 306~310.

[102] Néron E, Baptiste P, Gupta J N D. Solving hybrid flow shop problem using energetic reasoning and global operations [J]. Omega, 2001, 29: 501~511.

[103] Laborie P. Algorithms for propagation resource constraints in AI planning and scheduling: Existing approaches and new results [J]. Artificial Intelligence, 2003, 143: 151~188.

[104] Minton S, Johnston M D, Philips A B, et al. Minimizing conflicts: A heuristic repair method for constraint satisfaction and scheduling problems [J]. Artificial Intelligence, 1992, 58: 161~205.

[105] Sakkout H E, Wallace M. Probe backtrack search for minimal perturbation in dynamic scheduling [J]. Constraints, 2000, 5 (4): 359~388.

[106] Beck J C, Refalo P. A hybrid approach to scheduling with earliness and tardiness costs [J]. Annals of Operations Research, 2003, 118: 49~71.

[107] Edward Tsang. Foundations of constraint satisfaction [J]. Academic Press, 1993: 157~184.

[108] Sadeh N, Fox M S. Variable and value ordering heuristics for the job-shop scheduling constraints satisfaction problem [J]. Artificial Intelligence, 1996, 86 (1): 1~41.

[109] Christopher Beck J, Mark S Fox. Dynamic problem structure analysis as a basis for constraint-directed scheduling heuristics [J]. Artificial Intelligence, 117 (2000): 31~81.

[110] Baptiste P, Le Pape C, Nuijten W. Constraint-based optimization and approximation for job shop scheduling [J]. In Proceedings of the AAAI-SIGMAN Workshop on Intelligent Manufacturing Systems, 1995, Montreal Canada.

[111] Beck J C. Texture measurements as a basis for heuristic commitment techniques in constraint-directed scheduling [J]. Ph. D. Thesis, Toronto: Department of Computer Science, University of Toronto, 1999.

[112] Szelde Elizabeth Kerr, Roger M. Knowledge-based reactive scheduling [J]. ProdPlan&Contr, 1994, 5 (5): 124~145.

[113] Nof S Y, Grant F H. Adaptive/predictive scheduling review and ageneral framework [J]. ProdPlan&Contr, 1991, 2 (4): 298~312.

[114] Suresh V, Chandhuri D. Dynamic scheduling - A survey of research [J]. Int J of Prod Econ, 1993, 32 (1): 53~63.

[115] Ramash R. Dynamic job shop scheduling - A review of simulation research [J]. OMEGA Int J of ManagSci, 1990, 18 (1): 43~57.

[116] Fang Jian, Xi Yugeng. A rolling horizon job shop rescheduling strategy in the dynamic environment [J]. Advanced Manufacturing Technology, 1997, 13 (3): 227~232.

[117] 方剑, 席裕庚. 基于遗传算法的滚动调度策略 [J]. 控制理论与应用, 1997, 14 (4): 599-594.

[118] Keskinocak P, Ravi R, Tayur S. Scheduling and reliable lead time quotation for orders with availability intervals and lead time sensitive revenues [J]. Management Science, 2001, 47 (2): 264~279.

[119] Kimms A. Stability measures for rolling schedules with application to capacity expansion planning, master production scheduling, and lot sizing [J]. Omega. Mgmt Sci., 1998, 26 (3): 355~366.

[120] Baker K R. An experimental study of the efectiveness of rolling schedules in production planning [J]. Decision Sciences, 1977, 8: 19~27.

[121] Sridharan V, Bery W L, Udayabhanu V. Measuring master production schedule stability under rolling horizons [J]. Decision Sciences, 1988, 19 : 147~166.

[122] Feergruen A, Tzur M. Minimal forecast horizons and a new planning procedure for the general dynamic lot sizing model: nervousness revisited [J]. Operations Resear-ch, 1994, 4 (2): 456~468.

[123] Ristroph J H. Simulation ordering rules for single level material requirements planning with a rolling horizon and no forecast error [J]. Computer & Industrial Engineering, 1990, (19): 155~159.

[124] Wemmerlov U, Whybark D C. Lot-sizing under uncertainty in a rolling schedule environment [J]. Production Research, 1984, 22: 467~484.

[125] Chen H D, Heam D W, Lee C Y. Minimizing the eror bound for the dynamic lot size model [J]. Operations Research, 1995, 17: 57~68.

[126] Chand S, Traub R, Uzsoy R. Rolling horizon procedures for the single machine deterministic total completion time scheduling problem with release dates [J]. Annals of Operations Research, 1997, 70: 115~125.

[127] Ovacik I M, Uzsoy R. Rolling horizon algorithms for a single-machine dynamic scheduling problem with sequence - dependent setupTimes [J]. Production Research, 1994, 32 (6): 1243~1263.

[128] Ovacik I M, Uzsoy R. Rolling horizon procedures for dynamic parallel machine scheduleing with sequence-dependent setup times [J]. Production Research, 1995, 33: 3171~3192.

[129] 方剑. 进化算法及其 Job shop 调度中的应用 [D]. 上海交通大学博士学位论文, 1996: 24~53.

[130] 王凌. 智能优化算法及其应用 [M]. 北京: 清华大学出版社, 2001.

[131] Fang H, Kilni Y, Stuckey P J. Reducing Search Space in Local Search for Constraint Satisfaction [J]. 18th national conference on Artificial intelligence. Edmonton, 2002: 28~33.

[132] Fillippo Focacci, Francois Laburthe, Andrea Lodi. Local Search and Programming [J]. MIC'2001-4th Metaheuristics International Conference, Porto, Portugal, 2001: 451~454.

[133] Minton S, Johnston MD, Philips AB, et al. Minimizing conflicts: A heuristic repair method for constraint satisfaction and scheduling problems [J]. Artificial Intelligence, 1992, 58: 161~205.

[134] 郭冬芬，李铁克．基于约束满足方法求解炼钢-连铸生产调度问题 [J]. 信息与控制，2005，34 (6)：753~764.

[135] Yunus Kathawala, William R Allen. Expert system and job shop scheduling [J]. Operations & Production Management, 1993, 13 (2): 23~35.

[136] YC Eric Li, Wade H Shaw. Simulation modeling of dynamic job shop rescheduling with machine availability constraints [J]. Computers Industrial Engineering, 1998, 35 (2): 117~120.

[137] Marvin Mandelbaum, Muron Hlynka. Job sequencing using an expert [J]. Production Economics, 2003, 85: 389~401.

[138] Anand S Kunnathur, PS Sundararaghavan, Sriram Sampath. Dynamic rescheduling using a simulation- based expert system [J]. Manufacturing Technology Management, 2004, 15 (2): 199~212.

[139] Gensym Corporation. G2 Application Development Overhead Manual (Version 7. 0 Rev. 0) [M/CD]. USA; Gensym Corporation, 2003.

[140] Gensym Corporation. Getting Started with G2 Tutorials (Version 8. 2 Rev. 0) [M/CD]. USA, Gensym Corporation, 2005.

[141] Gensym Corporation. G2 Developer's Guide (Version 8. 2 Rev. 0) [M/CD]. USA; Gensym Corporation, 2005.

[142] Gensym Corporation. G2 Reference Manual (Version 8. 2 Rev. 0) [M/CD]. USA; Gensym Corporation, 2005.

[143] Gensym Corporation. G2 Application Development Exercise Manual (Version 7. 0 Rev. [M/CD]. USA; Gensym Corporation, 2003.

[144] Peter Cowling, Djamila Oueelhadj, Sanja Petrovic. A multi-agent architecture for dynamic scheduling of steel hot rolling [J]. Intelligent Manufacturing, 2003, 14: 457~470.

[145] Sun J, Xue D. A dynamic reactive scheduling mechanism for responding to changes of production orders and manufacturing resources [J]. Computersin Industry, 2001, 46 : 189~207.

[146] Sabuncuoglu I, Bayiz M. Analysis of reactive scheduling problems in a Job Shop environment [J]. European Journal of Operational Research, 2000, 126: 567~586.

[147] Abumaizar R J, Svestka J A. Rescheduling Job Shops under random disruptions [J]. Prod. Res., 1997, 35 (7): 2065~2082.

[148] Eui-Seok Byeon, Wu S D, Storer R H. Decomposition heuristics for robust Job Shop scheduling [J]. IEEE Transactions on Robotics and Automation, 1998, 14 (2): 303~313.

[149] Mehta S V, Reha M, Uzsoy R. Predictable scheduling of a single machine subject to breakdowns [J]. Computer Integrated Manufacturing, 1999, 12 (1): 15~38.

[150] Ronan O'Donovan, Uzsoy R, McKay KN. Predictable scheduling of a single machine with breakdown and sensitive Jobs [J]. Prod. Res., 1999, 37 (18): 4217~4233.

[151] 李慧芳，李人厚．化工批处理过程动态调度 [J]. 系统工程，2000，18 (1)：1~7.

[152] Nelson R T, Holloway C A, Wong R W. Centralized scheduling and priority implementation heuristics for a dynamic job shop model with dudates and variable processing time [J]. AIIETransactions, 1977, 19: 95~102.

[153] Abnumaizar R J, Svestka J A. Rescheduling job shops under random disruptions [J]. International Journal of Production Research, 1997, 35 (7): 2065~2082.

[154] Sun J, Xue D. Adynamic reactive scheduling mechanism for responding to changes of production orders and manufacturing resources [J]. Computers in Industry, 2001, 46: 189~207.

[155] Daniels R l, Kouvelis P. Robust scheduling to hedge against processing time uncertainty in sigle stage production [J]. Management Science, 1995, 41 (2): 363~376.

[156] Honkomp S J, Mockus L, Reklaitis G V. Robust scheduling with processing time uncertainty [J]. Computers Chemical Engineering, 1997, 21, suppl., 1055~1060.

[157] Sun R. Sensitivity analysis of constraint-based factory scheduling [J]. PhD thesis, U. S. A.: University of North Carolina, 1999.

[158] 谷峰. 柔性作业车间调度中的优化算法研究 [D]. 中国科学技术大学博士论文, 2006: 24~38.

[159] 王秀英, 柴天佑, 郑秉霖. 炼钢-连铸智能调度软件的开发及应用 [J]. 计算机集成制造系统, 2006, 12 (8): 1220~1227.

第二篇　物流调度

随着城市产业升级与规划完善，制造供应链中各个节点日益呈现地理位置分散分布的特征，随之带来了干线运输与集货过程中物流成本上升与碳排放量增多等经济及环境问题，本篇围绕分布式制造供应链节点集货物流展开研究，同时探索了具有类似问题特征的预拌混凝土供应物流以及生产线内部交叉物流，主要内容包括：

（1）将路径优化和最小碳排放量结合起来，提出同时考虑运营成本、油耗成本和碳排放成本的优化模型，建立统一的优化模型。算法设计方面，采用改进的遗传算法解决最小总成本问题，采用自然数编码方式，设计混合的选择机制，满足了集货过程时间窗、载重、车辆车型等多重约束，同时优化经济效益与环境效益。

（2）为了消除成本系数计算方法的影响，寻找更具通用性的模型和算法，在上一章的基础上，考虑车型多样、车辆数有限的情况下，满足时间窗和载重等多重约束，以最小碳排放和最短距离为目标建立多目标优化模型，在算法设计方面采用基于遗传算法和启发式节约算法的分阶段启发式方法分步求解。

（3）当前新能源货车尤其是纯电动车发展迅猛，具有零排放、装载量小、续航里程短等特点，在前面研究内容的基础上，考虑包含新能源电动车和传统柴油车等多种车型，建立了最短距离和最小碳排放的多目标优化模型，进而根据模型特征，设计了两阶段启发式算法求解，探索通过纯电动车的有效利用寻找同时满足环境效益和经济效益的集货方案。

（4）预拌混凝土施工，特别是大平面基础工程混凝土的浇筑过程通常具有工程量大、持续时间长、并行性突出等特点，整体生产和运输过程的时效性要求很高。为保证施工质量，提高施工效率，聚焦于混凝土供应物流，建立了最小中断浇筑时间和最小车辆等待时间的双目标优化模型，用遗传算法对最小中断浇筑时间问题进行求解，在最优解中寻找车辆等待时间最小的调度方案。

（5）对于具有交叉物流结构的流程工业生产线，主生产机组、原料库、中间库、成品库之间物料种类繁多、物流关系复杂，重点关注作为管理瓶颈的机组生产协调机制，为此系统确立了在保证生产连续运行的前提下，降低库存水准和降低切换频率的机组切换优化模型与启发式算法，并以此为核心开发了应用系统。

7 低碳供应链集货车辆调度模型

制造供应链中的集货运输活动由于具有节点较多且位置分散等特征，会引起物流成本上升和碳排放增多等问题。针对这个问题，本书研究了最小成本集货运输问题。集货成本包括油耗成本、油耗产生的碳排放成本和行驶成本，油耗的计算基于车辆的载重和行驶距离。为满足现实要求，考虑了不同车型的情况，并在时间窗和载重等多约束环境下寻求最优解。算法设计方面，采用遗传算法求解最小成本集货问题，计算过程中每一代染色体都要严格满足约束，通过变异遗传等算子向最优解进化。

7.1 引言

随着城市产业升级与规划完善，制造供应链中各个节点日益呈现地理位置分散分布的特征，随之带来了干线运输与集货过程中物流成本上升与碳排放量增多等经济及环境问题，不利于节能减排目标的实现，与我国发展“绿色物流”的理念相违背。

运输距离和物流成本是之前集货问题研究的主要目标，大多数学者将其归结于车辆路径问题（Vehicle Routing Problem，VRP）进行研究。VRP 问题自 1959 年提出以来，产生了大量的研究成果。初期的研究主要集中于无时间窗要求的 VRP 问题，潘震东等研究了带货物权重的 VRP 问题，郎茂祥、马天宇等用遗传算法研究了分区的多配送中心车辆调度问题，求解物流配送路径优化问题。随着 JIT 思想在制造行业中普及，对配送时间的要求越来越高，产生了带时间窗的车辆路径问题（Vehicle Routing Problem With Times Windows，VRPTW）。Ziauddin U 等设计出局部优化框架，并结合遗传算法解决了带时间窗的车辆路径问题。Tan K C 等采用启发式与合并式相结合的交叉算子，融入了爬山算法和自适应变异机制，设计出了改进遗传算法解决 VRPTW 问题。

2009 年哥本哈根全球气候峰会以来，我国对环境的重视程度越来越高，碳排放量作为我国环境保护的重要指标，减少集货过程中的碳排放量运输目前成为国内学者与企业管理人员关注的焦点。一些学者认为应该扩展 VRP 问题的目标，路径安排和车辆选择应不仅仅满足于经济利益，也应考虑环境效益，在集货过程中有效减少碳排放。李进等研究了具有固定车辆数的多车型低碳路径问题，邱雅君等通过改进遗传算法求解了考虑碳排放因素的 VRP 问题。PALMER 建立了车辆集货过程碳排放模型，研究了速度对碳排放的影响，模型中没有考虑车辆载重限制。Kirby 认为车辆碳排放与燃油消耗成正比。史春阳在给出了公路运输中二氧化碳排放的计算方法后，针对同时取送货的车辆路径问题（VRPSPD）进行低碳研究。EcoTransIT World 的技术报告显示，碳排放受到车辆特征、装载率、运输距离、驾驶情况和交通情况等因素的影响，计算碳排放需要适当的假设和简化。凌建群研究表明，如果车辆匀速行驶，道路无坡度变化，车辆的油耗与行驶距离成正比，与车辆装载量成正线性相关。

现有研究成果中，国内外学者已经对集货中的路径问题进行了深入的研究，关于低碳路径问题的研究也有了很大的进展，本书具体针对分布式制造供应链节点集货问题展开研究，提出同时考虑运营成本、油耗成本和碳排放成本的优化模型。算法设计方面，本书用改进的遗传算法解决最小总成本问题，采用自然数编码方式，设计混合的选择机制，满足了集货过程时间窗和载重等多重约束，并考虑了车辆数有限的情况。最后通过实例计算对模型和算法进行验证。

7.2 问题描述和数学模型

给定物流配送网络 $G=(V, E)$，V 表示定点，即配送中心或供货商，E 表示弧集即顶点间的路径集合，$E=\{(i, j) \mid i, j\in V, i\neq j\}$，$D_{ij}$表示弧（$i$, j）的距离，S_i 表示供货商 i 开始服务的时间，T_i 表示供货商 i 的装货时间，$[ET_i, LT_i]$ 为供货商 i 的时间窗，其中 ET_i 为最早开始服务时间，LT_i 为最晚开始服务时间，k 表示车辆集合，Q_{ijk}表示车辆 k 在从 i 发往 j 的过程中的载重，m 表示车型集合，$m=\{1, 2, \cdots, M\}$，N_x 表示 x 车型的数量，Q_x 表示 x 车型的容量，U_i 表示供货商 i 的供货量。

决策变量定义为：

$$y_{ki}=\begin{cases}1-点\ i\ 的任务由车辆\ k\ 完成\\ 0-否则\end{cases} \tag{7-1}$$

$$x_{ijk}=\begin{cases}1-车辆\ k\ 从点\ i\ 行驶到\ j\\ 0-否则\end{cases} \tag{7-2}$$

为简化模型，方便计算，本书对油耗的计算进行简化，采用了以行驶距离和装载量为基础的油耗计算方法。公式如下：

$$F_{ijm}=D_{ij}(a_m Q_{ijk}+b_m) \tag{7-3}$$

式中，F_{ijm}为 m 类型的车从供货商 i 到 j 的油耗；a_m 和 b_m 为 m 类型车的燃油消耗系数。

总成本由三部分构成：油耗成本、油耗产生的碳排放成本和车辆行驶成本。由于车辆由第三方物流公司提供，车辆行驶会产生行驶成本，且与使用时间成正比。本书模型中速度为定值，因此车辆行驶成本和行驶距离成正比。为了考虑碳排放的影响，目标函数引入了碳排放成本，碳排放由油耗产生，和油耗成正比。综合上述分析，低碳环境下集货问题可描述为如下数学模型，优化目标为最小化总成本。

$$\min C = \sum_i \sum_j \sum_k (C_f + C_e) D_{ij}(a_m Q_{ijk} + b_m) x_{ijk} + C_v \sum_i \sum_j \sum_k \frac{D_{ij}}{v} \quad (7\text{-}4)$$

$$s.t.: \sum_i U_i y_{ki} \leqslant Q_k, \ \forall k \quad (7\text{-}5)$$

$$\sum_k y_{ki} = 1, \ i \in (1, 2, \cdots\cdots n) \quad (7\text{-}6)$$

$$\sum_i x_{ijk} = y_{kj}, \ i, j \in V, \ \forall k \quad (7\text{-}7)$$

$$\sum_j x_{ijk} = y_{ki}, \ i, j \in V, \ \forall k \quad (7\text{-}8)$$

$$\sum_{i, j \in S \times S} \sum x_{ijk} \leqslant |S| - 1, \ S \subseteq V \quad (7\text{-}9)$$

$$k = \sum_m N_m \quad (7\text{-}10)$$

$$\sum_{i=1}^{n} x_{i0k} = \sum_{j=1}^{n} x_{0jk}, \ \forall k \quad (7\text{-}11)$$

$$\sum_k \sum_{i=1}^{n} x_{i0k} = \sum_k \sum_{j=1}^{n} x_{0jk} \quad (7\text{-}12)$$

$$ET_i \leqslant S_i \leqslant LT_i, \ i, j \in V, \ \forall k \quad (7\text{-}13)$$

$$x_{ijk}, y_{ki} \in (0, 1), i, j \in V, \ \forall k \quad (7\text{-}14)$$

式（7-4）表示运输成本最小，运输成本包括两部分，一是油耗和碳排放成本，二是车辆行驶成本。式（7-5）表示载重限制；式（7-6）表示一个供应商能且只能被一辆车服务，并且只能被访问一次；式（7-7）~式（7-9）表示所有由 k 车集货的点构成一条 Hamilton 回路；式（7-10）表示车辆数为所有类型车辆的总和；式（7-11）~式（7-12）表示配送中心限制；式（7-13）表示时间窗限制；式（7-14）表示决策变量的取值范围。

7.3 算法设计

目前解决车集货问题的求解方法有两种：精确算法和启发式算法。当问题规模不大、时效性不强时适合采用精确算法直接求出最优解，当涉及参数较多，问题的计算空间呈指数增加时只能采用启发式算法求解近似最优解。遗传算法是使用较为成熟的启发式算法，已被证明是解决集货问题有效算法，这里首先采用遗传算法求解最短路径问题。

（1）编码生成：采用自然数编码，每个染色体 S 代表一个路径解，即一种路径规划方案。它有若干条子路径的集合组成，$S=\{P_1, P_2, \cdots, P_n\}$。每条子路径为若干供货商节点的集合，$P_{\cdots,i,j,\cdots}=\{\cdots i, j\cdots\}$，由一辆车按照先后顺序装载集货。

（2）生成初始种群：按照编码生成方式生成路径解，根据约束检查判断是否为可行解。最终生成一组数量为 N_C 的染色体种群作为初始种群。

1）时间约束检查：对于∀路径 P 中两个相邻节点 i 和 j（i 在 j 之前），如果 $ET_i+T_i+R_{ij}\leqslant LT_j$，则满足时间窗约束，否则不满足。

2）载重约束检查：对于可用车型 1，2，…，m_M，车型数量分别为 N_1，N_2，…，N_{m_M}，载重量分别为 Q_1，Q_2，…，Q_{m_M}，有 $Q<Q_2<\cdots<Q_{m_M}$。如果 $U_P<Q_1$ 的个数 $N_{U_P<Q_1}<N_1+N_2+\cdots+N_{m_M}$，$N_{U_P<Q_2}<N_2+\cdots+N_{m_M}$，…，$N_{U_P<Q_{m_M}}<N_{m_M}$，则满足载重约束，否则不满足。

（3）适应度的计算：适应值函数 $f_h=1/Z$，f_h 是种群中个体生存能力的表现，f_h 越大表明其性能越好，即其对应的解越接近最优解。

（4）选择：将每一代产生的染色体按适应度的值从小到大排列。第一个染色体直接进入下一代，剩下的染色体则通过轮盘赌的方式进行选择，最终有 N_C 个个体进入下一代。一个个体被选择的概率为：

$$F(x_i)=\frac{f(x_i)}{\sum_{i=1}^{N_1}f(x_i)} \tag{7-15}$$

式中，$f(x_i)$ 为个体 x_i 的适应度，$F(x_i)$ 为个体被选择的概率[8]。

（5）交叉：选择［$N_C/2$］对染色体进行随机配对，交叉概率为 P_C，具体操作为：产生一个（0，1）内的随机数 r，如果 $r\leqslant P_C$，则将配对的染色体进行交叉。本书采用连续正向交叉的方式。

（6）变异：按变异概率 P_m 对染色体进行变异操作，具体操作方式为：产生一个随机数 r，若 $r\leqslant P_m$，则进行变异操作。变异算子为对换变异。

（7）停止：当算法迭代代数达到 N_n 时，停止进化，输出适应度最大的染色体对应的路径作为最优解。

本算法输出结果为一组路径 $\{P_1, P_2, \cdots, P_n\}$，根据每条路径的集货量依据车型选择原则选择车型，确定集货方案。

7.4 算例分析

7.4.1 参数设置

本书算例与数据来源于国内某大型物流企业 A 为汽车装配厂 B 生产线供货的实际问题。其中 B 在上海市附近有 50 家供货商，供货商的位置已知，某天共有 15 家供货商需要为 A 供货，具体数据如表 7-1 所示，位置如图 7-1 所示。

表 7-1 配送中心和供货商信息

编号	坐标(5km)	需求量(t)	时间窗(6min)	装货时间(6min)
0	[60, 20]	0	[0, 180]	0
1	[95, 20]	5.0	[35, 65]	15
2	[75, 40]	3.5	[10, 40]	12
3	[49, 32]	4.6	[70, 100]	14
4	[5, 44]	3.0	[65, 95]	11
5	[0, 25]	4.3	[85, 115]	13
6	[10, 0]	5.0	[90, 120]	16
7	[45, 0]	5.5	[40, 60]	15
8	[70, 0]	3.5	[80, 120]	12
9	[79, 10]	4.0	[65, 95]	13
10	[82, 15]	4.8	[20, 50]	14
11	[70, 30]	4.5	[35, 65]	14
12	[13, 50]	5.5	[50, 80]	16
13	[24, 14]	4.8	[130, 160]	14
14	[38, 7]	3.4	[10, 40]	12
15	[75, 5]	3.6	[100, 130]	12

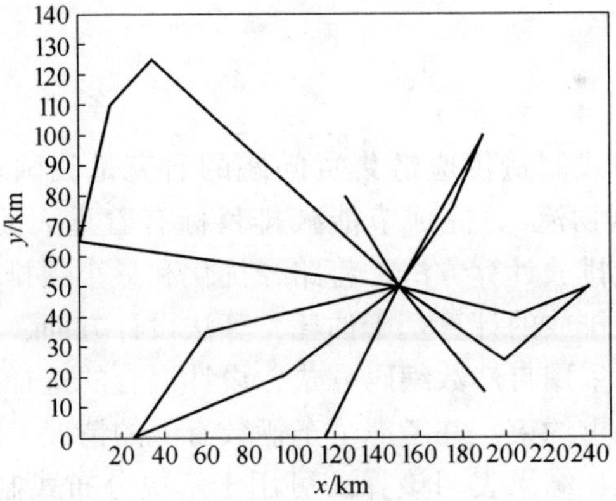

图 7-1 路径图

表 7-1 中序号中 0 代表配送中心，1~15 代表 15 家供货商。配送时间为 8 点至第二天 6 点。时间单位为 0.1h，也就是 6min。从 8 点开始计时，车辆要在 220 个时间单位也就是 22h 内完集货并回到配送中心。长度单位为 5km，这里忽略了速度对碳排放的影响，假设车辆以速度 50km/h 匀速行驶。配送中心共有 3 种类型 10 辆车可供使用，车辆的具体信息如表 7-2 所示。

表 7-2　车辆信息

车辆类型	车辆数	满载量/t	排放参数 A	排放参数 B
a	4	18	0.85×10^{-2}	41.8×10^{-2}
b	3	14	1.25×10^{-2}	34.5×10^{-2}
c	3	10	1.96×10^{-2}	25.0×10^{-2}

车辆的里程数不限，燃油转换率取 2.610kg/L[9]。某类型车辆的每公里碳排放可根据排放标准 A 和排放标准 B 及燃油转换率 η 参考式（7-3）。

7.4.2　计算结果

最短路径的遗传算法：种群规模 N_C 取 50，交叉概率 P_C 设置为 0.5，变异概率 P_m 设置为 0.05，更迭代数 N_n 取 1000。每种目标函数下运行 20 次，路径最短集货方案车辆信息如图 7-1 所示，路径如表 7-3 所示。

表 7-3　集货方案路径

车型	线路	车型	线路
B	0-12-4-5-0	C	0-8-15-0
B	0-14-6-13-0	C	0-3-0
B	0-10-1-9-0	C	0-7-0
C	0-2-11-0		

7.5　本章小结

低碳环境下分布式制造供应链集货问题的研究是我国现阶段面对的重要课题，对于推广“绿色物流”，完成节能减排目标有着重大的意义。针对该问题，提出了基于油耗的碳排放计算方法，将路径优化和最小碳排放量结合起来，建立统一的优化模型。碳排放的计算基于油耗，算法设计方面，用改进的遗传算法解决最小总成本问题，采用自然数编码方式，设计混合的选择机制，满足了集货过程时间窗和载重等多重约束，并考虑了车辆数有限的情况。最后通过实例计算对书采用算法进行验证，结果表明该算法可用于解决分布式制造供应链集货问题，找到总成本最低的集货方案。

8　分阶段启发式算法研究

8.1　引言

对于考虑碳排放优化目标的车辆路径模型，目前看到的文献中均采用构造总成本最优的合成目标函数，其中总成本由车辆使用成本、油耗成本和碳排放成本等因素组成，各个因素乘以成本系数相加得到总成本。其中成本系数是针对所研究的具体问题进行取值设计，还没有统一的成本系数确定方法。为了消除成本系数的影响，寻找更具通用性的模型和算法，在上一章的基础上，考虑车型多样、车辆数有限的情况下，满足时间窗和载重等多重约束，以最小碳排放和最短距离为目标建立多目标优化模型。本书在算法设计方面采用基于遗传算法和启发式节约算法的分阶段启发式方法分步求解。

8.2　问题描述和数学模型

8.2.1　问题描述

配送中心派遣一组车辆前往供货商处取货，然后返回配送中心。供货商的地理位置、供货数量、供货时间窗和装货时间已知；配送中心保有多种类型的车辆且每种车型数量已知；车辆行驶过程看作匀速过程。目标是在满足各种约束的前提下，找到总路径最短和碳排放量最小的车辆选择和路径安排。集货过程中的约束如下：

（1）配送中心约束：所有车辆由配送中心驶出，完成取货任务后返回配送中心；

（2）车辆约束：配送中心有多车型的货车，每种车型的数量和参数已知；

（3）访问唯一性约束：每个供货商只能被一辆车一次性服务；

（4）载重约束：每种类型车辆的装载量需满足该车型的容量限制；

（5）时间窗约束：供货商只能在规定的时间窗内被车辆服务，如果车辆到达的时间早于最早开始服务时间，车辆将在供货商处等待，如果车辆在最晚开始服务时间之后到达，则产生不可行解；

（6）装货时间约束：车辆到达供货商后需完成装货过程，装货时间固定且已知；

（7）速度约束：行驶过程中所有车辆以相同的速度匀速行驶。

8.2.2 符号和决策变量

$G=(V, E)$：物流配送网络；

V：供货商集合，$V=\{0, 1, 2, \cdots, n\}$，其中0表示配送中心，其他数表示供货商；

E：弧集，$E=\{(i, j) \mid i, j\in V, i\neq j\}$；

P：表示一条从配送中心出发，完成服务过程又回到配送中心的路径；

$P_{i,j,\cdots}$：表示包含供货商i，j，…的路径，$i, j, \cdots\in V$；

D_{ij}：弧(i, j)的距离；

R_{ij}：车辆行驶D_{ij}所用的时间；

S_i：供货商i开始服务的时间；

T_i：供货商i的装货时间；

$[ET_i, LT_i]$：供货商i的时间窗，其中ET_i为最早开始服务时间，LT_i为最晚开始服务时间；

k：表示车辆集合，$k=\{1, 2, \cdots, k_K\}$；

Q_{ijk}：车辆k在从i发往j的过程中的载重；

m：表示车型集合，$m=\{1, 2, \cdots, m_M\}$；

N_x：x车型的数量；

Q_x：x车型的容量；

U_i：供货商i的供货量；

U_P：路径P的集货量，$U_P=\sum U_i$，i为路径P上的供货商。

决策变量定义为：

$$y_{ki}=\begin{cases}\underline{1-\text{点}\,i\,\text{的任务由车辆}\,k\,\text{完成}}\\ 0-\text{否则}\end{cases}$$

$$x_{ijk}=\begin{cases}\underline{1-\text{车辆}\,k\,\text{从点}\,i\,\text{行驶到}\,j}\\ 0-\text{否则}\end{cases}$$

8.2.3 碳排放计算

根据实际问题的需要，采用文献［8］中史春阳等的计算方法，忽略了速度和道路坡度的影响，采用了以排放系数、行驶距离和装载量为基础的油耗计算方法：

$$F=D(aQ+b) \tag{8-1}$$

然后由油耗来计算碳排放量：

$$M=F\eta \tag{8-2}$$

碳排放的数学模型采用三下标模型（three-index model），前两个下角标表示两端的供应商，第三个角标表示选择的车辆[9]。如下：

$$M_{ijm} = \eta D_{ij}(a_m Q_{ijk} + b_m) \tag{8-3}$$

式中，F 为燃油消耗；D 为行驶距离；Q 为车辆当前载重；a，b 为燃油排放系数；M 为碳排放量；η 为燃油转换系数；M_{ijm} 为 m 类型的车从供货商 i 到 j 的碳排放量；D_{ij} 为 i 到 j 的距离；a_m 和 b_m 为 m 类型车的燃油消耗系数；Q_{ijk} 为车辆 k 在 i 和 j 运输过程中的载重。

从式（8-1）~式（8-3）可知，碳排放和车辆排放系数相关，和行驶距离成正比，和在负载量成正线性相关。

8.2.4　多目标优化模型

最短路径和最小碳排放集货问题可表示为：

$$\min Z = \sum_i \sum_j \sum_k D_{ij} x_{ijk} \tag{8-4}$$

$$\min M = \sum_i \sum_j \sum_k \eta D_{ij}(a_m Q_{ijk} + b_m) x_{ijk} \tag{8-5}$$

$$\sum_i U_i y_{ki} \leqslant Q_k,\ \forall k \tag{8-6}$$

$$\sum_k y_{ki} = 1,\ i \in (1,\ 2,\ \cdots,\ n) \tag{8-7}$$

$$\sum_i x_{ijk} = y_{kj},\ i,\ j \in V,\ \forall k \tag{8-8}$$

$$\sum_j x_{ijk} = y_{ki},\ i,\ j \in V,\ \forall k \tag{8-9}$$

$$\sum_{i,\ j \in S \times S} \sum x_{ijk} \leqslant |S| - 1,\ S \subseteq V \tag{8-10}$$

$$K = \sum_m N_m \tag{8-11}$$

$$\sum_{i=1}^{n} x_{i0k} = \sum_{j=1}^{n} x_{0jk},\ \forall k \tag{8-12}$$

$$\sum_k \sum_{i=1}^{n} x_{i0k} = \sum_k \sum_{j=1}^{n} x_{0jk} \tag{8-13}$$

$$ET_i \leqslant S_i \leqslant LT_i,\ i,\ j \in V,\ \forall k \tag{8-14}$$

$$x_{ijk},\ y_{ki} \in (0,\ 1),\ i,\ j \in V,\ \forall k \tag{8-15}$$

式（8-4）表示运输过程中总路径最短；式（8-5）表示运输过程中碳排放量最小；式（8-6）表示载重限制；式（8-7）表示一个供应商能且只能被一辆车服务，并且只能被访问一次；式（8-8），式（8-9），式（8-10）表示所有由 k 车集货的点构成一条 Hamilton 回路；式（8-11）表示车辆数为所有类型车辆的总和；式（8-12），式（8-13）表示配送中心限制；式（8-14）表示时间窗限制；式（8-15）表示决策变量的取值范围。

8.3 算法设计

由于本书研究的集货问题属于 NP-hard 问题，不能直接计算出最优解。因此采用遗传算法和启发式算法相结合的分阶段法寻找最小碳排放的集货策略。算法阶段 1 在多约束前提下用遗传算法求解最短路径问题。算法阶段 2 对阶段 1 中结果中的每条路径进行路径拆分和车辆匹配，结合不同车型数量的约束选择碳排放最小的路径拆分方法。阶段 3 完成路径局部重组，将负载率较低的路径作为优化目标，通过合并其他供货商节点的方式进一步降低集货过程中的碳排放量。

任意路径上的车型选择原则为：在车型集合 m 中，选择车辆容量 $Q_x \geqslant U_{\mathrm{P}}$ 且最接近 U_{P} 的车型作为集货车辆，不考虑车辆数量的限制。

8.3.1 最短路径遗传算法

阶段 1 首先不考虑碳排放的因素，将集货问题转换为带时间窗、最大载货量和车辆数限制的 VRP 问题，并采用遗传算法进行求解，计算过程为：

（1）编码生成：采用自然数编码，每个染色体 S 代表一个路径解，即一种路径规划方案。它有若干条子路径的集合组成，$S=\{P_1, P_2, \cdots, P_n\}$。每条子路径为若干供货商节点的集合，$P_{\cdots,i,j,\cdots}=\{\cdots, i, j, \cdots\}$，由一辆车按照先后顺序装载集货。

（2）生成初始种群：按照编码生成方式生成路径解，根据约束检查判断是否为可行解。最终生成一组数量为 N_{C} 的染色体种群作为初始种群。

时间约束检查：对于 $\forall$ 路径 P 中两个相邻节点 i 和 j（i 在 j 之前），如果 $ET_i+T_i+R_{ij} \leqslant LT_j$，则满足时间窗约束，否则不满足。

载重约束检查：对于可用车型 1，2，…，m_{M}，车型数量分别为 N_1，N_2，…，$N_{m_{\mathrm{M}}}$，载重量分别为 Q_1，Q_2，…，$Q_{m_{\mathrm{M}}}$，有 $Q<Q_2<\cdots<Q_{m_{\mathrm{M}}}$。如果 $U_{\mathrm{P}}<Q_1$ 的个数 $N_{U_{\mathrm{P}}<Q_1}<N_1+N_2+\cdots+N_{m_{\mathrm{M}}}$，$N_{U_{\mathrm{P}}<Q_2}<N_2+\cdots+N_{m_{\mathrm{M}}}$，…，$N_{U_{\mathrm{P}}<Q_{m_{\mathrm{M}}}}<N_{m_{\mathrm{M}}}$，则满足载重约束，否则不满足。

（3）适应度的计算：适应值函数 $f_{\mathrm{h}}=1/Z$，f_{h} 是种群中个体生存能力的表现，f_{h} 越大表明其性能越好，即其对应的解越接近最优解。

（4）选择：将每一代产生的染色体按适应度的值从小到大排列。第一个染色体直接进入下一代，剩下的染色体则通过轮盘赌的方式进行选择，最终有 N_{C} 个个体进入下一代。一个个体被选择的概率为：

$$F(x_i)=\frac{f(x_i)}{\sum_{i=1}^{N_1} f(x_i)} \tag{8-16}$$

式中，$f(x_i)$ 为个体 x_i 的适应度；$F(x_i)$ 为个体被选择的概率[10]。

(5) 交叉：选择 $[N_C/2]$ 对染色体进行随机配对，交叉概率为 P_C，具体操作为：产生一个（0，1）内的随机数 r，如果 $r \leqslant P_C$，则将配对的染色体进行交叉。本书采用连续正向交叉的方式。

(6) 变异：按变异概率 P_m 对染色体进行变异操作，具体操作方式为：产生一个随机数 r，若 $r \leqslant P_m$，则进行变异操作。变异算子为对换变异。

(7) 停止：当算法迭代代数达到 N_n 时，停止进化，输出适应度最大的染色体对应的路径作为最优解。

本算法输出结果为一组路径 $\{P_1, P_2, \cdots, P_n\}$，根据每条路径的集货量依据车型选择原则选择车型，确定集货方案。

8.3.2 路径拆分与车辆匹配

通过上述最遗传算法可以解决最短路径问题，算法阶段 2 采用节约算法的基本思想对每一条路径进行拆分和车辆匹配，寻找碳排放更少的集货方案。具体计算步骤如下：

首先定义碳排放节约值：

$$s(P_i, P_j, \cdots) = M_{p_i} + M_{p_j}\cdots - M_{p_{ij}}\cdots \tag{8-17}$$

式中，M_{p_i} 为路径 P_i 的碳排放。

某条拥有 n 个供货商的路径拆分步骤如下：

Step 1：让各个供货商单独送货，形成初始路径 P_1，P_2，…，P_n。

Step 2：令 $k=2$ 至 n，依次执行以下步骤：

(1) 计算任意 k 个路径 P_i，P_j，…，P_k 的节约值 $s(P_i, P_j, \cdots, P_k)$，并将其定义为数组。

(2) 若 $s(P_i, P_j, \cdots, P_k)$ 的值均 $\leqslant 0$，则转入 step 2（4）；否则在节约值 $s(P_i, P_j, \cdots, P_k)$ 内求出值为最大的那一项 $s(\cdots, P_i, P_j, \cdots)$，将路径 $\cdots P_i$，P_j，…合并为 $P_{\cdots,i,j,\cdots}$，转入 step 2（3）。

(3) 计算新路径下的节约值 $s(P_i, P_j, \cdots, P_k)$，转入 Step 2（4）。

(4) 记录下当前的路径安排和车辆选择，计算当前碳排放 M_k；

Step 3：比较 M_2，M_3，…，M_n 的值：若 $\forall k \in [2, n-1]$，有 $M_k \leqslant M_n$，说明该路径上的路径拆分不能减少碳排放，则路径不予拆分，算法结束；否则转 Step 4 进行路径拆分。

Step 4：计算 $M_k - M_n (\forall k \in [2, n-1])$，取其中的最大正数作为碳排放节约值，并记录相应的路径拆分车型选则。

通过以上路径拆分方法得到可以输出一组数据 $\{E_n. P_n, k_n, P_n', k_n'\}$，其中 E_n 为>0 的碳排放节约值；P_n 为 E_n 在最短路径的遗传算法结果中对应的路径；

k_n 为 P_n 占用车辆集合；P_n'为 E_n 对应的拆分后的路径；k_n'为 P_n'占用车辆集合。记所有车辆的集合为 k，最短路径的遗传算法结果中占用车辆集合为 k_0，车型可用集合初始值 k^* 为（$k-k_0$），车辆匹配步骤如下：

Step 1：将路径拆分后得到的 E_n 为定义为数组，在所有路径 P_n 中设置选择参数“已拆分/未拆分”，并将初始状态设置为“未拆分”。

Step 2：如果所有 E_n 都≤0，则结束该算法；如果有 $E_n>0$，找到 E_n 中的最大量 E_1 和路径拆分方法结果中 E_1 对应的 P_1，k_1，P_1'，k_1'，将 E_1 定义为0，转入 Step3。

Step 3：如果路径 P_1 选择参数为“已拆分”，则转入 Step 2；否则转入 Step 4。Step 4 如果（$k-k_0+k_1-k_1^*$）中所有车型数都≥0，则按该拆分方法进行路径拆分和车辆匹配，将 P_1 定义为“已拆分”，车型可用集合 k^* 更新为（$k^*+k_1-k_1^*$），转入 Step 2，否则直接转入 Step 2。

本算法在不同车型数量的约束条件下寻找碳排放最优的路径拆分和车辆匹配方法，生成新的集货方案。由于最短路径的遗传算法中的解是在硬时间窗的约束条件下求得的，拆分后的路径和车辆选择仍满足时间窗的要求。

8.3.3 路径局部重组

通过路径的拆分可以找到碳排放更少的集货方案，但路径拆分只能在阶段 1 最短路径的基础上寻求每条路径上的碳排放最小集货方法，而没有考虑路径间的重组。算法第 3 阶段对只有一个供货商的路径与其他路径进行局部重组，寻找碳排放更少的集货方法。

局部重组的基本思想是：让由一辆车单独服务的供货商跟其他供货商组成新的路径，参与重组供货商从原路径拆分出后也形成一条新的路径，计算重组前后的碳排放节约值，寻找碳排放更低的集货方案。通过时间窗的约束和局部重组前后碳排放的对比验证局部重组的可行性。

对于只有一个供货商 i 的路径 P_i，路径重组的步骤如下：

Step 1：对于路径拆分和车辆匹配算法输出的路径组合，将供货商 j($j\in n$ 且 $j\neq 0$，$j\neq i$) 从原路径 P_j 中拆分出来，与 i 组成新路径 $P_{i,j}$，P_j 中剩余供货商组成新路径 P_j'，计算碳排放节约值 $s(i, j)$。碳排放节约值的计算方法为：$s(i, j) = W_{P_i}+W_{P_j}-W_{P_{i,j}}-W_{P_j}'$。

Step 2：对供货商 i 和 j 进行时间约束检查。如果满足时间约束，则转入 Step 3，否则令 $s(i, j)=0$，转入 Step 3。

时间约束检查：如果供应商 i 和 j 同时满足 $ET_i+T_i+R_{ij}>LT_j$；$ET_j+T_j+R_{ij}>LT_i$，则 i 和 j 则不满足时间约束；否则满足。

Step 3：对供货商 i 和 j 进行车型数量约束检查。如果满足车型数量约束，则转入 Step 4；否则则令 $s(i, j)=0$，转入 Step 4。

车型数量约束检查：所有车辆的集合为 k，拆分集货方法已用车辆集合为 k_0，路径 P_j 和 P_i 所用车辆集合为 k_1，路径 $P_{i,j}$ 和 P_j' 所用车辆集合为 k_2，如果集合（$k-k_0+k_1-k_2$）中所有车型数都≥0，则满足车型数量约束，否则不满足约束。

Step 4：找出碳排放节约值最大值 max $s(i, j)$，记录相应的路径重组和车型匹配方法。

对所有由一辆车单独集货的供货商执行以上操作，在车型约束数量约束条件下寻找最优的路径重组策略。

8.4 算例分析

8.4.1 参数设置

本书算例与数据来源于国内某大型物流企业 A 为华晨宝马汽车装配线 B 供货的实际问题。B 在上海市附近有 50 家供货商，供货商的位置已知，每天有不同的供货商按照生产计划需求给总装厂供货，B 与其供货商共同拟订供货时间窗和装货时间，供货厂家以及数量等信息会提前发送 A 企业，然后由 A 企业分派车辆完成集货任务，所有车辆从上海配送中心出发，遍历所有的供货商，完成集货过程然后返回配送中心。

配送中心和供货商的地理位已知，配送中心拥有的车辆类型和数量已知。某天共有 15 家供货商需要为 A 供货，具体数据如表 8-1 所示，位置如图 8-1 所示。

表 8-1 配送中心和供货商信息

编号	坐标(5km)	需求量(t)	时间窗(6min)	装货时间(6min)
0	[60, 20]	0	[0, 180]	0
1	[95, 20]	5.0	[35, 65]	15
2	[75, 40]	3.5	[10, 40]	12
3	[49, 32]	4.6	[70, 100]	14
4	[5, 44]	3.0	[65, 95]	11
5	[0, 25]	4.3	[85, 115]	13
6	[10, 0]	5.0	[90, 120]	16
7	[45, 0]	5.5	[40, 60]	15
8	[70, 0]	3.5	[80, 120]	12
9	[79, 10]	4.0	[65, 95]	13
10	[82, 15]	4.8	[20, 50]	14
11	[70, 30]	4.5	[35, 65]	14

续表 8-1

编号	坐标(5km)	需求量(t)	时间窗(6min)	装货时间(6min)
12	[13, 50]	5.5	[50, 80]	16
13	[24, 14]	4.8	[130, 160]	14
14	[38, 7]	3.4	[10, 40]	12
15	[75, 5]	3.6	[100, 130]	12

表 8-1 中序号中 0 代表配送中心，1～15 代表 15 家供货商。配送时间为 8 点至第二天 6 点。时间单位为 0.1h，也就是 6min。从 8 点开始计时，车辆要在 220 个时间单位也就是 22h 内完集货并回到配送中心。长度单位为 5km，文中忽略了速度对碳排放的影响，假设车辆以速度 50km/h 匀速行驶。配送中心共有 3 种类型 10 辆车可供使用，车辆的具体信息如表 8-2 所示。

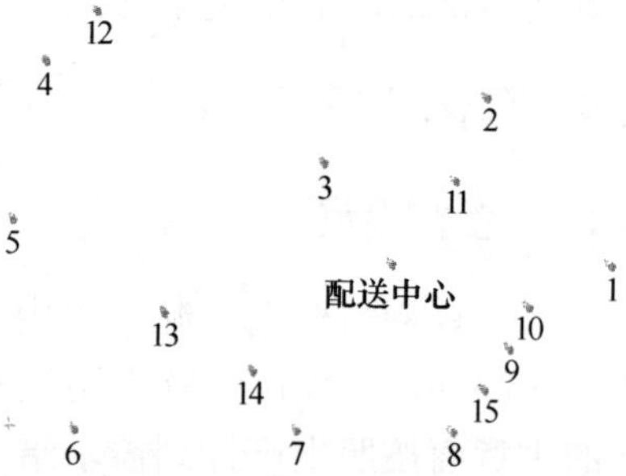

图 8-1　供货商位置信息

表 8-2　车辆信息

车辆类型	车辆数	满载量/t	排放参数 A	排放参数 B
a	4	18	0.85×10^{-2}	41.8×10^{-2}
b	3	14	1.25×10^{-2}	34.5×10^{-2}
c	3	10	1.96×10^{-2}	25.0×10^{-2}

车辆的里程数不限，燃油转换率取 2.610kg/L[11]。某类型车辆的每公里碳排放可根据排放标准 A 和排放标准 B 及燃油转换率 η 参考第 2 章式（8-1）。

8.4.2　计算结果

最短路径的遗传算法：种群规模 N_C 取 50，交叉概率 P_C 设置为 0.5，变异概率 P_m 设置为 0.05，更迭代数 N_n 取 1000。每种目标函数下运行 20 次，路径最短集货方案如表 8-3 所示，路径如图 8-2 所示：

表 8-3　阶段 1 集货方案

车型	线路	车型	线路
a	0-10-1-9-15-0	b	0-2-11-3-0
a	0-12-4-5-13-0	c	0-6-0
b	0-14-7-8-0		

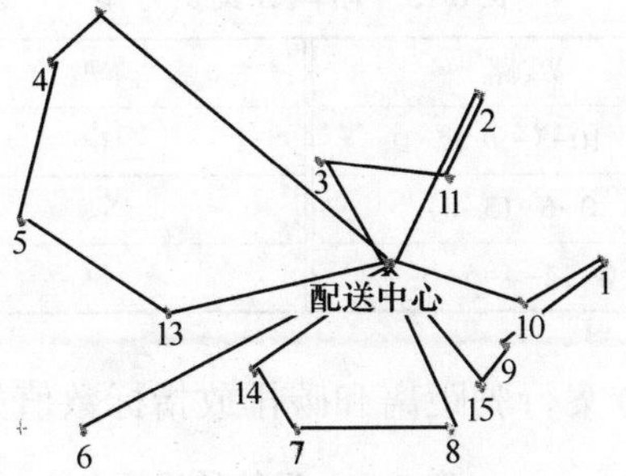

图 8-2 阶段 1 的路径

路径拆分与车辆匹配算法：分别对最短路径遗传算法产生的 5 条路径进行拆分，寻求碳排放最小的拆分方法。结果如下：(0-10-1-9-15-0)、(0-12-4-5-13-0)、(0-6-0) 三条路径任何拆分方法都不能减少碳排放，不进行拆分。(0-2-11-3-0) 在拆分为 (0-2-11-0) 和 (0-3-0) 时，碳排放节约值为 8130.15kg；根据已有车型数量限制和车型选择原则，路径拆分和车辆匹配后的集货方案如表 8-4 所示，路径如图 8-3 所示。

表 8-4 阶段 2 集货方案

车型	线路	车型	线路
a	0-10-1-9-15-0	b	0-14-7-8-0
a	0-12-4-5-13-0	c	0-3-0
b	0-2-11-0	c	0-6-0

路径局部重组算法：对路径拆分与车辆匹配算法产生的单点路径进行局部重组，寻找碳排放更小的集货方法。重组后的集货方案如表 8-5 所示，路径如图 8-4 所示。

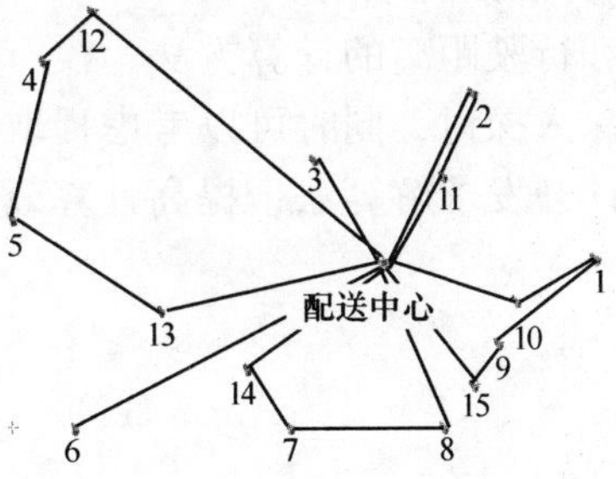

图 8-3 阶段 2 的路径

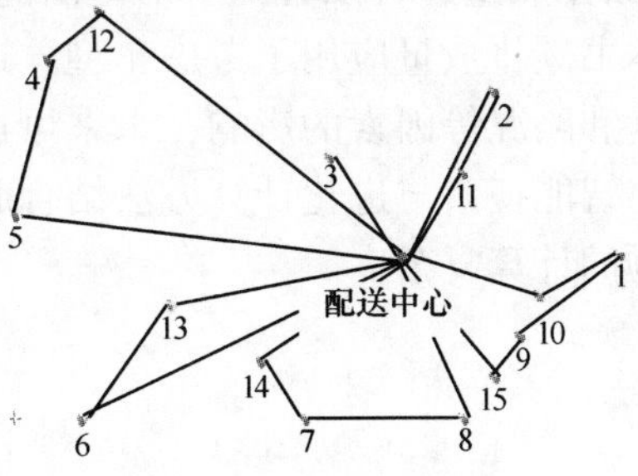

图 8-4 阶段 3 的路径

表 8-5 阶段 3 集货方案

车型	线路	车型	线路
a	0-10-1-9-15-0	b	0-14-7-8-0
a	0-6-13-0	c	0-2-11-0
b	0-12-4-5-0	c	0-3-0

各阶段得到的集货方案行驶距离和碳排放指标数值如表 8-6 所示。

表 8-6 运算结果

阶段	总距离/km	碳排放/t
阶段 1	2469	2. 74
阶段 2	2516	2. 66
阶段 3	2502	2. 60

由表 8-6 可知，从阶段 1 的最短距离集货方案到阶段 3 的最小碳排放集货方案，距离仅增加了 33km，碳排放降低了 0. 14t，在最短距离方案的基础上降低碳排放量，同时优化经济效益与环境效益，是切实可行的。

8. 5 本章小结

低碳环境下分布式制造供应链集货问题的研究是我国现阶段面对的重要课题，对于推广“绿色物流”，完成节能减排目标有着重大的意义。针对该问题，本书采用了基于油耗的碳排放计算方法，将路径优化和最小碳排放量结合起来，建立统一的多目标优化模型。为了降低计算复杂度，设计了分阶段算法进行求解。首先用遗传算法解决最短车辆路径问题，产生初始集货方案，进而基于节约算法的基本思想对所得方案中的路径进行拆分和重组，根据车型数量限制匹配车辆，得到更为低碳的集货方案。实例中拆分重组后的集货方案较之前降低了 0. 14t 碳排放量，可以看到本书提出的模型和算法是有效的。

本书碳排放量应用了考虑车型、运载量和行驶距离的计算方法，没有考虑行驶速度和路况等因素的影响，未来可进一步深入探讨，同时可以考虑提取问题特征，将智能搜索与进化计算方法结合起来设计开发求解算法，提高计算效率，降低问题的计算复杂度。

9 考虑新能源物流车的模型与算法

当前，新能源货车尤其是纯电动车具有零排放等优势，代表了未来的发展方向，研究考虑纯电动车的集货运输活动，对于减少集货过程中的碳排放具有积极的意义。以往的研究大多把汽油车或柴油车作为研究对象，考虑新能源车特别是纯电动车的研究较少。在前面研究内容的基础上，考虑包含新能源电动车和传统柴油车等多种车型，建立了最短路径和最小碳排放的多目标集货模型。

9.1 引言

本章研究柴油车和纯电动车的同时混合集货问题，并针对当今技术条件下纯电动车装载量小、续航里程短的特点，建立了最短距离和最小碳排放的多目标优化模型，进而根据模型特征，设计了两阶段启发式算法求解：阶段 1 应用遗传算法找到路径最短的集货方案作为初始集货方案；在此基础上阶段 2 基于节约算法的基本思想进行路径拆分，对有限数量的新能源车进行车辆匹配，并对剩余节点和车辆重新规划集货方法，以此优化碳排放量。探索通过纯电动车的有效利用寻找同时满足环境效益和经济效益的集货方案。

9.2 问题描述与建模

9.2.1 问题描述

新能源货车的集货模型可描述如下：配送中心派遣一组车辆前往供货商处取货，然后返回配送中心。供货商的地理位置、供货数量、供货时间窗和装货时间已知；配送中心保有多种类型的车辆且每种车型数量已知；车辆行驶过程看作匀速过程。目标是在满足各种约束的前提下，找到总路径最短和碳排放量最小的车辆选择和路径安排。集货过程中的约束如下：

（1）配送中心约束：所有车辆由配送中心驶出，完成取货任务后返回配送中心；

（2）车辆约束：配送中心有多车型的货车，每种车型的数量和参数已知；

（3）访问唯一性约束：每个供货商只能被一辆车一次性服务；

（4）载重约束：每种类型车辆的装载量需满足该车型的容量限制；

（5）载运距离约束：每种类车型车辆的行驶距离不能超过该车型的最大行驶距离；

（6）时间窗约束：供货商只能在规定的时间窗内被车辆服务，如果车辆到达的时间早于最早开始服务时间，车辆将在供货商处等待，如果车辆在最晚开始服务时间之后到达，则产生不可行解；

（7）装货时间约束：车辆到达供货商后需完成装货过程，装货时间固定且已知；

（8）速度约束：行驶过程中所有车辆以相同的速度匀速行驶。

9.2.2　符号和决策变量

$G=(V, E)$：物流配送网络；

V 表示定点，即配送中心或供货商；

E 表示弧集即顶点间的路径集合，$E=\{(i, j) \mid i, j \in V, i \neq j\}$；

P 表示路径；

V_P 表示路径 P 的点集合；

V_{Pi} 表示 P 中供货商 i 之前的点集合（包括 i）；

D_{ij} 表示弧（i，j）的距离；

T_{ij} 表示弧（i，j）的运输时间；

ST 表示系统开始的时间；

UT_i 表示供货商 i 的装货时间；

$[ET_i, LT_i]$ 为供货商 i 的时间窗，ET_i 为最早开始服务时间，LT_i 为最晚开始服务时间；

k 表示车辆集合；

L_k 表示车辆 k 的最大行驶距离；

Q_{ijk} 表示车辆 k 在从 i 发往 j 的过程中的载重；

m 表示车型集合，$m=\{1, 2, \cdots, M\}$；

N_x 表示车型 x 的数量；

Q_x 表示车型 x 的容量；

U_i 表示供货商 i 的供货量；

S_i 表示供货商 i 开始服务的时间，S_i 的计算方法为：

$$S_i = ST + \sum T_{jz} + \sum UT_j - UT_i (j, z \in V_{Pi}) \tag{9-1}$$

决策变量定义为：

$$y_{ki} = \begin{cases} \dfrac{1 - 点\ i\ 的任务由车辆\ k\ 完成}{0 - 否则} \end{cases} \tag{9-2}$$

$$x_{ijk} = \begin{cases} \dfrac{1 - 车辆\ k\ 从点\ i\ 行驶到\ j}{0 - 否则} \end{cases} \tag{9-3}$$

9.2.3 碳排放计算

根据实际问题的需要，采用史春阳等[8]的计算方法，忽略了速度和道路坡度的影响，采用了以排放系数、行驶距离和装载量为基础的油耗计算方法：

$$F = D(aQ + b) \tag{9-4}$$

然后由油耗来计算碳排放量：

$$M = F\eta \tag{9-5}$$

碳排放的数学模型采用三下标模型（three-index model），前两个下角标表示两端的供应商，第三个角标表示选择的车辆[9]。如下：

$$M_{ijm} = \eta D_{ij}(a_m Q_{ijk} + b_m) \tag{9-6}$$

式中，F 为燃油消耗；D 为行驶距离；Q 为车辆当前载重；a，b 为燃油排放系数；M 为碳排放量；η 为燃油转换系数；M_{ijm} 为 m 类型的车从供货商 i 到 j 的碳排放量；D_{ij} 为 i 到 j 的距离；a_m 和 b_m 为 m 类型车的燃油消耗系数；Q_{ijk} 为车辆 k 在 i 和 j 运输过程中的载重。

从式（9-21）~式（9-23）可知，碳排放和车辆排放系数相关，和行驶距离成正比，和在负载量成正线性相关。

9.2.4 多目标优化模型

最短路径和最小碳排放集货问题模型如下：

$$\min Z = \sum_i \sum_j \sum_k D_{ij} x_{ijk} \tag{9-7}$$

$$\min M = \sum_i \sum_j \sum_k \eta D_{ij}(a_m Q_{ijk} + b_m) x_{ijk} \tag{9-8}$$

$$\text{s.t.}: \sum_i U_i y_{ki} \leqslant Q_k,\ \forall k \tag{9-9}$$

$$\sum_i \sum_j D_{ij} x_{ijk} \leqslant L_k,\ \forall k \tag{9-10}$$

$$\sum_k y_{ki} = 1,\ i \in (1,\ 2,\ \cdots,\ n) \tag{9-11}$$

$$\sum_i x_{ijk} = y_{kj},\ i,\ j \in V,\ \forall k \tag{9-12}$$

$$\sum_j x_{ijk} = y_{ki},\ i,\ j \in V,\ \forall k \tag{9-13}$$

$$\sum_{i,\ j \in S \times S} \sum x_{ijk} \leqslant |S| - 1,\ S \subseteq V \tag{9-14}$$

$$K = \sum_m N_m \tag{9-15}$$

$$\sum_{i=1}^{n} x_{i0k} = \sum_{j=1}^{n} x_{0jk},\ \forall k \tag{9-16}$$

$$\sum_{k}\sum_{i=1}^{n}x_{i0k}=\sum_{k}\sum_{j=1}^{n}x_{0jk} \tag{9-17}$$

$$ET_i \leqslant S_i \leqslant LT_i,\ i,\ j \in V,\ \forall k \tag{9-18}$$

$$x_{ijk},\ y_{ki} \in (0,\ 1),\ i,\ j \in V,\ \forall k \tag{9-19}$$

式（9-7）表示运输过程中总路径最短；式（9-8）表示运输过程中碳排放量最小；式（9-9）表示载重限制；式（9-10）表示行程限制；式（9-11）表示一个供应商能且只能被一辆车服务，并且只能被访问一次；式（9-12）~式（9-13）表示所有由 k 车集货的点构成一条 Hamilton 回路；式（9-15）表示车辆数为所有类型车辆的总和；式（9-16）、式（9-17）表示配送中心限制；式（9-18）表示时间窗限制；式（9-19）表示决策变量的取值范围。

9.3 算法设计

集货问题属于 NP-hard 问题，不能直接计算出最优解。本书设计了遗传算法和节约算法相结合的两阶段启发式算法寻找最佳的集货方案。首先用遗传算法求解最短路径问题；然后针对最小碳排放目标，提出节约算法对得到的路径进行拆分重组，找到碳排放更少的集货方案。

9.3.1 最短路径遗传算法

阶段 1 首先不考虑碳排放的因素，将集货问题转换为带时间窗、最大载货量和车辆数限制的 VRPTW 问题。

目前解决 VRP 的求解方法有两种：精确算法和启发式算法。当问题规模不大、时效性不强时适合采用精确算法直接求出最优解，当涉及参数较多，问题的计算空间呈指数增加时只能采用启发式算法求解近似最优解[10]。遗传算法是使用较为成熟的启发式算法，已被证明是解决 VRP 问题有效算法。由于阶段 1 的模型涉及参数较多，计算空间较大，因此采用遗传算法求解最短路径问题。下面将对算法的关键点进行详细阐述。

（1）编码生成。采用自然数编码，每个染色体 S 代表一个路径解，即一种路径规划方案。它有若干条子路径的集合组成，$S=\{P_1,\ P_2,\ \cdots,\ P_Y\}$。每条子路径为若干供货商节点的集合，$V_{P\cdots i,j\cdots}=\{\cdots i,\ j\cdots\}$，由一辆车按照先后顺序装载集货。

（2）种群初始化。随机生成一组染色体，并依次检查每个个体是否满足时间约束、载重约束和最大行程约束。舍弃不满足约束的染色体，最终生成组数量为 N_C 的染色体种群作为初始种群。

1）时间约束检查。对于 ε 路径 P 中两个相邻节点 i 和 j（i 在 j 之前），如果 $ET_i+T_i+R_{ij} \leqslant LT_j$，则满足时间窗约束，否则不满足。

2）载重约束检查。对于可用车型 1，2，…，m_M，车型数量分别为 N_1，N_2，…，N_{m_M}，载重量分别为 Q_1，Q_2，…，Q_{m_M}，有 $Q<Q_2<\cdots<Q_{m_M}$。如果 $U_P<Q_1$ 的个数 $N_{U_P<Q_1}<N_1+N_2+\cdots+N_{m_M}$，$N_{U_P<Q_2}<N_2+\cdots+N_{m_M}$，…，$N_{U_P<Q_{m_M}}<N_{m_M}$，则满足载重约束，否则不满足。

3）行驶距离约束检查。对于车辆 k，如果有 $L_k \geqslant \sum_{i\in k}\sum_{j\in k}D_{ij}$，即车辆的行驶距离不大于车辆的最大允许距离，则满足行驶距离约束，否则不满足。

(3) 适应度函数。这里采用的适应度函数为 $f_h=1/Z$。f_h 体现了种群中个体生存能力，f_h 越大表明其性能越好，即其对应的解越接近最优解。

(4) 选择算子。采用基于精英策略的轮盘赌方法进行个体选择：将每一代产生的染色体按适应度的值从小到大排列。第一个染色体直接进入下一代，剩下的染色体则通过轮盘赌的方式进行选择。式（8-37）定义了个体 x_i 的选择概率 $F(x_i)$。

$$F(x_i)=\frac{f(x_i)}{\sum_{i=1}^{N_1}f(x_i)} \tag{9-20}$$

式中，$f(x_i)$ 为个体 x_i 的适应度[11]。

(5) 交叉。选择［$N_C/2$］对染色体进行随机配对，交叉概率为 P_C，具体操作为：产生一个（0，1）内的随机数 r，如果 $r\leqslant P_C$，则将配对的染色体进行交叉。采用连续正向交叉的方式。

(6) 变异。按变异概率 P_m 对染色体进行变异操作，具体操作方式为：产生一个随机数 r，若 $r\leqslant P_m$，则进行变异操作。变异算子为对换变异。

(7) 进化终止准则。当算法迭代代数达到 N_n 时，停止进化，输出适应度最大的染色体对应的路径作为最优解。

本算法输出结果为一组路径 $\{P_1, P_2, \cdots, P_Y\}$，根据每条路径的集货量依据车型选择原则选择车型，确定集货方案。任意路径上的车型选择原则为：在车型集合 m 中，选择车辆容量 $Q_x\geqslant U_P$ 且最接近 U_P 的车型作为集货车辆。

9.3.2 最小碳排放的节约算法

阶段 1 以最短路径为目标得到了一组集货路径和对应的车辆匹配，为了进一步降低碳排放，阶段 2 对阶段 1 得到的路径进行拆分重组，用零碳排放的纯电动车来取代部分柴油车。

节约算法是一种常见的启发式算法，它通过模仿人的跟踪矫正过程，计算最大节约值求得运输路线的满意解[12]。通过碳排放节约值的计算可以找到碳排放节省最多的纯电动车使用方法。阶段 2 采用的节约算法的思路为：首先，假设拥有足够数量的纯电动车，用纯电动车对所有满足纯电动车使用条件的供货商进行集货，得到各个供货商的纯电动车使用方法；然后，通过计算碳排放节约值找到最优的纯电动车分配方法，对有限数量的纯电动车进行分配。对于未使用纯电动的供货商，用最短路径的遗传算法进行求解，得到最终的集货方案。

为便于描述，定义以下符号：阶段 1 得到路径集合 $p=\{P_1, P_2, \cdots, P_Y\}$，对于路径 P_y，所服务供货商的集合为 V_{P_y}，碳排放为 M_{P_y}，设置 P_y 的选择变量｛纯电动车/非纯电动车｝，根据 P_y 在阶段结果中是否由纯电动车集货确定选择变量的结果。模型中车型集合为 $m=\{1, 2, \cdots, M\}$，纯电动车车型集合为 m_0，非纯电动车车型集合为 $(m-m_0)$。m 车型的车辆数量为 N_m，可用车辆数量集合为 Num，可用纯电动车数量集合为 Num_1，可用非纯电动车数量集合为 $(Num-Num_1)$，未规划供货商集合为 V_1。

9.3.3 纯电动车充足条件下的路径匹配

本算法首先假设纯电动车数量充足，用纯电动车对所有满足纯电动车使用条件的供货商进行集货，即令 $Num_1=\{+\infty\}$，采取的集货策略如下：对于选择变量为"纯电动车"的路径 $P_{y'}$，不改变原有运输和车辆匹配方法；对于选择变量为"非纯电动车"路径 P_y，根据 V_{P_y} 中的供货商采用纯电动车集货时对载重约束和最大行程约束的满足情况来优化车辆路径和车辆匹配。其中，载重约束和最大行程约束的判断规则如下：

[载重约束判断规则] 对于路径中的供货商…，i，j，…和车型 m，若 $\cdots+U_i+U_j+\cdots\leqslant Q_m$，则满足载重约束，否则不满足。

[最大行程约束判断规则] 对于路径中的供货商…，i，j，…和车型 m，若 $\cdots+D_{ij}+\cdots\leqslant L_m$，则满足最大行程约束，否则不满足。

纯电动车充足条件下的路径匹配算法的求解步骤为：

Step 1：根据载重约束判断规则和最大行程约束判断规则，判断 V_{P_y} 中的供货商被一辆纯电动车单独集货时能否同时满足这两种约束，若满足，转 Step 2；否则不分配纯电动车。

Step 2：对所有可由纯电动车单独集货的供货商执行以下操作；

Step 2.1：让供货商 i 由一辆纯电动车单独供货形成路径 P_i；

Step 2.2：让供货商 i 由一辆纯电动车单独供货形成路径 P_i；i 在算法第一步结果中的路径为 P_y''，按 P_y'' 中的集货顺序，将 i 后的供货商依次转至 Step 2.3，判断是否并入 P_i；

Step 2.3：根据载重约束判断规则和最大行程约束判断规则，检查约束满足情况，如果均满足约束，则将该供货商并入集货路径 P_i 中，转至 Step 2.2，选择下一供货商；如果不能同时满足约束，则终止供货商并入 P_i，输出 i 对应的纯电动车路径 P_i 以及 P_i 的供货商集合 V_{P_i}。

9.3.4 考虑数量限制的纯电动车再分配

由于成本和技术限制，供货商购置的纯电动车数量往往相对较少，因此本书将进一步考虑新能源车数量受限的情况，在上一算法的集货方案基础上，设计碳排放节约值的计算方法，找到最优的纯电动车分配方法，对有限数量的纯电动车进行调整与再分配。

式（9-21）和式（9-22）分别定义了纯电动车路径 $P_{y'}$ 和 P_i 的碳排放节约值 $M_{P_{y'}}$ 和 M_{P_i}。

对于 $P_{y'}$，

$$M_{P_{y'}} = M^m_{V_{P_{y'}}} \tag{9-21}$$

式中，$M_{P_{y'}}$ 为路径 $P_{y'}$ 的碳排放节约值；$M^m_{V_{P_{y'}}}$ 为用车型 m 对集合为 $V_{P_{y'}}$ 的供货商完成集货时的碳排放。

对于 P_i，

$$M_{P_i} = M_{P_{y''}} - M^m_{V_{P_{y''}}-V_{P_i}} \tag{9-22}$$

式中，M_{P_i} 表示路径 P_i 的碳排放节约值；$M_{P_{y''}}$ 表示路径 $P_{y''}$ 集货时的碳排放；$M^m_{V_{P_{y''}}-V_{P_i}}$ 表示用车型 m 对集合为（$V_{P_{y''}}-V_{P_i}$）的供货商集货时的碳排放。

式（9-21）和式（9-22）中 m 的选择原则为：对于路径中的供货商…，i，j，…和车型 m，计算路径上的碳排放 $\cdots+M_{ij}+\cdots$，在满足 $\cdots+U_i+U_j+\cdots\leqslant Q_m$ 且 $\cdots+D_{ij}+\cdots\leqslant L_m$ 的车型中，选择 min（$\cdots+M_{ij}+\cdots$）所对应的非纯电动车车型。

考虑数量限制的纯电动公车再分配算法的求解步骤为：

Step 1：输入可用车辆数量集合 $Num=\{N_1, N_2, \cdots, N_M\}$，可用纯电动车数量集合 $Num_1=\{N_1\}$，可用非纯电动车数量集合 $Num-Num_1=\{N_2, N_3, \cdots, N_M\}$，$V_1=V$。

Step 2：根据式（9-21）和式（9-22）计算纯电动车路径 $P_{y'}$ 和 P_i 的碳排放节约值 $M_{P_{y'}}$ 和 M_{P_i}。

Step 3：找出 $C_{P_{y'}}$ 和 C_{P_i} 中的最大值 max（$M_{P_{y'}}/M_{P_i}$），为其对应的路径分配一辆纯电动车。更新供货商集合 $V_1=V_1-V_{\max(M_{P_{y'}}/M_{P_i})}$，可用纯电动车数量集合 $Num_1=\{N_1-1\}$，更新 Num。

Step 4：若 $Num_1=\{0\}$，则算法结束；否则转 Step 2。

以上算法将有限数量的纯电动车用于集货模型，最大限度地减少了碳排放。如果所有供货商都已完成集货，则结束算法，如果有供货商未完成集货，则用最短路径的遗传算法对未完成集货的供货商规划路径并分配车辆，计算碳排放值。由于阶段 2 解中纯电动车的路径是在阶段 1 解基础上拆分得到的，因此可以满足时间窗约束，由于最短路径遗传算法以路径最短为目标，较短的路径会产生较少的碳排放，因此采用最短路径遗传算法对未使用纯电动车的节点规划路径和车辆可以达到减少碳排放的目标。

9.4 计算实验和对比分析

本书算例数据来源于国内某大型物流企业 A 为汽车装配线 B 供货的实际数据。B 在上海市附近有 50 家供货商，供货商的位置已知，每天有不同的供货商按照生产计划需求给总装厂供货，B 与其供货商共同拟订供货时间窗和装货时间，供货厂家以及数量等信息会提前发送 A 企业，然后由 A 企业分派车辆完成集货任务，所有车辆从上海配送中心出发，遍历所有的供货商，完成集货过程然后返回配送中心。

配送中心和供货商的地理位已知，配送中心拥有的车辆类型和数量已知。某天共有 15 家供货商需要为 A 供货，具体数据如表 9-1 所示。

编号中 0 代表配送中心，1～15 代表 15 家供货商。配送时间为 8 点至晚上 6 点。时间单位为 1h，长度单位为 1km。从 8 点开始计时，车辆要在 10h 内完集货并回到配送中心，文中忽略了速度对碳排放的影响，假设车辆以速度 50km/h 匀速行驶。配送中心共有 3 种类型 10 辆车可供使用，车辆的具体信息如表 9-2 所示。

表 9-1　配送中心和供货商信息

编号	坐标/km	需求量/t	时间窗/h	装货时间/h
0	[150, 50]	0	[0.00, 10.00]	0
1	[240, 50]	1.25	[1.75, 3.25]	0.75
2	[190, 100]	0.87	[0.50, 2.00]	0.60
3	[125, 80]	1.15	[3.50, 5.00]	0.70
4	[15, 110]	0.75	[3.25, 4.75]	0.55
5	[0, 65]	1.07	[4.25, 5.75]	0.65
6	[25, 0]	1.25	[4.50, 6.00]	0.80
7	[115, 0]	1.38	[2.00, 3.00]	0.85
8	[175, 0]	0.87	[4.00, 6.00]	0.60
9	[200, 25]	1.00	[3.25, 4.75]	0.65
10	[205, 40]	1.20	[1.00, 2.50]	0.70
11	[175, 75]	1.12	[1.75, 3.25]	0.70
12	[35, 125]	1.37	[2.50, 4.00]	0.80
13	[60, 35]	1.20	[6.50, 8.00]	0.70
14	[95, 20]	0.85	[0.50, 2.00]	0.60
15	[190, 15]	0.90	[5.00, 6.50]	0.60

表 9-2 车辆信息

车辆类型	车辆数	最大满载量/t	排放参数 B	排放参数 A	最大里程 L/km
a	3	4.49	13.8×10^{-2}	1.1×10^{-2}	不限
b	3	3.50	11.2×10^{-2}	1.3×10^{-2}	不限
c	4	2.60	0	0	150

车型 c 为纯电动车，不产生油耗和碳排放，车型 a 和 b 为柴油车，每公里碳排放可根据排放标准 A 和排放标准 B 及燃油转换率 η 参考式（9-4）得出，燃油转换率取 2.610kg/L。由于柴油车行驶距离较长且加油方便，因此在本案例中柴油车的车辆里程数不限。

9.5 仿真结果

9.5.1 最短路径的遗传算法

种群规模 N_C 取 50，交叉概率 P_C 设置为 0.5，变异概率 P_m 设置为 0.05，更迭代数 N_n 取 1000。每种目标函数下运行 20 次，路径最短集货方案如表 9-3 所示，路径如图 9-1 所示。

表 9-3 阶段 1 集货方案

车型	线路	车型	线路
A	0-10-1-9-15-0	B	0-2-11-3-0
A	0-12-4-5-13-0	B	0-6-0
B	0-14-7-8-0		

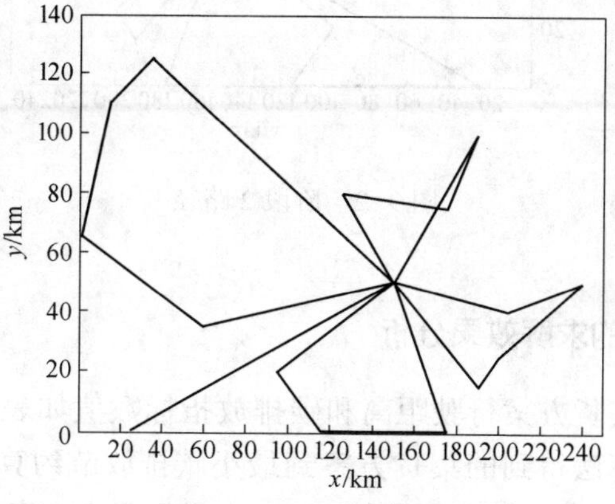

图 9-1 阶段 1 路径

9.5.2 最小碳排放的节约算法

模型中共有 7 个供货商不可用纯电动车集货，分别为 1、4、5、6、12、13、14。有 8 个供货商可由纯电动车完成，分别为 2、3、7、8、9、10、11、15。不限数量纯电动车的路径匹配算法得到纯电动车路径分别为（0-2-11-0）、(0-3-0)、(0-7-0)、(0-8-0)、(0-9-15-0)、(0-10-0)、(0-11-3-0)、(0-15-0)。根据有限数量纯电动车的分配算法对模型中的 4 辆纯电动车进行分配，然后用最短路径的遗传算法对剩余供货商安排路径和车辆，得到的集货方案如表 9-4 所示，路径如图 9-2 所示。

表 9-4 阶段 2 集货方案

车型	线路	车型	线路
A	0-12-4-5-13-0	C	0-9-15-0
B	0-14-7-6-0	C	0-3-0
B	0-10-1-0	C	0-8-0
C	0-2-11-0		

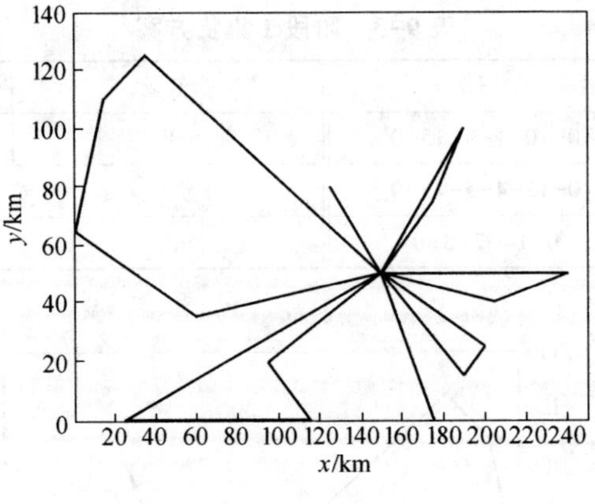

图 9-2 阶段 2 路径

9.5.3 算法两阶段的求解效果分析

各阶段得到的集货方案行驶距离和碳排放指标数值如表 9-7 所示可以看到，从最短路径的遗传算法得到的集货方案到最小碳排放节约算法得到的集货方案，距离仅增加了 74km，碳排放降低了 125kg，在最短距离方案的基础上降低碳排放量，优化环境效益是切实可行的。

9.5.4 模型对比分析

与本书采取的双目标优化模型不同，现有研究低碳集货问题的文献大多设计总成本最优的单目标模型，总成本由车辆使用成本、油耗成本和碳排放成本等因素组成，各个因素乘以成本系数相加得到总成本。为验证本书模型和算法的有效性，将本书采取的双目标优化模型和其他文献中的单目标模型进行对比。

在对比模型 1[14] 中，总成本由油耗成本、油耗产生的碳排放成本和租车成本三部分组成，成本系数为油耗成本 $C_f=7.3$ 元/L，碳排放成本 $C_e=0.64$ 元/L，租车成本 $C_v=80$ 元/h。目标函数为：

$$\min C = C_f \cdot F + C_e \cdot F + C_v \cdot T \tag{9-23}$$

式中，F 为油耗；T 为总运输时间。

本书采用公式（9-23）作为成本计算方法，对实例的最小成本问题进行求解，油耗的计算方法采用公式（9-4），T 在匀速情况下的计算方法为：

$$T = \frac{Z}{v} + \sum UT_i \tag{9-24}$$

式中，Z 为路径长度；v 为速度，$\sum UT_i$ 为总的装货时间。

用分支定界法对实例中的最小成本问题进行求解，成本的计算方法采用式（9-23），所有车辆匀速行驶，$v=50$km/h，实例中的数据采用表（9-1）和表（9-2），得到的集货方案如表 9-5 所示。

表 9-5 算例 1 集货方案

车型	线路	车型	线路
B	0-12-4-5-0	C	0-8-15-0
B	0-14-6-13-0	C	0-3-0
B	0-10-1-9-0	C	0-7-0
C	0-2-11-0		

对比模型 2[15] 的目标函数为：

$$\min C = c_1 d + c_2 F + c_3 M \tag{9-25}$$

式中，$c_1=1$ 元/km，为运输成本；$c_2=5.02$ 元/L，为油耗成本；$c_3=0.6$ 元/kg，为碳排放成本；d 为行驶距离；F 为油耗；M 为碳排放。

取 $\eta=2.610$kg/L，用同样的方法对目标函数为（9-25）的最小成本问题进行求解，得到的集货方案如表 9-6 所示。

表 9-6 例二集货方案

车型	线路	车型	线路
a	0-1-0	c	0-2-11-0
b	0-12-4-5-0	c	0-8-15-0
b	0-6-13-0	c	0-3-0
b	0-14-7-0	c	0-10-9-0

两个集货方案下的路径、碳排放和成本的数据如表 9-7 所示。

表 9-7 运算结果

阶段和模型	路径/km	碳排放/L	总费用/元
阶段 1	1233	454	
阶段 2	1307	329	
对比模型 1	1291	292	4247
对比模型 2	1432	334	3218

表 9-7 中的总费用分别由式（9-24）和式（9-25）计算得到的，因为所用成本系数不同，所以没有可比性。由表 9-5 和表 9-6 对比可知，在以总费用最小为目标优化集货问题时，即使针对同一问题，当费用组成中的成本系数不一致时也会得出不一样的路径方案。如今还没有公认的成本系数，大多数研究只能针对所研究的现实问题设计符合自身问题的成本系数，而成本系数的设定直接影响了最终方案的产生。本文为了消除成本系数的影响，寻找更具通用性的模型和算法，采用了两阶段的计算方法，首先在阶段 1 解决最短路径问题，然后在阶段 2 集货方案的基础上进行路径的拆分重组，寻找碳排放更少的集货方案。由于阶段 2 集货方案是在阶段 1 解的基础上得到的，因此阶段 2 的集货方案同时考虑了路径和碳排放的影响。

9.6 本章小结

发展绿色经济，降低制造供应链集货过程中的碳排放量，是我国现阶段理论研究与工程实践面对的重要课题。目前新能源车辆技术发展迅猛，极具发展前景与应用市场。将低碳环保的新能源车用于集货系统，可以有效降低集货过程中的碳排放。本书针对考虑纯电动车的多车型集货问题，将路径优化和最小碳排放量结合起来，建立统一的多目标优化模型。为了寻找具有通用性的计算方法，根据模型特征，本书设计了分阶段算法进行求解。首先用遗传算法解决最短车辆路径问题，产生初始集货方案；进而基于节约算法的基本思想对上一步方案中的路径进行拆分和重组，通过新能源电动货车和传统柴油货车的统一调度和的有效利用，得到更为低碳的集货方案。实例中拆分重组后的集货方案较之前降低了125kg碳排放量，可以看到本书提出的模型和算法是有效的。

碳排放量应用了考虑车型、运载量和行驶距离的计算方法，没有考虑行驶速度和路况等因素的影响，未来可进一步深入探讨，同时可以考虑提取问题特征，将智能搜索与进化计算方法结合起来设计开发求解算法，提高计算效率和求解质量。

10 预拌混凝土物流调度模型

混凝土施工，特别是大平面基础工程混凝土浇筑过程通常具有工程量大、持续时间长、并行性突出等特点，目前大多采用预拌混凝土方式，由多个搅拌站协同供应混凝土。由于工程量大，涉及搅拌站和浇筑点数量多，整体生产和运输过程的时效性要求很高。为保证施工质量，提高施工效率，本书聚焦于大平面基础工程混凝土浇筑过程，建立了最小中断浇筑时间和最小车辆等待时间的双目标优化模型，用遗传算法对最小中断浇筑时间问题进行求解，在最优解中寻找车辆等待时间最小的调度方案。仿真实验表明所用的模型和算法可以找到中断浇筑时间最短的解，同时有效降低车辆的等待时间。

10.1 引言

水泥混凝土是目前使用最广泛的建筑材料之一，在城市建设中发挥着重要的作用。由于场地和资源有限，目前混凝土的拌制大多采用预拌混凝土的方式，混凝土在搅拌站进行装料，在运往施工现场的途中完成搅拌过程。在施工面积大，多点并行浇注的基础工程建设中，单一的混凝土搅拌站无法完全满足施工现场的要求，因此多搅拌站协同供应模式被越来越广泛地使用。由于混凝土浇筑过程对时效性的要求高，过长时间的中断会影响施工质量，因此在搅拌站和浇筑点数量较多的情况下，需要对混凝土的生产运输过程进行统一地规划，以减少中断浇筑时间，提高施工质量。研究多混凝土搅拌站对单一施工现场的多个浇筑点供应混凝土的集成调度问题具有很强的现实意义。

在国内外的研究方面，许克曼提出基于遗传算法解决预拌混凝土配送问题；Matsasinis 对混凝土的生产运输调度问题进行了研究，安排了一个决策支持系统；刘亚飞等研究了多搅拌站的协同供应模式，指出协同配送是协同供应的重要一步，并借鉴一般运输问题的数学模型求解了协同供应问题。郑武重点考虑混凝土搅拌站之间的信息共享，针对预拌混凝土配送中的车辆调度问题，建立双目标优化模型，并用配送中心理论集合遗传算法求解该问题，取得了不错的结果。吴晓尉用蚁群算法求解车辆调度方案，以司机工作量均衡和运输费用最小为目标建立车辆调度模型，用蚁群算法找到任务分配的解决方案，并提出了混凝土车辆调度研究方法的发展方向。

现有研究大多以混凝土搅拌站为研究中心，以最小运输成本或实现搅拌站最大产能为目标，没有考虑施工工地多点同时浇筑的情况。本书针对实际问题，以施工现场为中心，研究了多混凝土搅拌站对大平面基础工程的多个浇筑点协同供应混凝土的问题。建立最小中断浇筑时间和最小车辆等待时间的双目标优化模型，并用遗传算法对最小中断浇筑时间问题进行求解，然后在最优解中寻找车辆等待时间最小的调度方案。在保证施工质量的前提下减少车辆等待时间，提高混凝土生产运输效率。

10.2 问题描述和数学模型

10.2.1 问题描述

本书研究混凝土生产运输集成调度问题，是指多家搅拌站对某拥有多个浇筑点的大平面基础工程施工现场共同完成混凝土供应服务的问题，目标是使施工现场浇筑中断时间最短，同时车辆在施工现场的等待时间最少，保证混凝土质量和施工现场浇筑质量。由于混凝土的供应需配合施工进度，对时效性的要求很高，因此需要对拥有多个搅拌站和浇筑点的混凝土调度系统进行统一的规划，寻找最佳调度方案。实际中的调度问题比较复杂，为了方便求解，需要对实际问题进行如下假设：

（1）有固定数量的混凝土搅拌站对施工现场固定数量的浇筑点进行服务，混凝土型号单一，混凝土预拌车型号单一，数量充足。

（2）施工现场各个浇筑点的需求量相同，为混凝土运输车装载量的整数倍。

（3）预拌车到达施工现场后如果有未工作的浇筑点则直接浇筑混凝土，否则在停车位等待，直到前车完成浇筑，停车位充足。

（4）混凝土在搅拌站的装料时间，预拌车在搅拌站和工地往来的运输时间，混凝土卸料时间固定且已知，不受路况和施工现场的影响。

（5）混凝土预拌车只能在固定的发车点发车，发车点的时间间隔由装料时间决定。

（6）混凝土在预拌车上的时间不能小于最小搅拌时间，且不能超过初凝时间。

（7）施工现场某个浇筑点的单次中断时间不能超过最大允许中断时间。

10.2.2 优化模型

m：搅拌站集合；

M：搅拌站的数量；

n：浇筑点集合；

N：浇筑点的数量：

TF_i：搅拌站 i 的装料时间，也就是发车时间间隔；

TS_i：车辆从搅拌站 i 到工地的运输时间；

TJ：混凝土浇筑时间；

T_{MAX}：混凝土初凝时间；

T_{MIN}：混凝土最小搅拌时间；

TC：浇筑点最大允许中断浇筑时间；

Q：施工现场单个浇筑点需要预拌车的数量；

K_j：浇筑点 j 服务的预拌车的数量；

TA_{ik}：搅拌站 i 的第 k 辆车的发车时刻，为已知数；

TB_{ik}：搅拌站 i 的第 k 辆车的到达时刻；

TC_{ikj}：搅拌站 i 的第 k 辆车在浇筑点 j 的开始浇筑时刻；

TD_{ikj}：搅拌站 i 的第 k 辆车在浇筑点 j 的结束浇筑时刻；

TW_{ikj}：在浇筑点 j 处，搅拌站 i 的第 k 辆车与前车引起的中断浇筑时间；

TM_{ikj}：搅拌站 i 的第 k 辆车在浇筑点 j 的等待浇筑时间。

混凝土生产运输调度问题的数学模型为：

$$\min Z_1 = \sum_{i=1}^{M} \sum_{k=1}^{Q/2} \sum_{j=1}^{N} TW_{ikj} \tag{10-1}$$

$$\min Z_2 = \sum_{i=1}^{M} \sum_{k=1}^{Q/2} \sum_{j=1}^{N} TM_{ikj} \tag{10-2}$$

$$TW_{ikj} = TC_{ikj} - TD_{i_0k_0j} \tag{10-3}$$

$$TM_{ikj} = TC_{ikj} - TB_{ik} \tag{10-4}$$

$$TW_{ikj} \leqslant TC \tag{10-5}$$

$$T_{MIN} \leqslant TS_i + TW_{ikj} \leqslant T_{MAX} \tag{10-6}$$

$$Kj = Q \tag{10-7}$$

式（10-1）表示中断浇筑时间最短；式（10-2）表示车辆等待时间最短；式（10-3）为中断浇筑时间计算方法，i_0k_0j 为在所有为 j 浇筑的预拌车中，$TD_{i_0j_0k} \leqslant TC_{ikj}$且最接近 TC_{ikj} 的车辆；式（10-4）为车辆等待时间计算方法；式（10-5）表示最大允许中断浇筑时间约束；式（10-6）表示最小搅拌时间约束和初凝时间约束；式（10-7）表示每个浇筑点的浇筑量约束。

10.3 算法设计

采用遗传算法求解混凝土生产运输调度的最小中断浇筑时间问题，然后在最优解中遍历寻找车辆等待时间最小的解。遗传算法是解决车辆调度问题很成熟的算法，已被证明可以解决预拌混凝土的生产运输调度问题。本算法计算过程中不考虑单个浇筑点的最大中断浇筑时间，在算法完成后对所得的结果进行检查，如果不满足最大允许中断时间约束则重新求解。下面将对算法的关键点进行详细阐述。

10.3.1 染色体的编码

首先定义遗传算法中编码的方式，本算法采用实数编码，染色体中的基因有三个变量 i，j 和 k，每个基因表示一辆混凝土预拌车。变量 i 表示搅拌站，共有 M 个搅拌站，因此 $1 \leqslant i \leqslant M$；$k$ 表示搅拌站的发车编号，假设有每个搅拌站都能发出［$NQ/2$］辆运输车，即 $1 \leqslant k \leqslant$［$QN/2$］；变量 j 表示预拌车服务的浇筑点，共有 N 个浇筑点，因此变量 $1 \leqslant j \leqslant N$。染色体共有 $M \times N \times$［$QN/2$］个基因种类，从中选取 $N \times Q$ 个基因组成一个染色体。在一个染色体中，基因的选取规则为：在 $1 \leqslant j \leqslant N$ 内，每个带变量 j 的基因的数量都为 Q。随机生成一组数量为 N_c 的染色体种群作为初始种群。

10.3.2 目标函数计算

各个搅拌站每辆运输车的发车时刻、运输时间和搅拌时间已知，根据染色体中基因对应车辆的信息进行仿真计算施工现场各个浇筑点的中断浇筑时间和车辆等待时间，并进行约束检查。具体方法为：

（1）根据车辆的发车时刻和运输时间计算到达时刻，搅拌站 i 的第 j 辆车的到达时刻的计算公式为：

$$TB_{ij} = TA_{ij} + TS_i \tag{10-8}$$

（2）仿真得到车辆的开始浇筑时刻，计算结束浇筑时刻，搅拌站 i 的第 j 辆车在浇筑点 j 的结束浇筑时刻的计算公式为：

$$TD_{ikj} = TC_{ijk} + TJ \tag{10-9}$$

（3）根据车辆的开始浇筑时刻和前车的结束浇筑时刻计算中断浇筑时间，计算方法参考式（10-3）；根据车辆的到达时刻和开始浇筑时刻计算车辆在施工现场的等待浇筑时间，计算方法参考式（10-4）。

（4）最小搅拌时间约束和初凝时间约束检查：

车辆的运输时间和等待时间需满足式（10-6），否则不满足约束。对不满足约束的染色体，将中断浇筑时间设置为无穷大。

10.3.3 调度方案的进化

每一个染色体都对应一个调度方案和对应的目标函数值，为了得到更好的方案，需要对调度方案进行优化，通过遗传算法中的算子丰富解空间，并向更好的解逐渐靠拢。遗传算法有三个重要的遗传算子——选择、交叉和变异。选择算子是对种群优胜劣汰的演化算子，决定什么样的染色体可以进入下一代；交叉算子和变异算子决定父染色体代产生子代染色体的方式，可以在原有接的基础上拓展解空间，跳出局部最优的方案，向整体最优方案进化。

（1）选择算子。先采用最优选择法，让种群中的最优染色体直接进入下一代，然后采用轮盘赌的选择方法选择剩余的染色体。这样既能保证解向最优的方向收敛，又可以保证最优染色体进入下一代种群。最终有 N_C 个个体进入下一代。一个个体被选择的概率为：

$$F(x_i)=\frac{f(x_i)}{\sum_{i=1}^{N_1} f(x_i)} \tag{10-10}$$

式中，$f(x_i)$ 为个体 x_i 的适应度；$F(x_i)$ 为个体被选择的概率[7]。

（2）交叉算子。采用两点交叉算子，根据交叉概率选择种群中要交叉的染色体，将两个交叉点之间的基因互换，产生新的染色体。计算新染色体的目标函数，如果新染色体的目标值优于上一代则进行交叉操作，否则上一代不交叉直接进入下代种群。交叉概率为 P_C。

（3）变异算子。根据变异概率对染色体进行变异操作，计算新染色体的目标函数。如果新染色体的目标值优于上一代则进行变异操作，否则上一代不变异。交叉概率为 P_m。

（4）算法结束。当达到规定代数时，停止运算并输出最优解。更迭代数取 N_n。

10.3.4 最优方案的选择

通过遗传算法可以得到中断浇筑时间最小的调度方案。在现实中，为保证服务质量，施工现场会选择较多数量的混凝土搅拌站，因此预拌车数量充足，算法产生的最优解不唯一。本书用分支定界法在最优解中遍历求解车辆等待时间最短的调度方案，车辆等待时间的计算公式参考式（10-4）。

由于遗传算法所有最优解都满足最小搅拌时间约束和初凝时间约束，因此最终解也满足这两个约束。由于计算过程中没有考虑最大允许中断浇筑时间约束，需要对最终解进行最大允许中断浇筑时间约束检查，检查方法为：如果所有单次中断浇筑时间满足式（10-5），则满足约束，输出最终解；否则不满足约束，将最终解从最优解中删除，用分支定界发重新求取最终解，直到最终解满足最大允许中断浇筑时间约束。

10.4 算例分析

10.4.1 参数设置

本书数据来自工程项目施工现场，某市内建筑施工工地需要对大平面基地进行混凝土浇筑，由于可用面积有限，工地采用预拌混凝土的策略。施工现场有 4 个浇筑点，选取附近 7 个搅拌站为工地供应混凝土。使用相同型号的预拌车，每个浇筑点需要 8 车混凝土，混凝土在预拌车中的凝结时间为 80min，混凝土最小搅拌时间为 30min。各搅拌站从 8:00 开始工作，只能在固定的时刻发车，两个相邻发车时刻的间隔时间为装料时间。所有浇筑点的最晚开始浇筑时刻为9:00，两个浇筑点的开始浇筑时刻相差必须少于 10min。为了满足最小搅拌时间约束，将运输时间不足 30min 的车辆的运输时间改为 30min，强制这些车辆在工地进行等待。修改后的车辆信息如表 10-1 所示。

表 10-1 搅拌站信息

搅拌站	运输时间/min	浇筑时间/min	装料时间/min
1	35	10	15
2	30	10	15
3	30	10	12
4	35	10	12
5	40	10	12
6	30	10	20
7	40	10	20

根据各搅拌站的开始工作时刻，装料时间和运输时间，搅拌站 1 可能发出的 16 辆预拌车的到达时刻如表 10-2 所示，其他预拌车到达时刻的计算方法和搅拌站 1 一致。

表 10-2 搅拌站 1 预拌车到达时刻

车辆	车辆 1	车辆 2	车辆 3	车辆 4	车辆 5	车辆 6	车辆 7	车辆 8
到达时刻	8:50	9:05	9:20	9:35	9:50	10:05	10:20	10:35
车辆	车辆 9	车辆 10	车辆 11	车辆 12	车辆 13	车辆 14	车辆 15	车辆 16
到达时刻	10:50	11:05	11:20	11:35	11:50	12:05	12:20	12:35

10.4.2 数据分析

为满足开始浇筑时刻不晚于 9:00 并且不同浇筑点的开始浇筑时刻相差少于 10min 的要求，对遗传算法进行如下修改：

对每一代染色体种群中的染色体进行开始浇筑时刻约束检查，检查方式为：

对于染色体中的基因，计算基因所代表车辆的到达时刻，统计最早的 4 个到达时刻 TB_1、TB_2、TB_3、TB_4，如果 4 个时刻都不晚于 9:00 且相差少于 10min，则满足开始浇筑时刻约束；否则不满足。

对于初始种群，如果染色体不满足开始浇筑时刻约束，则染色体无法进入初始种群，最终生成 N_C 个满足开始浇筑时刻约束的染色体；对于进化中的染色体种群，如果进化后的子代染色体满足开始浇筑时刻约束且优于父代染色体，则进行进化操作，否则放弃进化，父代染色体直接进入下一代染色体种群。

本书用修改后的遗传算法求解最小中断浇筑时间问题，种群规模 N_C 取 50，交叉概率 P_C 设置为0.5，变异概率 P_m 设置为0.07，更迭代数 N_n 取500。由于得到的最优解不唯一，用分支定界法在最优解中遍历寻找车辆等待时间最小的调度方案，并检查最终方案的最大允许中断时间约束。算法运行 10 次，所得车辆调度方案如表 10-3 所示。

表 10-3 最优调度方案

搅拌站	发出时刻
1	8:15、8:30、8:45、9:15
2	8:30、9:00、9:30
3	8:24、8:36、8:48、9:00、9:12、9:24
4	8:12、8:24、8:36、8:48、9:00、9:12、9:24
5	8:12、8:36、9:00、9:12
6	8:20、8:40、9:00、9:20
7	8:20、8:40、9:00、9:20

经计算仿真，在最优调度方案下，4 个浇筑点全部在 9:00 之前开始浇筑，开始浇筑时刻相差不超过 10min，中断浇筑时间为 0min，在不记因搅拌需要而产生的必须等待时间的情况下，等待时间为 32min。所有混凝土都搅拌了足够的时间并在到达初凝时间之前开始浇筑。算法所得到的混凝土生产运输调度方案可以满足施工地的要求。

10.5 本章小结

在预拌混凝土的策略下，施工现场对混凝土生产运输时效性的要求较高。尤其当多搅拌站对大平面基础工程的多个浇筑点供应混凝土时，较多的参数会增加车辆调度的难度。本书以保证施工质量和提高生产运输效率为目标，建立最小中断浇筑时间和最小车辆等待时间的双目标优化模型。首先用遗传算法求解最小中断浇筑时间问题，求解过程中根据实例的特殊要求对遗传算法进行修改，以满足开始浇筑时刻约束；然后在最优解中遍历寻找车辆等待时间最小的解，并检查最大允许中断浇筑时间约束。实例中最终的调度方案使施工现场中断浇筑时间为 0min，车辆等待时间为 32min，所有混凝土都在要求的时间内到达现场完成浇筑。本文采用的模型和算法可以找到中断浇筑时间最短的调度方案，保证施工的质量，同时降低车辆等待时间，提高生产运输效率。

11 交叉物流产线协同调度

大型流程工业生产线的主生产机组、原料库、中间库、成品库之间物料种类繁多、物流关系复杂，与上游工序之间存在物料供需关系，加上现场设备与工艺条件的限制等因素使得生产过程动态变化，现场控制不稳定，给日常生产组织、物流调整以及作业计划编制带来较大难度；而目前企业计划调度员主要采取凭生产经验由人工判断、分析物流状况，手动调整物流变化的管理方式，往往难以应对实际问题的复杂性和实时性，同时，该方法工作强度大、效率低、计划排产时间长，难以对长周期的批量合同生产做到优化调度，更无法达到准时精益生产的目的。此外，从企业生产管理一体化的角度来看，只有将上下游车间生产计划的制定过程联系起来，统一考虑，才能获得整体的有效解，产线交叉物流的管理是实现一体化计划的关键。

11.1 问题分析

11.1.1 生产线描述

生产线包括台 m 台机组（M_1、M_2、…、M_m），原料库，若干中间库（W_1、W_2、…、W_j），见图 11-1 中，中间库 W_1 中包括 M_2 原料、M_3 原料以及 M_1 成品。作为关键设备，机组 M_1 存在 n 种模式的切换，在生产过程中首先保证产线中流程最长的物料优先加工。考虑某个库或机组待料（机组前库物料达到上限）或者机组断料（机组前库供料不足）情况必须同时考虑该工艺其他所有机组和库的加工状况，另外，生产线之间通过交叉物流联系在一起，使得物流结构更加错综复杂。

11.1.2 对象问题的特点

上述生产线是一类具有复杂结构的混合型流程系统。其具体特点为：

（1）物流结构的复杂性。生产过程是带有中间库存的、半连续性的流程式批量生产。系统中包含有主生产机组、原料库、中间库、成品库等加工、存储单元，物料种类繁多，工艺路线复杂。

（2）生产过程的连续性。产品生产各个阶段、各个环节在时间上是紧密衔接、连续进行的，不发生或很少发生物流中断现象。

（3）生产过程的比例性是指在整个生产过程中，机组之间在生产能力上保

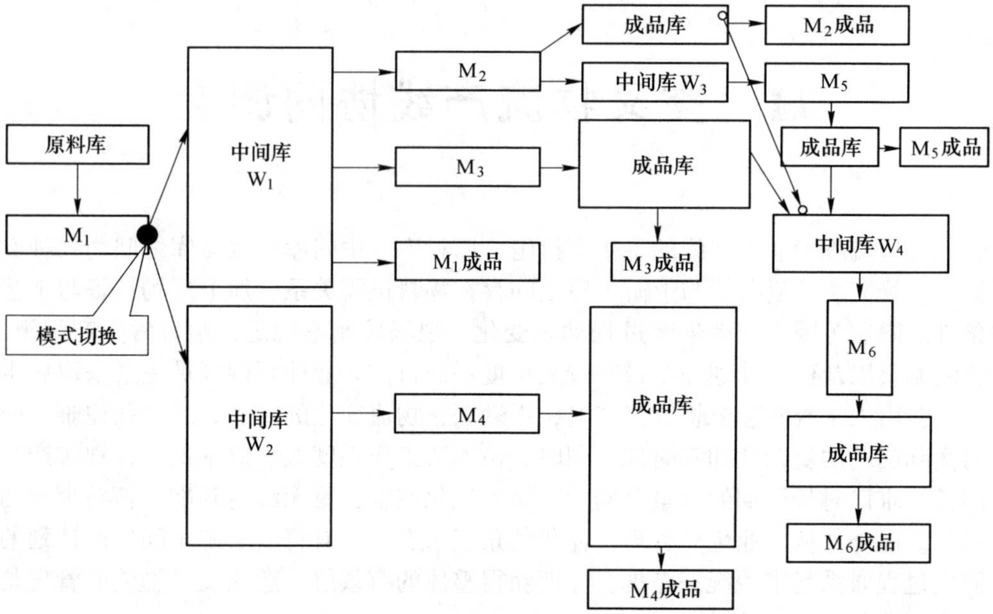

图 11-1 生产线示意图

持一定的比例关系，即各个机组不会出现能力过剩或短缺的现象。

（4）生产线呈分支、交叉结构，并具有单方向特征。

（5）物料加工路线固定，用材料组别统一描述。

（6）前后机组间设有容量有限的中间库，可同时存放多种物料。

（7）同一机组可以加工多种物料，并根据工艺要求分为模式切换机组和普通机组，其中模式切换存在较大调整成本。

（8）多条生产线并存，其间存在交叉物流。

系统需要达到的目标是在保证机组产能最大化的同时，减少机组切换成本和库存成本，需要考虑的约束主要有：

（1）机组产能最大化，即要求机组连续运行，不能停机待料；

（2）库容限制，即库存在库容上下限之间；

（3）原料库中原料满足冷却期要求（如 3 天）；

（4）考虑生产合同和交叉物料，并保证交叉物料优先加工。

11.2 模型构建

11.2.1 瓶颈机组

通过对生产线流程系统的分析，系统重点关注作为生产线管理瓶颈的 M_1 与后续机组间的生产协调机制，为此系统确立了在保证生产连续运行的前提下，降低库存水准和降低切换频率的机组切换策略，并建立了确定 M_1 切换时长和切换批量的优化模型，研究了用于模型求解的切换规则，开发了面向生产实际的应用算法。

M_1 的后续机组分别为 M_2 机组、M_3 机组和 M_4 机组，其间存在相互独立的中间库。对于 M_1 机组生产所需的原料流向都是确定的；M_1 成品存放在有限容量的中间库中，而后续机组对其中间库中的在制品有稳定的外部需求以维持整条生产线的连续生产。M_1 机组在生产过程中需要在不同的中间库之间进行切换，将不同时段生产的成品供给不同的中间库，从而确保各机组连续生产，中间库的外部需求得到满足。生产切换示意图如图 11-2 所示。

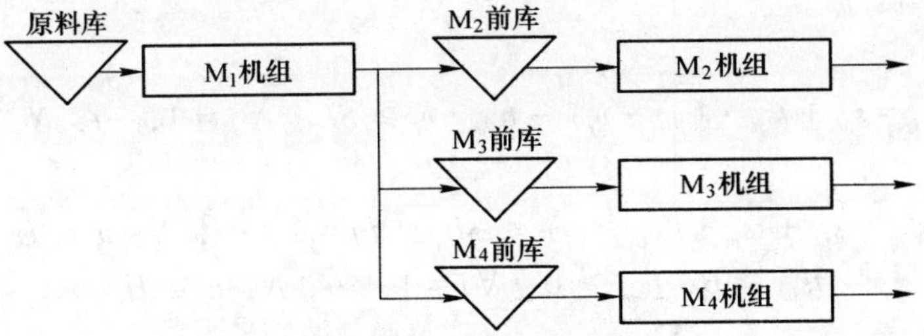

图 11-2 生产切换示意图

流程企业生产线经常采用网格式生产计划的编制方式，即在同一时段内，上游机组的生产产品与下游库的外部需求类型一致，这样涉及多产品的问题可通过时段的划分转化为单产品的问题，此外本模型并不涉及机组本身的调整费用。

11.2.2 切换优化模型

模型所用的符号定义为：

T：计划时段；

j：中间库编号，$j=1, \cdots, N$；

u：对中间库供应次数的编号，$u \in U_j$；

决策变量：

ts_{ju}：第 u 次供应 j 库的时长；

tc_{ju}：第 u 次与第 $u+1$ 次供应 j 库的间隔时长；

s_{ju}：第 u 次供应 j 库前，j 库存放的在制品数量；

s'_{ju}：第 u 次供应 j 库后，j 库存放的在制品数量（峰值）；

U_j：计划时段内，向 j 库供应的次数集；

参数：

SH_j：j 库中存放的在制品的数量上限，在每一计划时段均为事先确定的常数；

SL_j：j 库中存放的在制品的数量下限，在每一计划时段均为事先确定的常数；

B：M_1 机组供应一批在制品的最小切换时长；

v_j：j 库外部需求的速率，常数；

v_0：M_1 机组的生产速率，本生产线中有 $v_0>v_j$；

H_j：j 库中存放在制品的单位时间成本；

C_j：向 j 库供应在制品的单次切换成本；

在以上问题分析和假设的基础上，建立机组切换优化模型为：

$$\min \quad \sum_{j=1}^{N}\sum_{u\in U_j}[(s_{ju}+s'_{ju})\cdot ts_{ju}+(s'_{ju}+s_{j,u+1})\cdot tc_{ju}]\cdot\frac{H_j}{2}+\sum_{j=1}^{N}|U_j|\cdot C_j \tag{11-1}$$

$$\text{s.t.}\ s_{j,u+1}=s_{ju}+ts_{ju}\cdot(v_0-v_j)-tc_{ju}\cdot v_j\geqslant SL_j,\ \forall j=1,\cdots,N,\ u\in U_j \tag{11-2}$$

$$s'_{ju}=s_{ju}+ts_{ju}\cdot(v_0-v_j)\leqslant SH_j,\ \forall j=1,\cdots,N,\ u\in U_j \tag{11-3}$$

$$ts_{ju}\geqslant B,\ tc_{ju}\geqslant 0,\ \forall j=1,\cdots,N,\ u\in U_j \tag{11-4}$$

$$T=\sum_{u\in U_j}(ts_{ju}+tc_{ju}),\ \forall j=1,\cdots,N \tag{11-5}$$

$$s_{ju},\ s'_{ju},\ ts_{ju},\ tc_{ju}\in\mathbf{Z} \tag{11-6}$$

在上述模型中，式（11-1）表示的目标函数由库存费用和切换费用构成；式（11-2）表示中间库中的在制品数量平衡关系；式（11-3）表示中间库中的在制品数量峰值满足库容限制；式（11-4）表示最小切换时长限制和供应间隔的非负限制；式（11-5）表示机组不允许闲置，式（11-6）表示各变量均为整数。

11.3 算法设计

11.3.1 核心算法的设计

在实际生产环境中由于问题的复杂性，用精确算法直接求解上述整数规划模型难以满足实际应用的要求，需要开发快速灵活的实用算法。为此，本系统根据关键机组 M_1 切换问题的特征，开发了基于启发式规则的求解方法。该方法给出了求解的结构框架，其关键步骤是切换流向和切换时长的确定方法。其中切换流向的确定方法是选择库存可供消耗时间为最小的库，而切换时长的确定方法则根据启发式规则。本系统提出的三种确定切换时间长度的规则为：

规则 1：$ts_{ju}=\min\{ICT_{lt}\},\ l\neq j$ （11-7）

规则 2：$ts_{ju}=\min\{ACT_{ju}\},\ j\in J$ （11-8）

规则 3：$ts_{ju}=\min\{ICT_{lt},\ ACT_{ju}\}$ （11-9）

规则中 ts_{ju} 表示第 u 批加工物料 j 的时长，涉及的另外两个参数分别是：

（1）当前库存可供消耗时间 ICT_{jt}，计算公式为：$ICT_{jt}=(S_{jt}-SL_j)/v_j$ （11-10）

（2）最大允许加工时长 ACT_{ju}，计算公式为：$ACT_{ju}=(SH_j-S_{jt})/(u_j-v_j)$

（11-11）

其中，规则 1 是根据下一切换流向库的当前库存限制来确定当前的切换时长；规则 2 是根据当前切换流向库的库存限制来确定当前切换时长；规则 3 则是组合前两个规则形成的合成规则。根据上述基本思想，设计核心算法的具体步骤为：

步骤 1：初始化；

步骤 1.1：输入 M_1 机组在计划时段内计划生产的加工速率、库存限制、库的外部需求速率等参数；输入最小单位切换时长 B；

步骤 1.2：输入计划时段 T，令 $t=0$；

步骤 2：确定产品流向的下游库和切换时长。

步骤 2.1：选择下游库。选择具有最小 ICT_{jt} 值的下游库 j，$j\in J$；若 $ICT_{jt}<B$，$l\neq j$，则令 $t=t-B$；转到步骤 3；

步骤 2.2：确定切换时长。计算 ACT_{ju}，若 $ACT_{ju}<B$，则令 $t=t-B$；转到步骤 3；否则根据规则确定 ts_{ju}；

步骤 2.3：令 $t=t+ts_{ju}$；计算库存量：$S_{jt}=S_{jt}+(u_j-v_j)\times ts_{ju}$ 和 $S_{lt}=S_{lt}-v_j\times ts_{ju}$；

转到步骤 2.1；

步骤 3：终止条件。若 $0<t<T$，转到步骤 2.1；若 $t\geqslant T$，则得到计划时段内 M_1 机组详细的切换流向及其时长，结束；若 $t<0$，则初始条件下无解，结束。

11.3.2 扩展算法的设计

基于上述核心算法的基本原理和思想，在系统研发过程中，针对流程工业生产系统中工艺路线呈分支结构且具单方向的特征，系统采用流程树的数据结构来描述材料组别，其中，节点代表机组和库，呈交替间隔式排列，通过材料组别标明的工艺路线连接，形成由材料组别描述的逻辑工艺路线，在此基础上对系统参数进行加载，完成对问题空间的描述。

在推算过程中，根据问题模型特征，用精确算法直接求解上述整数规划模型难以满足实际应用的要求，需要开发快速灵活的实用算法。系统根据机组切换问题的特征，开发了基于启发式规则扩展算法。针对系统存在的模式切换和库容限制，系统推算需要确定各个加工时间单元内所有机组上加工的具体物料种类，实现在各个加工时间单元间物料的切换，包括模式切换和普通切换。模式切换的目标是减少切换次数，同时保证机组连续运行和库容限制；普通切换的目标是机组产能最大化。算法流程如图 11-3 和图 11-4 所示。

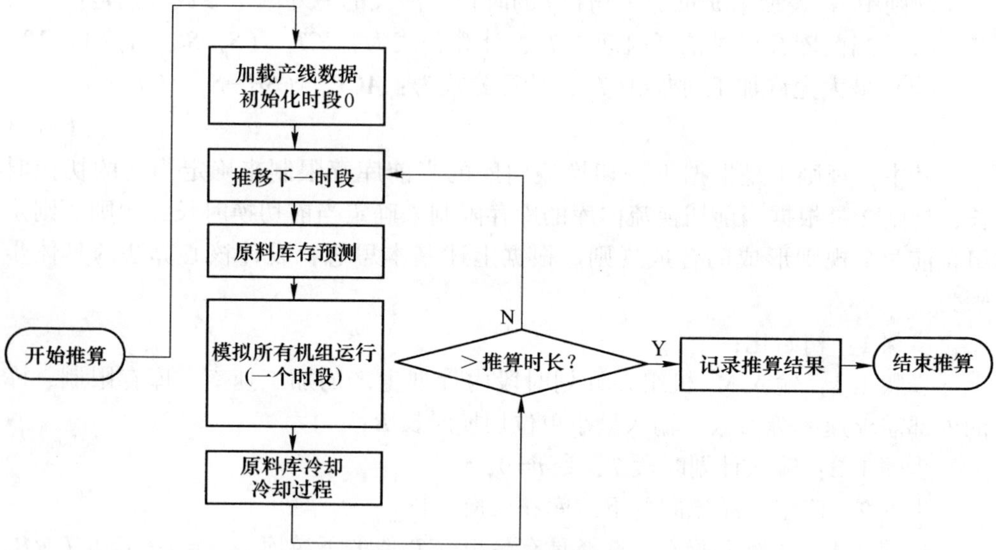

图 11-3 算法总体结构图

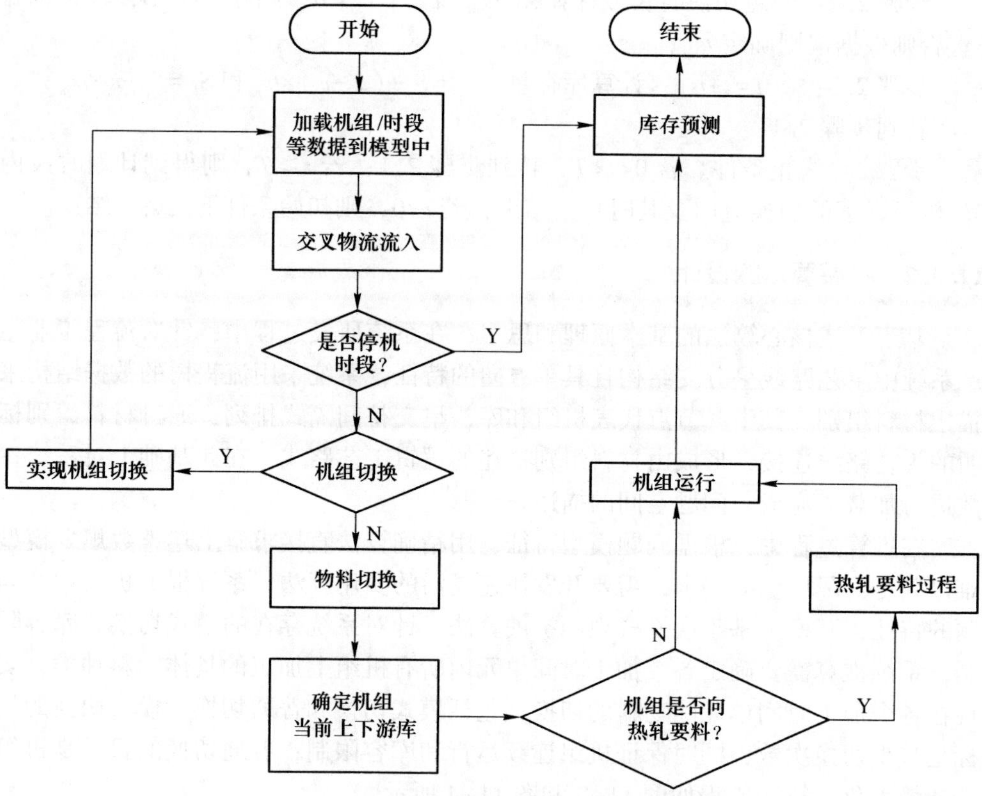

图 11-4 某一机组某一时段运行流程图

具体切换过程采用的基本规则为：

(1) 如果机组存在模式切换，首先判断其是否发生模式切换；其次，在确定的模式内确定切换的目标机组；最后，在确定的机组上确定切换的目标物料；

(2) 如果机组不存在模式切换，主要判断是否发生物料切换，以及如何确定目标物料。

首先，确定切换模式。机组模式的切换算法是决定系统目标（减少切换成本）实现的关键，主要指确定存在切换模式的机组在什么时刻发生模式切换，采用如下启发式模式切换规则：

(1) 当前机组、当前模式、所有物料是否都不能继续加工，即原料库断料或者下游库涨库；

(2) 当前机组、非当前模式、所有下游机组（以及后续机组）中是否存在将要断料的机组；

(3) 以上满足一条，则进行模式切换。

其次，确定切换的目标物料。机组在每种模式下均存在多种加工物料，在确定切换模式后，选择切换至的目标物料。采用如下启发式物料切换规则：

(1) 寻找当前机组、当前模式的下游最紧急机组（断料机组或者可持续时间最短机组），在下游最紧急机组的可加工物料列表中寻找目标切换物料；

(2) 寻找下游最紧急机组的可持续时间最短的物料作为目标物料；

(3) 如果下游最紧急机组后库涨库，则选择涨库量最小的作为目标物料；

(4) 如果下游最紧急机组前库断料，则选择断料量最小的作为目标物料；

(5) 对于成品机组，选择前库可持续时间长度最长的作为目标物料。

11.4 系统开发

通过对生产线的工艺流程分析，在以上模型和算法的基础上开发“物料计算系统”，包含的功能如图 11-5 所示。

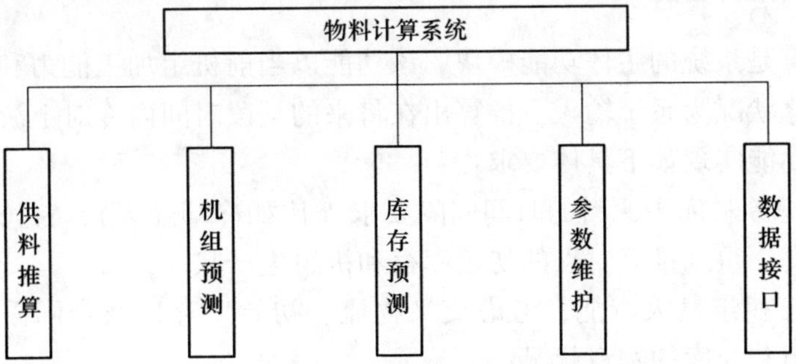

图 11-5 系统功能构成

根据客户订单和市场预测的需求，在满足合同交货期的前提下，使得机组达到最大产能，同时满足库容约束，用来推算未来一定时段内对上游工序的物料需求状况，同时为工序作业计划编制提供依据。

11.4.1 系统应用流程

该系统主要考虑生产区域中具有连续生产特点的机组及相关库，包括对具有交叉物流结构的单一产线的独立推算以及产线间联合推算，由此界定本系统的应用范围。系统应用流程如图 11-6 所示。

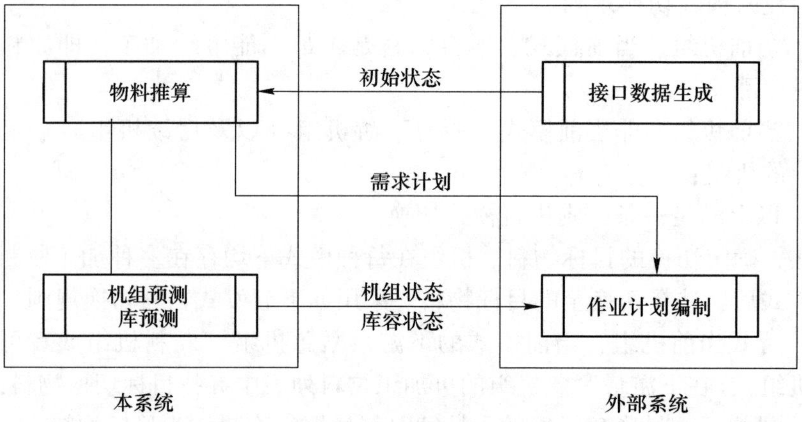

图 11-6 系统应用流程图

具体系统应用流程为：

（1）通过数据接口功能获得系统推算所需初始状态数据；

（2）通过物料推算功能模块，得到各个机组的物料需求；

（3）通过系统的机组预测和库预测模块，得到推算时段内机组和库的状态，用于辅助生产作业计划的编制和调整。

11.4.2 供料推算功能

供料推算是系统的主体功能模块。该功能以当前机组加工能力和库存现状以及机组定检修状况为系统输入，推算出在将来的某段时间内冷对上游生产线物料的需求。此功能实现如下具体要求：

（1）考虑原料库中原料的时间间隔要求（比如冷却 3 天），首先对实际生产状况进行仿真，得到推算时点的初始库存和机组生产状况；

（2）基于机组最大产能，考虑交叉物流、初始库存以及合同需求，推算理想状况下机组和仓库的物料状况；

（3）实现对产线的独立推算和联合推算，提出对上游机组的物料需求。

11.4.3 机组、库存预测功能

在推算供料需求的同时，系统可以预测在推算期间内（包括冷却期）的物流状况。此功能实现如下具体要求：

（1）查询某个机组在某个时段内某种物料的加工状况，并图形化显示；

（2）查询某个库在某个时段内某种物料的库存状态，并图形化显示；

（3）对机组和库的物流状况实现多维度统计；

（4）对物流异常，比如库存越限、机组待料等，则给出相应的警示；

（5）预测结果将为编制、调整生产作业计划提供指导。

11.4.4 参数维护功能

参数维护功能模块用来维护和存储供料推算和机组、库存预测所需的基本工艺参数。其中产线采用图形化形式表示，直观明了，其他参数采用表格形式表示。

这些工艺参数包括：机组参数；仓库参数；加工路线参数；交叉物流参数；产品合同参数；存货参数；其他参数，如推算产线、推算起点、推算天数、要料比等。

11.4.5 数据接口功能

数据接口功能在系统中通过“数据下载”和“数据上传”实现。此功能实现如下具体要求：

通过“数据下载”功能形成系统推算的初始输入，完成对各种初始系统参数和业务参数的加载；将系统推算结果按照确定的数据格式，通过“数据上传”功能导出，完成系统推算的输出，包括对需求计划、机组预测结果、库存预测结果的上传等。

11.5 系统实现

11.5.1 数据库设计

程序实现采用 SqlSever2000 数据库，其中定义了 13 个表，同时表间逻辑关系清晰，无耦合。列举如表 11-1 所示。

表 11-1 数据库定义表

表 名	描 述
In_ base_ machine	机组定义表
In_ base_ stock	库定义表

续表 11-1

表 名	描 述
In_ flow_ definition	材料组别定义表
In_ contract	合同定义表
In_ cross_ flow	交叉物流表
In_ flow_ tech	材料组别解析表
In_ machine_ stop_ time	机组停机时间表
In_ product_ plan	生产计划表
In_ resource_ stock	原料库表
In_ run_ parameter	运行参数表
Out_ demand_ reference	需求计划记录表
Out_ machine_ record	机组生产记录表
Out_ stock_ record	库存记录表

11.5.2 程序设计

程序采用面向对象的语言 Delphi 编写。程序主体部分包括：问题描述和算法设计，各自独立。其中，过程单元描述如表 11-2 所示。

表 11-2 程序类列表

过程单元名称	过程单元描述
Machine	机组类
Stock	库类
MachineItem	某个机组上加工的某种材料组别类
StockItem	某个库中的某种材料组别类
FlowTree	流程树类
CrossFlow	交叉物流类
Calculator	推算类
FlowForest	流程树类：表流程关系的多棵树
StockTrace	库变化跟踪器
FlowParser	解析材料组别字符串类
CalculatorTwoLine	联合推算类
ShiftAlgorithm	切换算法，所有算法必须继承该类
ForseeAlgorithm	该类实现了抽象类 ShiftAlgorithm，是推算算法的具体实现过程
DBUtil	数据库通讯类

续表 11-2

过程单元名称	过程单元描述
ItemAppraise	评估某机组某可加工物料的加工状态
DataType	自定义数据类型类
CommUtil	公用对象类
ShiftCause	切换原因记录器
AppraiseLog	切换过程跟踪器
Log	日志

11.5.3　界面设计

系统的界面风格为 Windows 图形界面形式，主要界面展示如下所述。

（1）主界面设计（见图 11-7）：

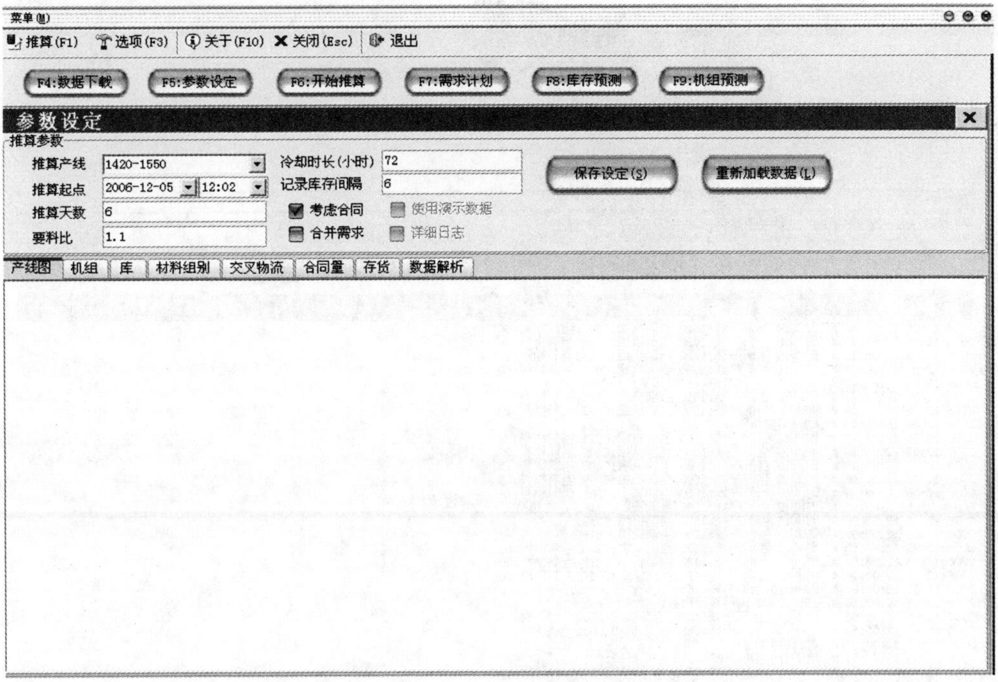

图 11-7　主界面设计

（2）产线定义界面（见图 11-8）。

（3）推算界面（见图 11-9）。

（4）需求计划界面（见图 11-10）。

（5）机组运行预测界面（见图 11-11）。

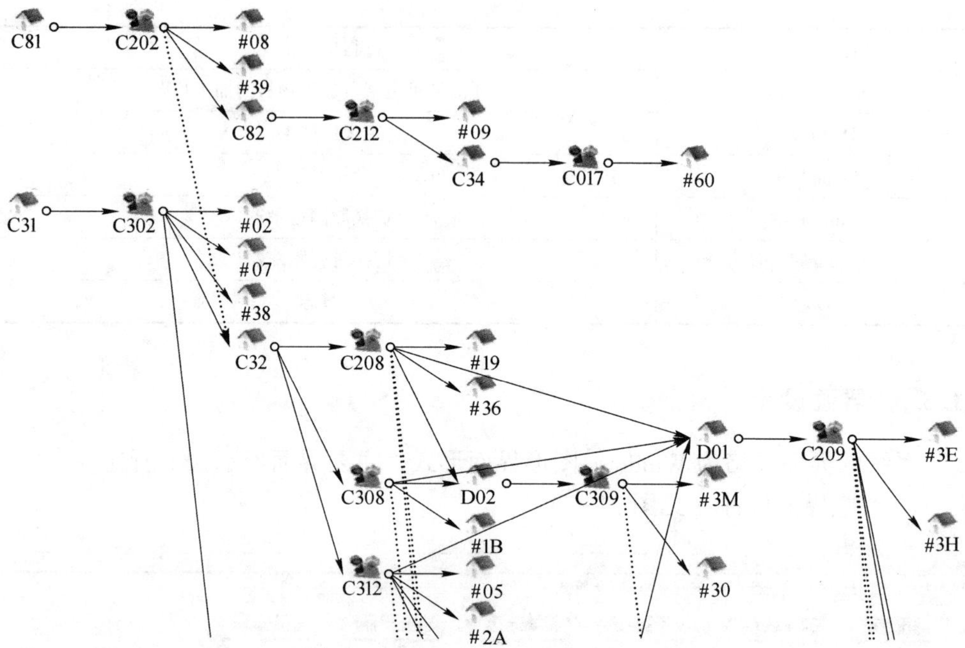

图 11-8　产线定义界面

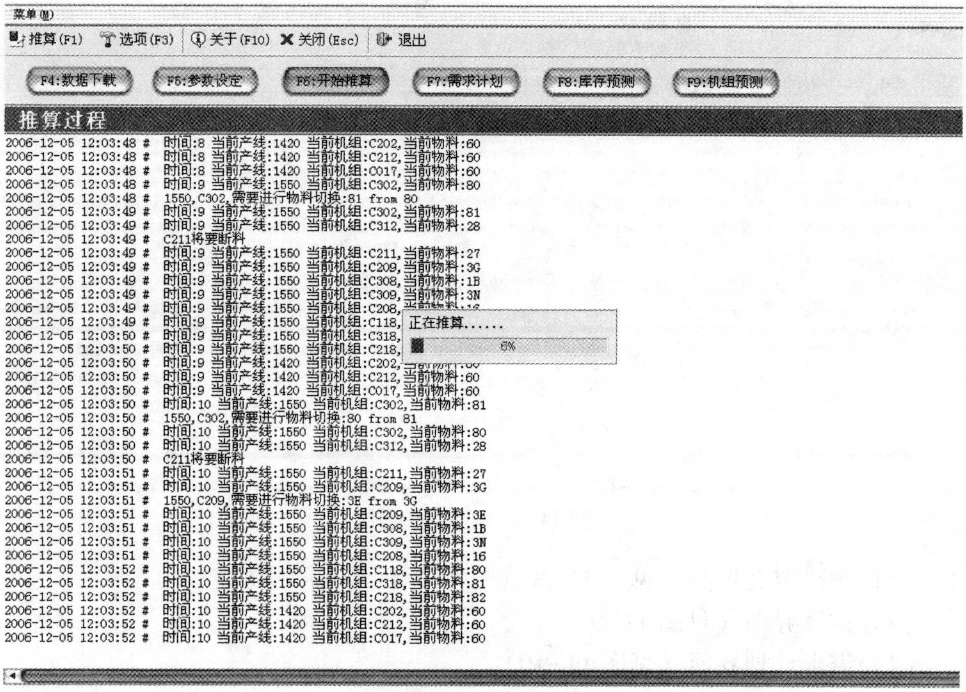

图 11-9　推算界面

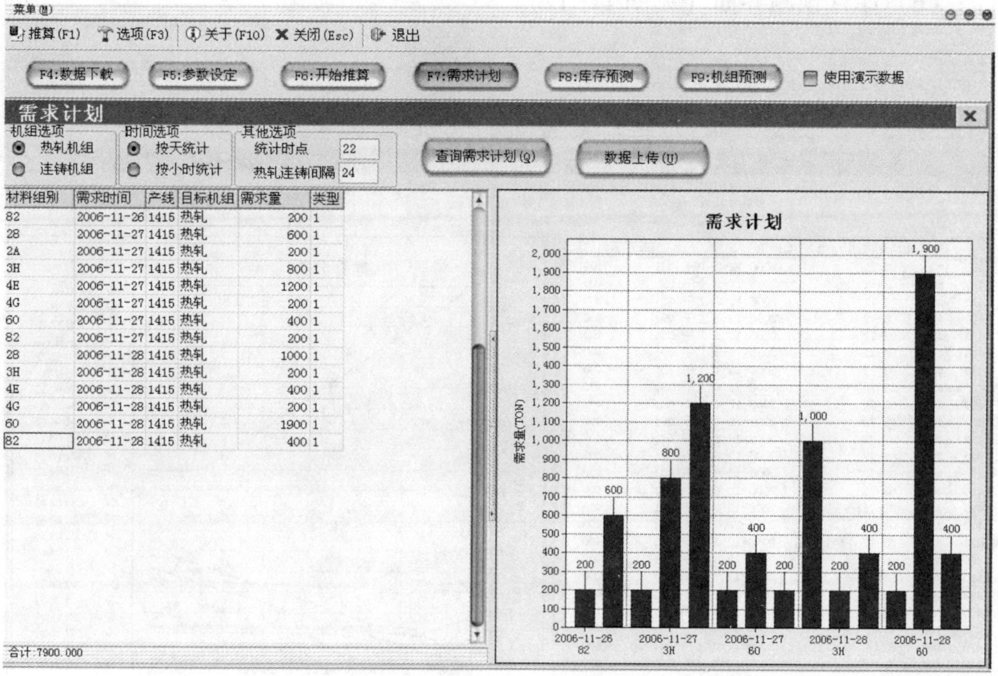

图 11-10　需求计划界面

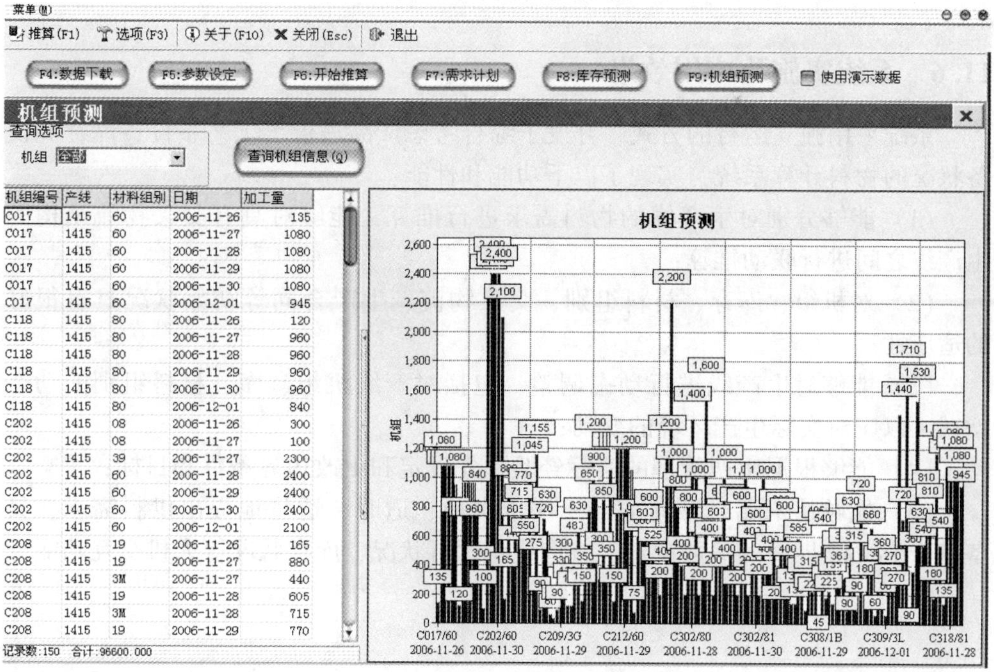

图 11-11　机组运行预测界面

（6）库存预测界面（见图 11–12）。

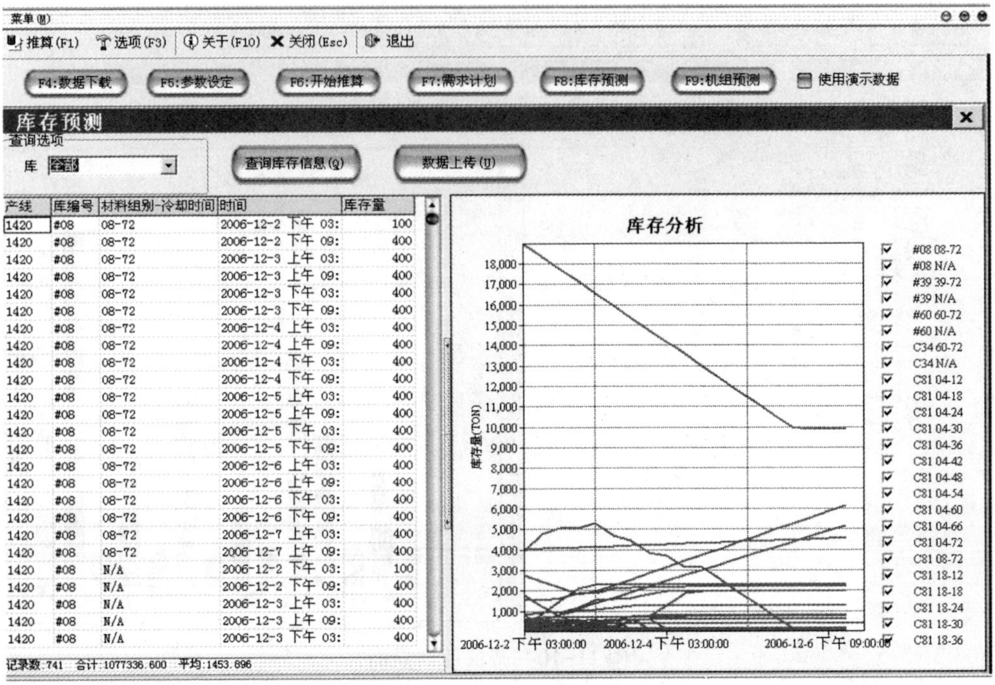

图 11–12 库存预测界面

11.6 系统实施及应用效果

系统采用独立运行的方式，开发了综合考虑产品需求、工艺条件、库存和设备状况的物料计算系统，实现了以下功能和性能：

（1）能够分别对生产线的物料需求进行推算，能够对具有交叉物流结构的生产线之间进行联动推算；

（2）对机组、库存、材料组别、交叉物流、生产合同等初始状况具有很好的适应性；

（3）能够对生产线进行动态调整，包括对产线机组、库、材料组别的动态增减，以应对实际生产环境的变动；

（4）能够根据生产管理的实际经验预先设定和更改边界条件和目标；

（5）能够从末端工序向前端工序依次地、适时、适量地提出供料需求，具备基于 Delphi 界面的参数设定、查询设备运行状况、库存状况等人机交互功能。

参考文献

[1] 潘震东，唐加富，韩毅．带货物权重的车辆路径问题及遗传算法［J］．管理科学学报，2007，10（3）：23~29.

[2] 马宇红，姚婷婷，张浩庆．基于分区的多配送中心多车型车辆调度问题与遗传算法设计［J］．科技导报，2013，31（02）：61~67.

[3] Ziauddin U，Daryl E. Localized genetic algorithm for vehicle routing problem with time windows［J］. Applied Soft Computing，2011，11（8）：5375~5379.

[4] Tan K C，Lee L H，Zhu Q L. Heuristic methods for vehicle routing problem with time windows［J］. Artificial Intelligence In Engineering，2001，15（3）：281~295.

[5] 邱雅君，宋国防．考虑碳排放因素的车辆路径问题研究［J］．物流技术，2012（13）：222~226.

[6] 雷兆明，王东东，廖文喆，等．Levy 人工蜂群在钢铁企业供应端的优化［J］．科学技术与工程，2016（28）：251~258.

[7] Kirby H R，Hutton，Quaid R W. Modeling the effects of transport policy levers on fuel efficiency and national fuel consumption. Transport research part D［J］. Transport and Environment，2000，5（3）：265~282.

[8] 史春阳，赵磊．同时取送货的车辆路径问题中的低碳研究［D］．北京：清华大学，2011.

[9] Montane F，Galvao R D. A tabu search algorithm for the vehicle routing problem with simultaneous pick-up and delivery service［J］. Computers & Operations Research，2006，33：595~619.

[10] 雷英杰，张善文．MATLAB 遗传算法工具箱及应用［M］．西安：西安电子科技大学出版社，2014：82~84.

[11] Ubeda S，Arcelus F J，Fanlin J. Green logistics at Eroski：A case study［J］. International Journal of Production Economics，2011，131：44~51.

[12] 李进，傅培华．具有固定车辆数的多车型低碳路径问题及算法［J］．计算机集成制造系统，2013，19（06）：1351~1362.

[13] 葛显龙，许茂增，王伟鑫．多车型车辆路径问题的量子遗传算法研究［J］．中国管理科学，2013，21（01）：125~133.

[14] Dror M，Trudeau P. Split delivery routing［J］. Naval Research Logistics，1990，(37)：383~402.

[15] 李进，傅培华，李修琳，等．低碳环境下的车辆路径问题及禁忌搜索算法研究［J］．中国管理科学，2015，23（10）：98~106.

[16] 张津．考虑碳排放的带时间窗约束的车辆路径问题研究［D］．重庆：重庆大学，2016.

[17] 张明轩．商品混凝土的应用技术［J］．山西建筑，2002，28（4）：80~81.

[18] 许克曼．基于遗传算法的商品混凝土车辆调度优化研究［D］．大连：大连海事大学，2012.

[19] MATSATSINIS. Towards a decision support system for the ready concrete distribution system：A case of a Greek company［J］. European Journal of Operational Research，2004，152（2）：57~79.

[20] 刘亚飞，刘晓婷，宋效凯，等. 多混凝土搅拌站协同供应模式及配送方案设计 [J]. 混凝土，2016，07：127~129，137.
[21] 郑武. 基于遗传算法的商品混凝土配送模型研究 [D]. 长沙：中南大学，2005.
[22] 吴晓尉. 基于蚁群算法的混凝土运输车辆调度方案 [J]. 混凝土，2009，12：123~125.
[23] 雷英杰，张善文. MATLAB 遗传算法工具箱及应用 [M]. 西安：西安电子科技大学出版社，2014.

第三篇　系统开发

流程工业制造执行系统（Manufacture Execution System）不仅是工厂内部的管理系统，而且在企业范围的信息集成中起着承上启下的关键作用。作为面向工厂的管理系统，MES 通过生产计划、生产调度、库存管理、质量管理、设备管理、物料跟踪等系统功能，对产品订单、质量、设备、资源等进行全面的动态管理；作为将 ERP 等系统与生产设备的控制系统相连接的神经系统，MES 将来自 ERP 系统的计划信息转化为指令下发到过程控制系统，并从过程控制系统中获得生产实绩数据，向 ERP 系统及时地提供生产实际状况信息。因此，本篇针对 ERP 层采用 SAP R3 系统的软件环境，论述了制造执行系统设计与实现上的关键技术，主要内容包括：

（1）在流程工业企业中，从订单投入到成品完成的整个生产过程是 MES 关注的焦点。本篇论述了在 ERP/MES/PCS 的三层结构下，MES 的系统整体架构、主要功能组成以及信息集成，能够实现生产计划体系、物流管理、质量管理以及原料库、中间库以及成品库管理。

（2）生产过程中，生产计划阶段和作业计划阶段都以生产订单为对象，论述了 ERP/MES/PCS 的三层结构下，生产线 MES 系统设计与实现上的关键技术，以来自 SAP ERP 系统的订单为主线，包括生产订单的转换与分解、产品与设备的指派、作业计划的制定等功能。

（3）在流程工业信息化建设过程中，库存管理系统的开发实施是关键性环节。本篇论述了 ERP/MES/PCS 的三层结构下，库存管理系统设计与实现上的关键技术。通过与 ERP，MES 的集成，能够对出/入库、配货、计量、发运等事关库存管理核心业务进行精确管理。

12 SAP R3 环境下的 MES

流程工业信息化的三层结构如图 12-1 所示。最上层是面向企业商务和计划的 ERP 系统，中间层是面向生产和执行过程的 MES 制造执行系统，最底层是面向生产过程和控制的 PCS 过程控制系统。

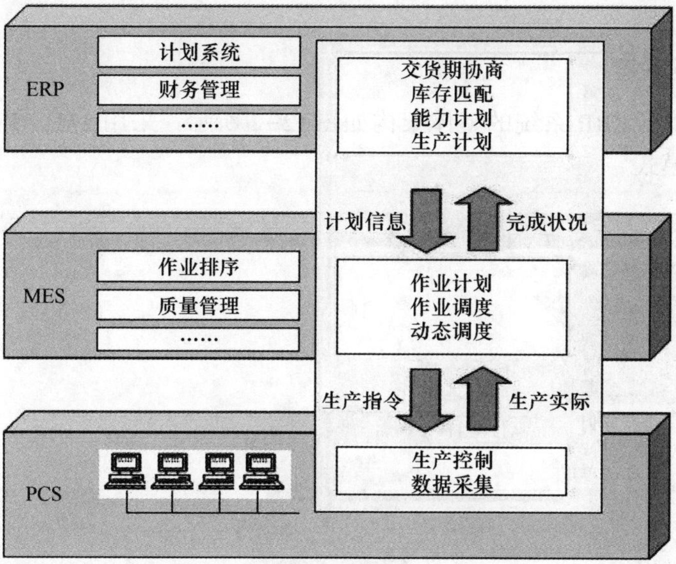

图 12-1 钢铁企业信息化的三层结构

（1）ERP 层：管理的重点是产品的订单、交货期等与顾客紧密相关的内容；作用是管理企业资源和销售服务、制定生产计划；计划期间长度是月、周等；管理范围是整个公司。ERP 层的计划系统在整个公司范围内，基于对顾客需求、生产能力平衡以及利润最大化等因素的综合考虑，制定长期和中期生产计划。

（2）MES（制造执行系统）层：包括生产作业计划、生产调度、设备管理、质量管理、物料跟踪等系统；管理的重点是产品生产的执行过程；作用是以分或小时为单位平衡整体的生产能力、对产品的制造过程进行跟踪，并介于 ERP 和 PCS 之间进行双方向传递信息；管理范围通常是整个工厂或整条生产线。MES 层的计划系统基于工厂内的详细状况，对产品交货期、生产工艺限制，生产顺序优化等进行综合考虑，制定生产作业计划、进行动态生产调度。

（3）PCS（过程控制系统）：包括 DCS（分布式控制系统）、DNC（分布式数控系统)、PLC、SCADA 等系统；管理的重点是生产过程的监控；其作用是以分、秒为单位监视生产设备运行，对生产过程进行控制；管理范围通常是某一特定的设备。PCS 层的控制系统通常可以承担数据采集、生产实绩反馈等 MES 的部分工作。

在流程工业企业中，从订单投入到成品完成的整个生产过程是 MES 关注的焦点。在这个过程中，涉及订单、工艺、质量、设备和生产等各种信息，计划与调度体系起着将这些信息紧密连接在一起的核心作用。因此，图 12-3 所示的三层结构在界定 MES 的范围和位置的同时，把计划与调度体系作为连接 ERP 层、MES 层以及 PCS 层中的各种系统的主线，强调其在钢铁企业生产信息循环中的核心作用。

12.1 系统架构

SAP 环境下 ERP 系统的整体架构如图 12-2 所示，采用 SAP APO+SAP ERP+MES 系统的模式。

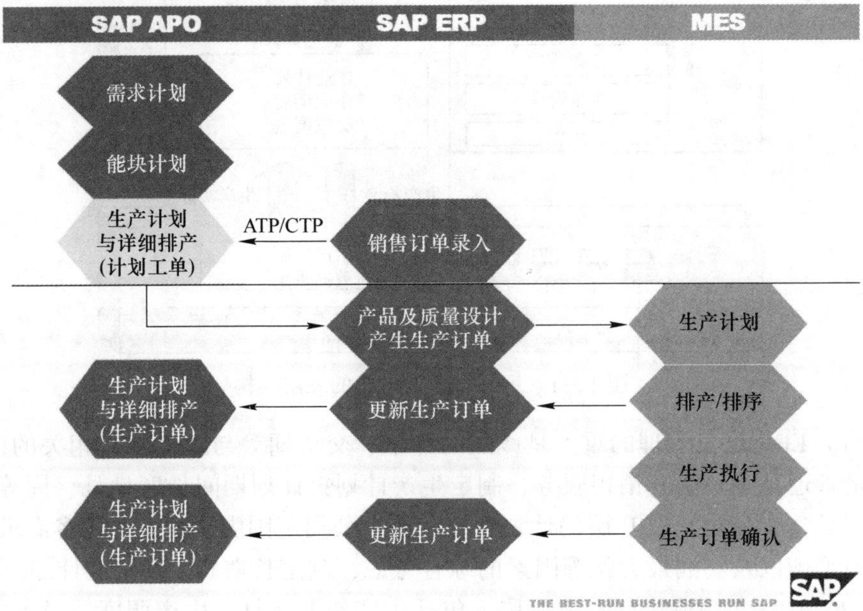

图 12-2 ERP 系统整体架构

12.2 系统功能

如图 12-3，MES 系统包括各个生产厂 MES 和成品库管理系统三部分，在体系结构中处于 L3 级，分别需要与处于 L4 级的 SAP ERP 和处于 L2 级的二级过程控制系统实现信息集成，起着承上启下的作用。同时也需要与同样处于 L3 级的

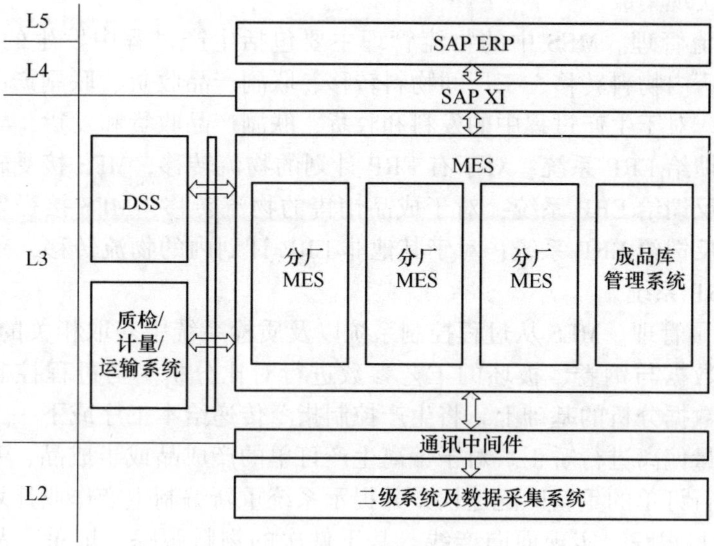

图 12-3 MES 系统架构

数据支撑系统、质检系统、计量系统和运输系统等实现信息交互。MES 具体功能构成如图 12-4 所示。

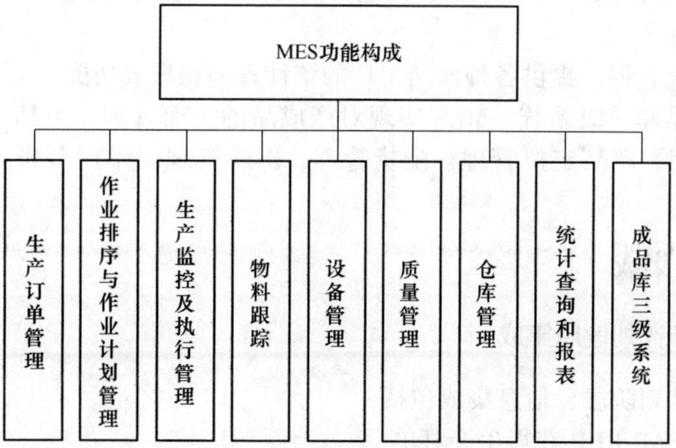

图 12-4 MES 功能构成

（1）生产计划体系。生产计划体系功能是 MES 的核心所在，包括生产订单管理、作业排序与作业计划管理、生产监控与执行管理。MES 接受 ERP 的生产订单，进行产线和机组的作业排序，将作业计划下达到二级系统，监控生产执行过程，实时调整作业计划；MES 从二级系统、质量系统获得生产实绩，进行质量分析和订单匹配；MES 向 ERP 反馈作业计划、订单完成和生产实绩等信息。生产计划体系功能需要与 ERP 的生产计划体系实现集成，同时也需要与产线的二级控制系统实现集成。

（2）物流管理。MES 中的物流管理主要包括生产过程中发生的生产投料、生产收货、厂内物料转移、工厂间物料转移、联副产品收货、联副产品发货、产成品发货等。对于生产过程中的发料和收货、联副产品收货和发货，MES 记录这些信息并反馈给 ERP 系统；对于有 ERP 计划的物流转移，MES 接受转移指令并将执行结果反馈给 ERP 系统；对于成品销售的物流转移，MES 接受发货指令并将执行结果反馈给 ERP 系统；对于其他非 ERP 计划内的物流转移，MES 在发生时反馈给 ERP 系统。

（3）质量管理。MES 从过程控制系统以及质检系统中获取相关的质量数据，通过将这些数据与钢卷、板坯的工艺参数进行对比分析。与过程控制系统相结合，在质量数据分析的基础上，将生产控制指令传递给本工序或下一工序的二级系统，对质量偏离进行矫正。对于偏离生产订单的产成品或半成品，基于质量分析的结果进行订单的重新匹配建议，并提示系统重新编制生产作业计划。

（4）物料跟踪。实现面向产线，基于件次的物料跟踪，记录产品在各工序点的流转过程以及各工序当前物料处理状态，形成两维物料跟踪体系，形成生产中完整的物料生命周期档案。

（5）仓库管理。MES 提供对于原料、半成品的仓库管理，完成基本的出入库、库位、库位调度、库存状态等功能，同时还要根据库存容量等信息影响到作业计划的编制。

（6）报表查询。提供各种面向工厂的统计查询和报表功能。

（7）成品库三级系统。MES 实现对产成品的全面管理，包括：成品入库管理、库位管理、产品定位管理、配货管理、出库管理、库存台账和库存统计的功能。

12.3 信息集成

12.3.1 生产计划信息集成

在生产计划阶段，信息集成包括：

（1）从 SAP ERP 获得生产订单；

（2）接受 SAP ERP 的订单修改、删除和关闭；

（3）触发 SAP ERP 生成新的生产订单；

（4）将产线作业计划提交给 SAP ERP；

（5）将产线作业计划提交给上一道工序的 MES（DSS）系统；

（6）将作业指令下达给各产线的二级系统。

SAP ERP 系统所实施的计划体系，是集成 PP 模块和 APO 模块构建，其完成的主要工作包括：制定中长期计划；将销售订单重组合并形成短期计划的生产订单；生产订单的时间单位面向若干天；生产订单内容主要面向产量和交货时间安排；生产订单的组织考虑产能匹配；接收下游产线生产计划的排定情况，反馈给下游产线作为其计划依据。

由于在作业计划的编制阶段需要在各产线之间进行协调，因此下游产线的作业计划应该提交给 SAP ERP（或者同时直接提交给上游产线的 MES）。有关各产线生产计划阶段信息集成的具体描述，参见后文中产线 MES 功能详细描述，见图 12-5。

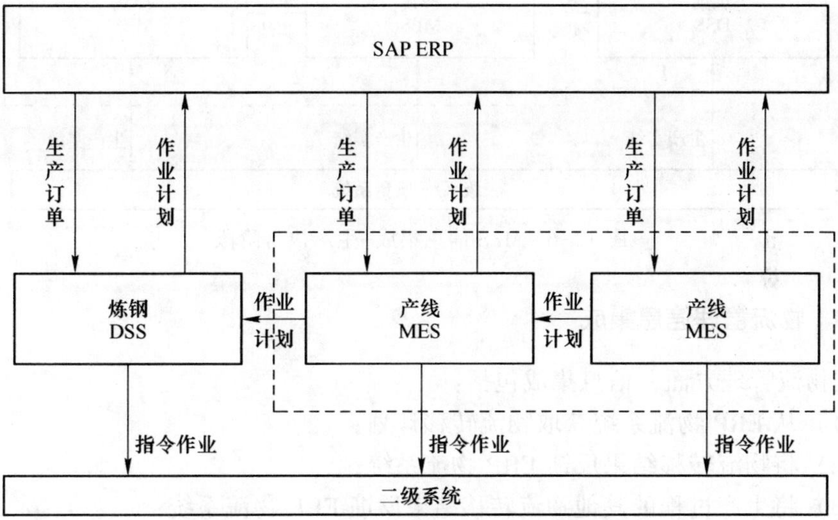

图 12-5 MES 信息集成-生产计划阶段

12.3.2 生产执行信息集成

在生产执行阶段，信息集成包括：

（1）从二级系统采集生产实绩信息；

（2）从质量系统获取质量信息；

（3）向 SAP ERP 提供生产实绩和订单完成信息；

（4）向 SAP ERP 提供生产发料、收货信息；

（5）向下游产线提供生产实绩信息。

在生产执行阶段，下游产线需要了解上游产线的生产执行状况，以便在必要时实时调整作业计划。因此，上游产线需要将生产实绩提供给下游产线。有关板材区各产线生产执行阶段信息集成的具体描述，参见后文中各产线功能描述，见图 12-6。

MES 的仓库管理模块需要从外部的发运系统获取发运计划，以便进行配货装车。

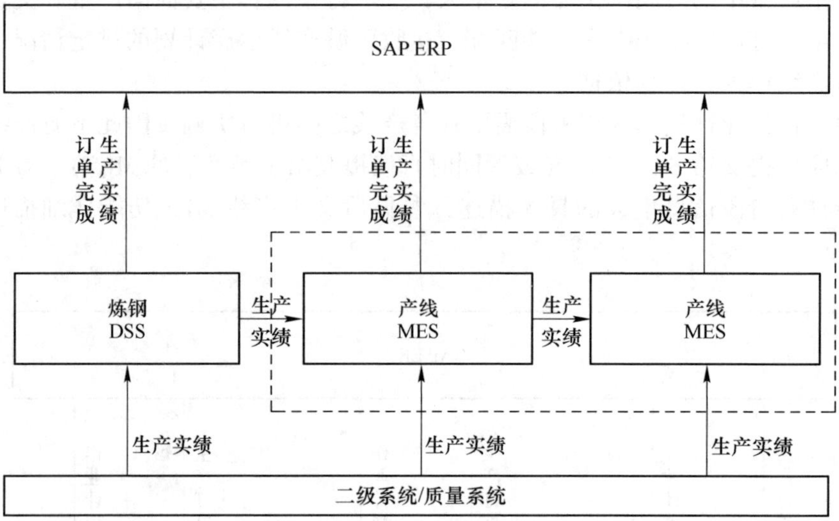

图 12-6　MES 信息集成-生产执行阶段

12.3.3　物流管理信息集成

在物流管理方面，信息集成包括：

（1）从 ERP 物流系统获取物流转移计划；

（2）将物流转移结果反馈 ERP 物流系统；

（3）将生产过程的其他物流转移结果反馈 ERP 物流系统；

MES 向 ERP 物流系统反馈的物流转移信息将触发 ERP 记账，见图 12-7。

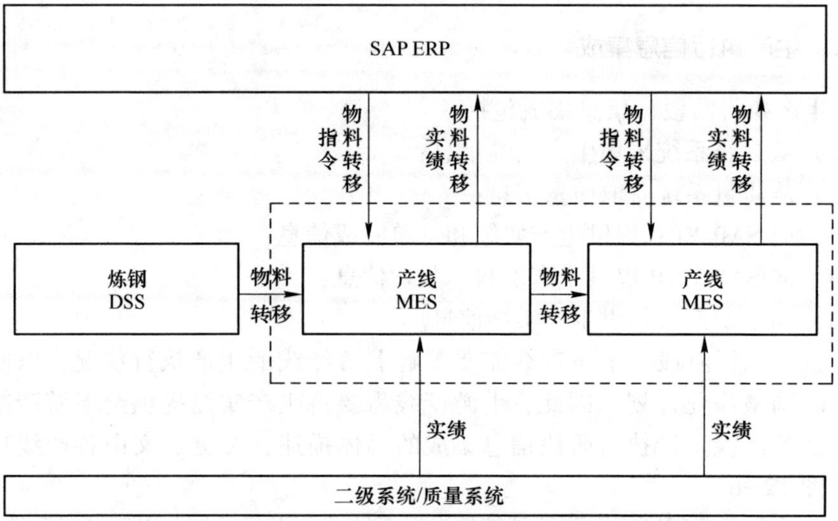

图 12-7　MES 信息集成-物流管理

12.3.4 销售发运信息集成

在销售发运方面，信息集成包括：

（1）从 ERP 销售系统获取发货指令计划；

（2）将发货实绩反馈 ERP 销售系统；

（3）接受 ERP 系统的退货入库信息；

（4）从 ERP 物流系统获取物流转移计划；

（5）将物流转移结果反馈 ERP 物流系统；

（6）将生产过程的其他物流转移结果反馈 ERP 物流系统；

MES 向 ERP 销售和物流系统反馈的信息将触发 ERP 记账，见图 12-8。

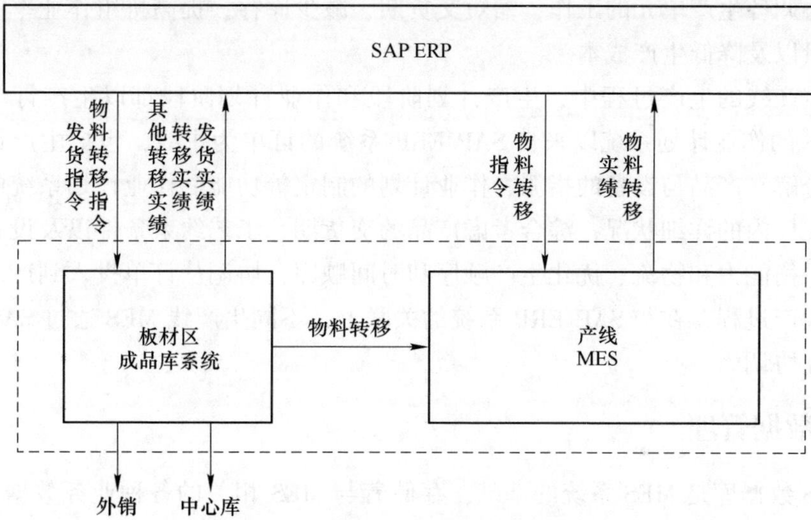

图 12-8 MES 信息集成-销售发运

13　生产线 MES 功能设计

复杂流程工业生产线往往是带有有限中间库、多机并联的半连续性流程式生产线，每道工序前后都有临时放置场（中间库），而各工序会有多台相同或不同型号的并行作业机组。产线 MES 所控制的对象是物流，包括原料、半成品和成品，最根本的目的是为生产管理者和操作人员提供一个工作平台，通过优化生产次序、协调各生产单元的工作，缩短交货期、减少库存、提高机组作业率、保证产品质量以及降低生产成本。

在生产线的生产过程中，生产计划阶段和作业计划阶段都以生产订单为对象，MES 的作业计划系统以来自 SAP ERP 系统的订单为主线，包括生产订单的转换与分解、产品与设备的指派、作业计划的制定等功能。作业计划系统的作用是基于工厂内的详细状况，综合考虑产品的交货期、工艺约束条件以及设备的可用性，平衡能力和物流、优化生产顺序和时间顺序，协调从订单投入到产品完成的整个生产过程，在与 SAP ERP 系统的关联上，不同生产线 MES 通过 SAP ERP 系统相互协调。

13.1　数据管理

MES 数据库是 MES 系统的基础，存储着与 MES 相关的各种业务数据。MES 数据库包括两个数据中心，即生产计划数据库和仓库数据库。

生产计划数据库包含了如下的数据信息：

(1) 生产订单数据；

(2) 作业排序数据；

(3) 生产计划数据；

(4) 生产实绩数据；

(5) 质量数据；

(6) 设备数据。

仓库数据库包括如下的数据信息：

(1) 原料库数据；

(2) 中间库数据；

(3) 成品库数据。

13.2 生产订单管理

SAP系统下达生产订单，生产订单的范围是对若干天内的计划产量进行统计组合，对于同一产品下达一份生产订单，或是根据销售的需要单独为指定产品下达生产订单。针对ERP系统下达的生产订单，MES中的生产订单的管理模块，通过与SAP系统集成，提供以下功能（见图13-1）。

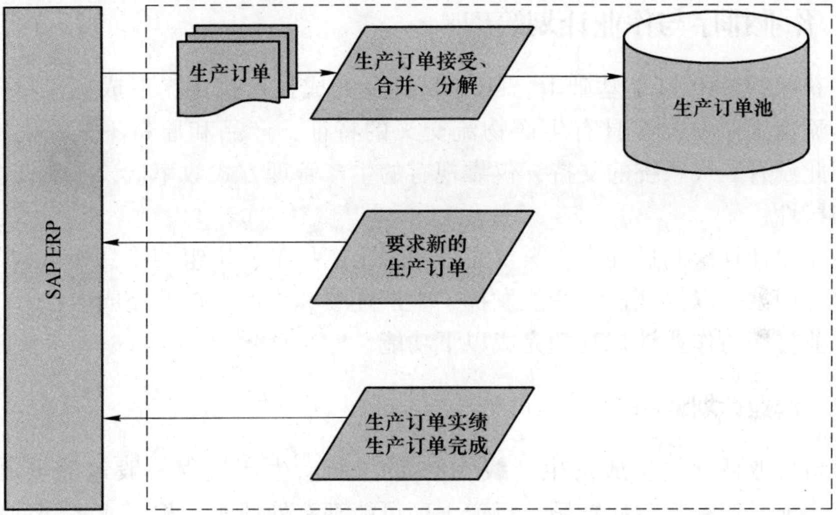

图13-1 生产订单管理

（1）接收生产订单。MES接收ERP系统下达的生产订单。生产订单是对若干天内的计划产量进行统计组合，对于同一产品下达一份生产订单，或是根据销售的需要单独为指定的产品下达生产订单。MES接收这些生产订单作为排产的依据。MES使用订单池的概念来管理生产订单。

（2）生产订单转化。MES将接收到的生产订单转化为自己需要的数据格式，转化后的生产订单才能用于作业排序。

（3）生产订单的合并分解。由于来自ERP的生产订单并不能和实际生产排序所需的生产单元相对应，因此出于工艺等方面的考虑，需要将生产订单进行拆分或者合并。

（4）生产订单反馈。MES不仅仅单方面接收ERP的生产订单，MES还要向ERP反馈订单的执行状态等。MES向ERP请求需要的新生产订单，将未完成的生产订单退回到ERP系统以便重新计划，将已经完成生产的生产订单反馈给ERP。

（5）生产订单编辑。MES提供手工编辑生产订单的功能，操作人员可以手工增加生产订单。这一功能在特殊下才允许使用。

（6）生产订单完工确认。MES 对生产下线的成品按照生产订单进行完工确认。

（7）生产订单发料、收货。MES 对生产下线产品的发料、收货数据上传 ERP 系统。对于发料、收货的差异按照生产订单进行定期的摊销和调整。

（8）联副产品的收货。MES 将联副产品的收货信息上传 ERP，并且定期进行差异调整。

13.3 作业排序与作业计划管理

在获取的 SAP 订单基础上，MES 系统要完成排产排序，形成各工序的作业计划。流程工业中大多具有生产物流交叉的特征，产品和原料不是一对一的关系，因此没有三级系统的支持，仅靠现有的生产管理方式效率低，不利于保证生产的连续性。

在作业计划编制过程中，需要充分考虑生产批量、机组切换、库存限制、机组能力等因素，以保证机组产能发挥、生产连续和生产订单的完成。

作业排序与作业计划管理完成以下功能。

13.3.1 作业计划编制

机组作业计划的生成是生产线 MES 的关键。生产过程一般包括多道工序，每道工序前后均有临时放置场，每道工序可能都有处理能力相同或不同的作业机组。这样，机组作业计划的生成变得十分复杂，要考虑机组能力、机组工艺约束、产品特征、机组切换、合理中间库存量以及整个生产线的负荷均衡和物流均衡等众多约束，见图 13-2。

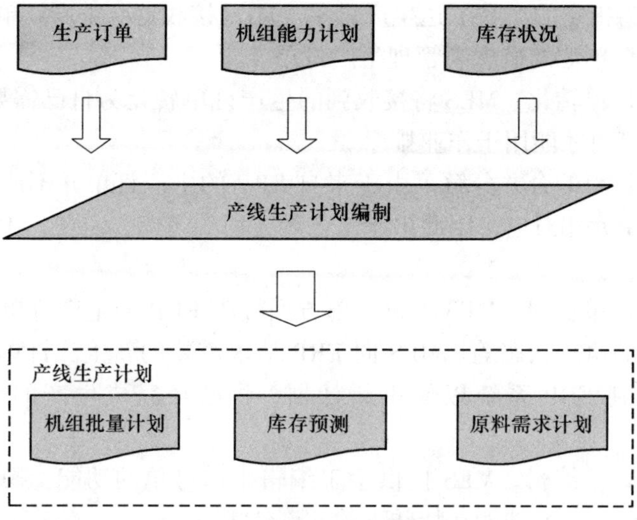

图 13-2 生产计划编制

依据从ERP接受到的生产订单，并结合原料库、中间库和成品库的库存状况，考虑机组能力平衡、工艺约束，生成作业计划，即在一定期间（比如：若干天）内的总体生产计划。作业计划编制是一个滚动的过程，即在任何一个时刻都可能存在已经被冻结的计划（已下达或正在执行）。根据作业计划，同时兼顾原料库内已有的原料、外购或是在原料无法满足的情况下，向上游产线提出原料需求计划。

生产计划包括：机组批量计划（见图13-3）、原料需求计划（见图13-4）和库存预测（见图13-5）。

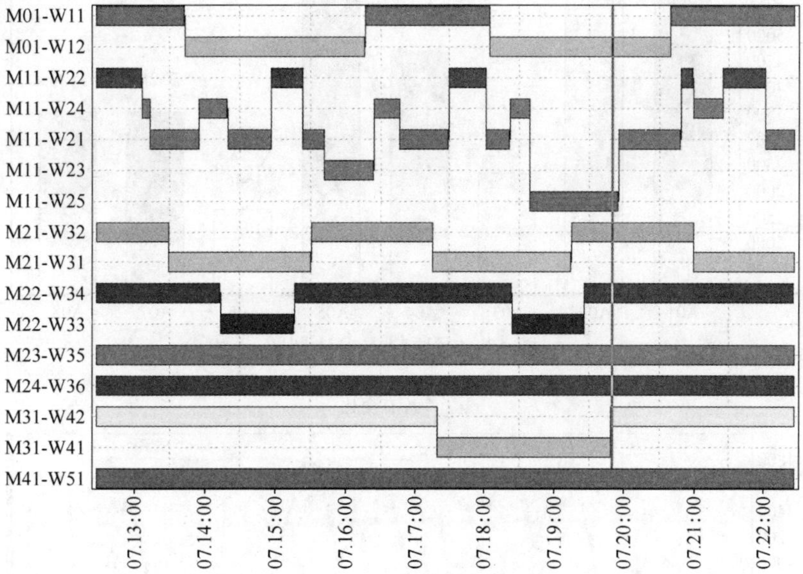

图13-3 机组批量计划图

在获取的SAP订单基础上，MES系统要完成排产排序，形成各工序的作业计划。在生产线MES的内部，作业排序与作业计划管理模块从订单管理模块接收生产订单，编制生产作业计划，并根据来自动态生产调度系统的反馈信息调整作业计划。

13.3.2 作业计划调整

操作人员可以对机组作业计划进行认为的调整，以得到满意的作业计划。

当机组能力、库存、供料等发生变化时，操作人员也可以通过人机交互来调整作业计划。

13.3.3 紧急作业计划

当生产的执行过程中，在生产或设备出现异常的情况下，能够重新编制紧急作业计划。

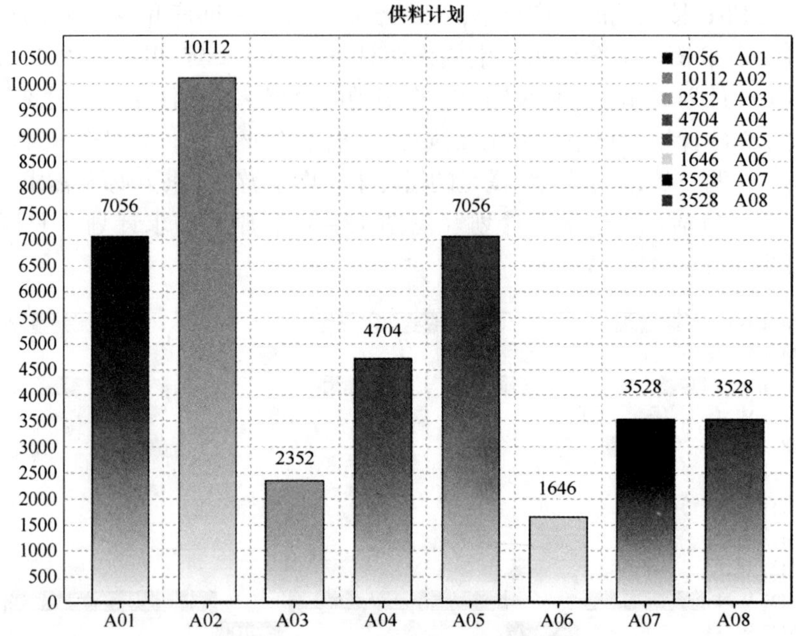

图 13-4 原料需求计划图

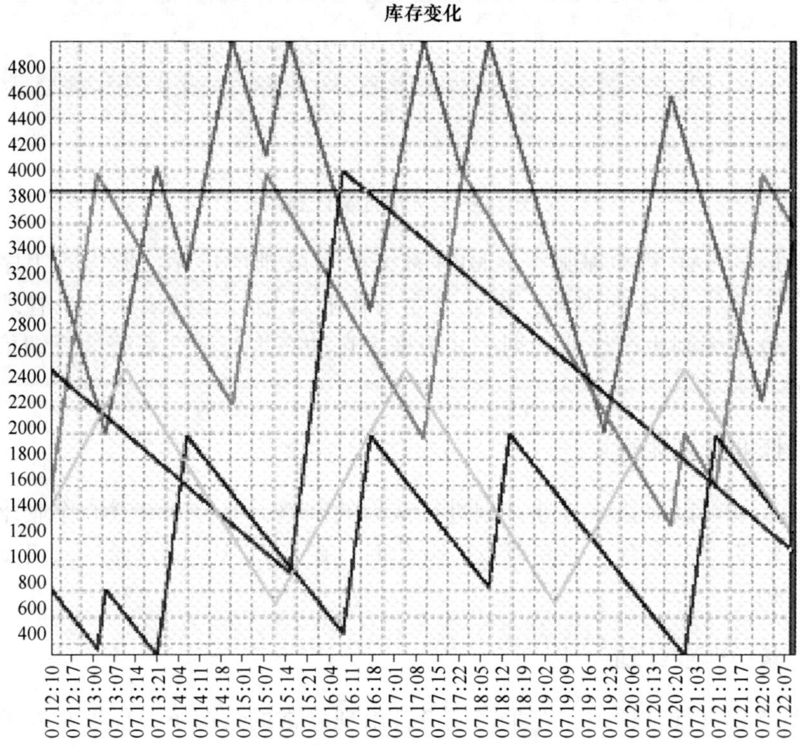

图 13-5 库存预测图

13.4　生产监控及执行管理

在产线 MES 中，生产监控和执行管理模块提供以下功能：

（1）监控产线运行状况，各工序都能够直接有效地获取相关工序的当前生产执行情况；

（2）监控相关产线的生产执行情况，在发生意外和执行问题的情况下，能够提出预警；

（3）监控设备状态和人员操作情况；

（4）将生产监控信息传递给相关产线，如炼钢；

（5）生产实绩数据的收集；

（6）生产过程信息记录；

（7）生产执行意外处理，必要时提交计划模块编制新的作业计划；

（8）生产操作人员操作指令下达。

13.5　物料跟踪

在 MES 中，物料跟踪模块提供以下功能（见图 13-6）：

（1）对于生产过程中的主要产成品—半成品—成品进行统一的基于件次的编号，编号应遵循一定的体系，体现相应的物料匹配和流转逻辑；

（2）在各工序节点记录物料，形成生产与物料的匹配；

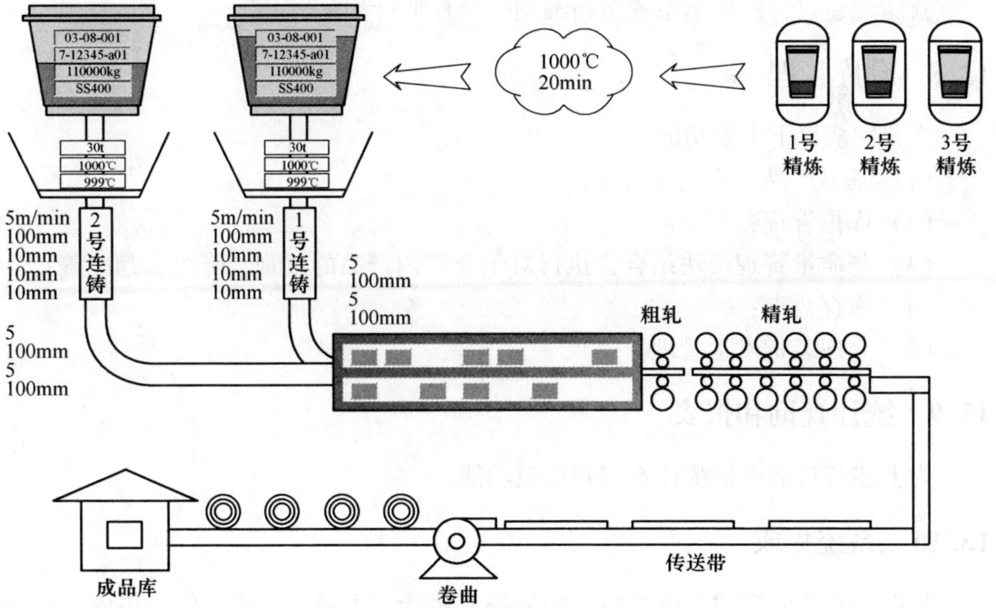

图 13-6　物料跟踪模块

（3）记录各物料的状态变化，形成物料生产过程中的生命周期管理；

（4）对于生产过程中的各种副产品，记录其基本数量和状态信息。

13.6 设备管理

在产线 MES 中，设备管理模块要完成以下功能：

（1）主数据管理：记录关键设备以及相关机架、轴承等备件和工具的基本信息管理；

（2）设备库管理；

（3）设备调度管理：对于设备的配置、安装、维护、更换、报废等过程进行统一的调度操作。调度操作有必要与设备的状态信息结合来执行操作；

（4）调度监控：以图形化的方式显示当前产中各种设备的分布和使用情况。

13.7 质量管理

在 MES 中，质量管理模块完成以下功能：

（1）生产线从过程控制系统以及质检系统中获取相关的质量数据，通过将这些数据与产品的工艺参数进行对比分析，将相关信息提供给生产操作人员。

（2）与过程控制系统相结合，在质量数据分析的基础上，将生产控制指令传递给本工序或下一工序的二级系统，对质量偏离进行矫正。

（3）对于偏离生产订单的产成品或半成品，基于质量分析的结果进行订单的重新匹配建议，并提示系统重新编制生产作业计划。

13.8 仓库管理

主要完成以下主要功能：

（1）基本产品入库出库管理；

（2）库位管理；

（3）与质量管理模块结合，执行对于仓库内产品的改判、降级、判废等；

（4）库存盘点；

（5）仓库装货发运管理。

13.9 统计查询和报表

为上述各功能提供统计查询和报表功能。

13.10 系统集成

从以上的功能描述可以看出，MES 系统将会与大量系统进行信息集成。对于多阶段混合式流程生产过程，在制造执行层中应该包含不同生产阶段、具有不同工艺特点的多个 MES 系统。把这些 MES 系统与 ERP 层以及 PCS 层的各种系统连成一体的关键是信息的集成。生产线 MES 系统提供的主要信息集成功能包括(见图 13-7)：

（1）与 SAP 系统：目前 ERP 系统的整体结构是以 XI 中间件作为统一的通讯机制和平台，因此产线 MES 系统通过 XI 与 SAP 系统进行信息交互。

（2）与过程控制系统集成：产线 MES 系统要与使用中的过程控制系统完整集成，从过程控制系统中获取各种生产过程和状态信息，同时 MES 系统通过对相关参数和工艺模型的分析，形成生产指令发送给过程控制系统。

（3）与其他 MES 系统：产线 MES 系统要与其上下游生产线 MES 系统进行交互，包括计划阶段的信息交互和生产执行阶段的信息交互。

（4）与质检、计量、运输系统信息交互：获取质检信息，计量结果（特别是针对原料投料和各种副产品的重量信息），以及调度产品的发运计划和装车过程。

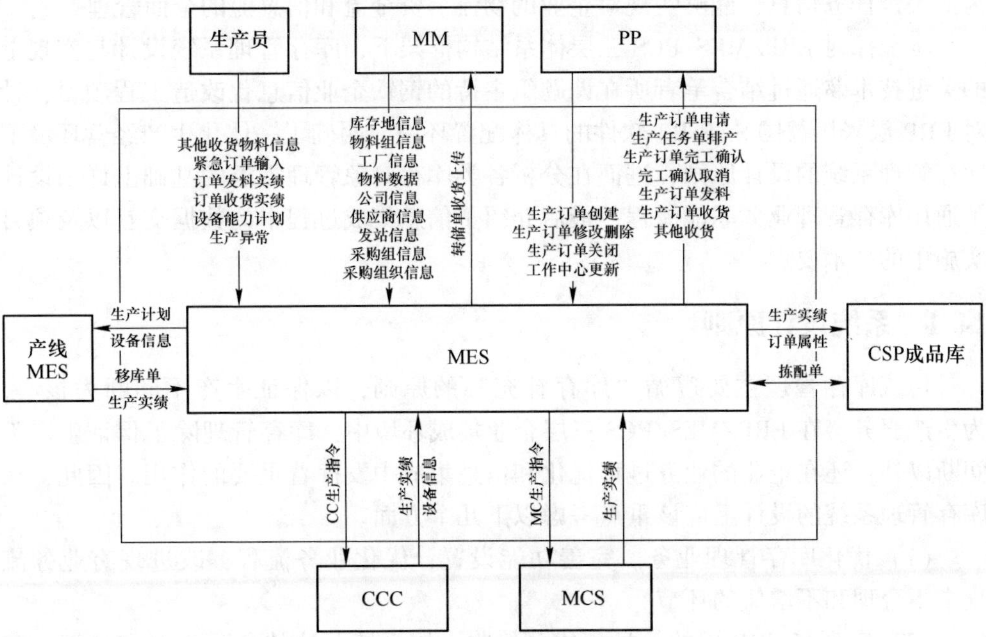

图 13-7 MES 系统集成

综上所述，生产线 MES 的信息集成功能主要体现在以下三个方面：

（1）在信息化的层次结构中承上启下、联结 SAP/ERP 和 CSP 二级系统，进行垂直方向的信息集成；

（2）在生产流程关联中连接左右，在与供应环节 MES、交付环节 MES 之间，进行水平方向的信息集成；

（3）在 MES 内部的各个功能之间进行信息集成。

14 库存管理系统功能设计

库存管理作为企业物流控制的核心，是协调企业生产过程、实现产销一体化的重要环节，对于保证生产连续、稳定运行，提高准时交货能力，加速企业资金周转发挥着巨大作用。针对制造业仓储管理，文献通过扩展传统库存的概念，提出了“广义库存”管理模式。由于钢铁企业的主流产品具有质量重、体积大等特点，对在制品库存和成品库存的管理显得更为重要，并具有不同的业务需求及特点。从ERP实施的角度来看，通过库存管理系统在供应链中提供有关产品行为的关键任务信息，能够实现对企业的物流、资金流和信息流的全面管理。

本节探讨ERP/MES/PCS三层体系结构框架下，库存管理系统设计与实现上的关键技术。通过结合笔者所在课题组主持的钢铁企业信息化改造工程项目，针对ERP层采用德国SAP R3软件的具体配置环境，明确了一体化生产经营环境下库存管理系统的设计原则，进而在分析各类库存对象管理需求的基础上详细设计了通用库存管理业务职能流程，最后介绍了信息集成过程中的数据交互以及项目实施中的技术要点。

14.1 系统设计原则

传统库存管理主要遵循“库存补充”的原则，以保证生产不间断为核心，为生产服务。在ERP/MES/PCS三层企业集成环境中，库存管理除了保证生产不间断以外，还在企业的业务过程优化和信息集成中发挥着重要的作用。因此，在库存管理系统的设计上应该重点考虑以下几个方面。

（1）优化库存管理业务。完善功能设置，优化业务流程，改进现有业务流程中不合理和不增值的环节。

（2）实现与ERP层的信息集成。接收上层系统下达的各项指令和计划，完成相应操作；同时将系统发生的物流转移结果及时向上层反馈。

（3）实现与MES层的数据交互。通过与各模块的实时通信，能够保证业务数据的高度准确与共享，实现物流与信息流的一致。

14.2 系统功能设计

SAP R3是一个基于C/S模式的ERP软件系统，共包含12个功能模块，其中直接与库存管理系统发生业务联系的有：销售和分销（SD）、质量管理（QM）

以及物料管理（MM）等模块。

基于上述库存管理系统设计原则以及 SAP R3 系统的具体结构，根据原材料、在制品以及产成品等各类库存对象在管理需求方面的特点，笔者设计了如图14-1所示的库存管理系统业务流程。其中包括入库管理、库存管理、配货管理、出库管理、计量管理、调度管理、统计分析以及权限管理等模块。

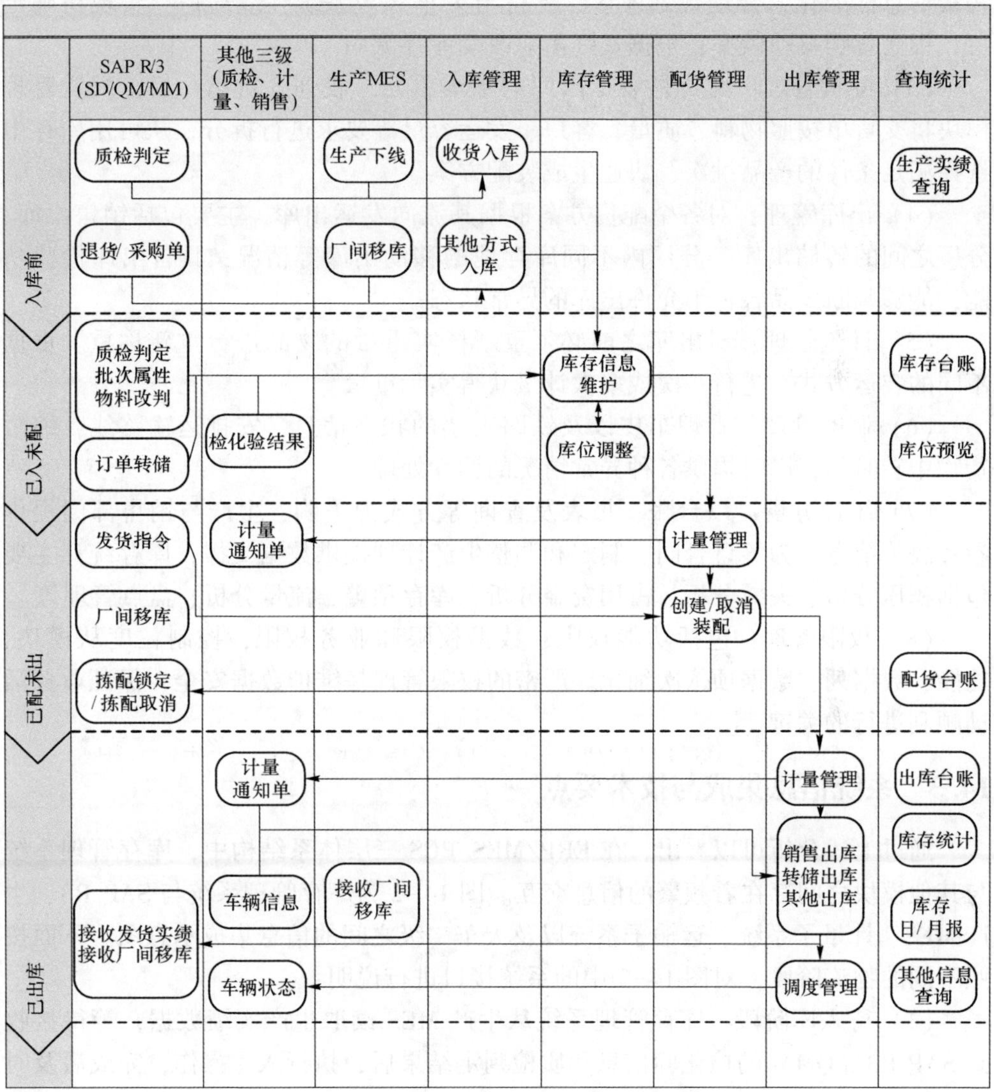

图 14-1 库存管理系统业务职能流程图

（1）入库管理：根据交货单据对待入库物资进行核实接收，根据物料来源不同，入库方式可以分为以下 4 种。

1）生产入库：根据生产入库单，接收下线产品；

2）原料入库：根据采购凭证，经过审核收货并检验合格后确认入原料库；

3）退货入库：根据退货交货单将已销售的产成品回收入成品库；

4）移动入库：根据移库单办理各分厂不同库存地之间的移动入库。

（2）库存管理：对即时库存进行有效管理，主要包括规范物料编码，实现物资信息标准化；合理规划库区、支持与天车二级系统在线通信，实现精确定位，提高货物移动效率；根据实际需要改变库存流向。

（3）配货管理：配货是装运出库的基本单元，收到发货指令后，配货管理模块将交货单按照物料、质量、客户、发运容量等要求进行拆分，从可用库存中选择满足条件的产品批次，快速生成装配方案。

（4）出库管理：对各个配货方案根据其流向发运出库，主要包括销售出库、分厂之间的转储出库、分厂内不同库存地的移动出库等情况；具备出库检验功能，能够判断产品各种不允许出库的异常状态。

（5）计量管理：对出库之前必须重新核实重量的物品进行重新称重。根据不同的装运方式，进行一次或多次计量获得实际重量。

（6）调度管理：管理车皮以及铁路大票的状态信息，安排运输路线，缩短货物中转时间；同时提供各种异常情况的调度处理。

（7）统计分析：以台账、报表及查询等方式为采购、生产与销售部门提供参考决策信息，为签订合同、制定和调整生产计划提供数据支撑；库存统计主要包括积压分析、失效分析、占用资金分析、库存预警、流量分析、盘点管理等。

（8）权限管理：包括功能权限、数据权限和业务权限，控制粒度从模块、功能、数据列、数据项依次细化。严密的权限管理是维护数据安全、保证业务活动顺利进行的关键。

14.3　系统信息集成与技术要点

通过上述分析可以看出，在 ERP/MES/PCS 三层体系结构中，库存管理系统与其他模块之间存在着频繁的信息交互。图 14-2 为库存管理系统与 SAP R3、生产 MES、计量子系统、运输子系统以及天车二级之间的信息集成示意图。下面按照不同的物流阶段，对图 14-2 中的系统接口进行说明：

（1）待入库阶段：库存管理系统从生产 MES 读取生产实绩数据，等待接收到 SAP R3（QM）的检化验信息和质检判定结果后，执行入库操作，完成后及时向 SAP R3（MM）反馈移动信息。

（2）在库阶段：库存管理系统通过向天车二级下达定位指令，准确管理产品位置信息；通过接收 SAP R3（SD）的订单转储指令，更改产品去向。

（3）装运阶段：库存管理系统接收到 SAP R3（SD）下达的发货指令后，按照装配单将产品装车，同时触发 SD 模块锁定相应批次。

(4) 出库阶段：产品出库之前，库存管理系统从计量子系统取得货物的实际重量，向运输子系统申请可用车辆并获得车辆状态和铁路大票信息；发运出库时，销售产品经过批次验证向 SAP R3（SD）上传发货实绩，触发财务过账结算；企业内部的物料转储将数据信息写入相应生产三级。

从图 14-2 可以看出，通过大量外部数据接口，库存管理系统与 SAP R3 以及其他 MES 模块之间实现信息集成，因此数据接口的设计是系统开发中的关键要点之一，接口必须具备高可信通信机制，能够有效规避网络拥塞导致的延迟丢包。本书案例将数据接口单独划分为功能模块，通过分别管理接口数据与核心业务数据控制信息的合法访问，实现技术采用 SAP XI（Exchange Infrastructure）通讯组件，发送信息时从接口数据库中取出待发送数据，进而通过调用本地动态链接库文件 SENDDATA. DLL 将数据封装为 XML 格式插入 XI 数据发送队列，实现 SAP 系统和非 SAP 系统的信息交互。

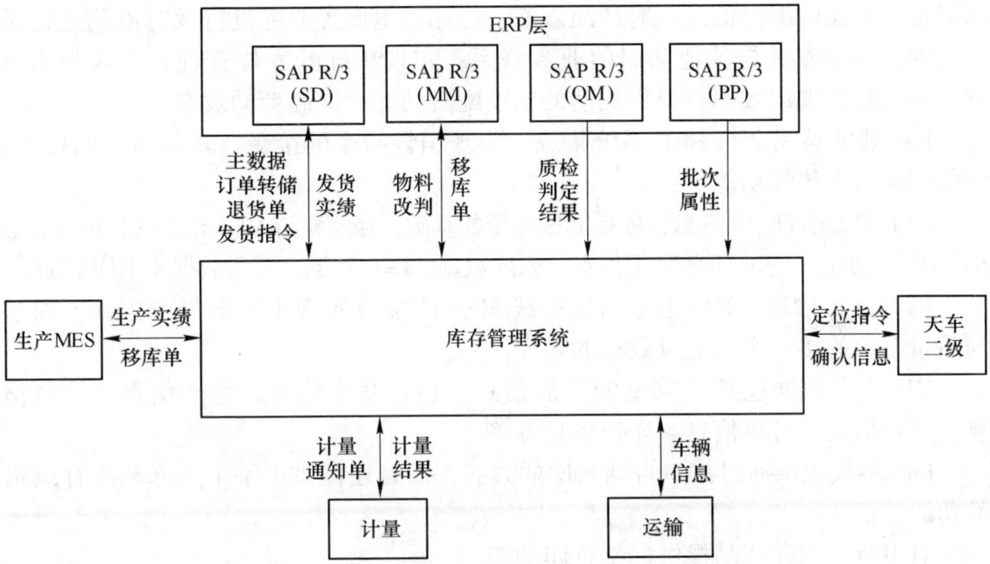

图 14-2 库存管理系统与其他子系统的信息集成

此外，库存管理系统具有用户众多、业务量大、实时性高等应用特点，因此如何控制并操作，维护数据一致性是开发过程中应注意的另一要点，本书案例实现界面操作与业务功能相分离，界面程序用于提供人机交互与参数传递，核心功能则通过调用存储过程、定义 Job 与 Trigger 等方法实现，采用 Oracle 的事务处理控制并发操作，保证系统内数据一致性和系统间数据同步，这种实现方法同时提高了软件的可维护性与通用性。

14.4　功能描述

成品库管理系统（Inventory Management System，IMS）的功能结构如图 14-3 所示。

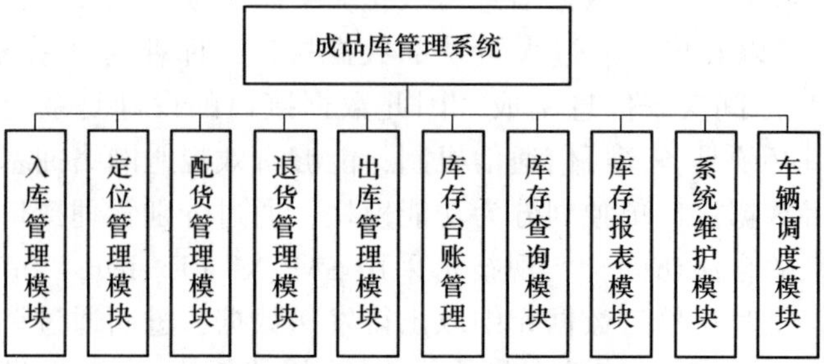

图 14-3　成品库管理系统功能构成图

IMS 的总体目标是：设立库存台账，记录和反映各种库存处理业务，为管理部门提供翔实的库存信息；对产品入库、出库、退库等业务进行及时准确地记录和反映，加强库房与其他部门的业务联系；实现精确的库位管理，有效利用库存，提高货物发运效率；提供灵活的辅助配货功能，提高劳动效率。

IMS 要能够完全与 ERP 系统集成，实现销售指令的接受、转储指令的接受、发货实绩的上传等功能。

（1）数据管理。IMS 数据库是 IMS 系统的基础，存储着与 MES 相关的各种业务数据。IMS 数据库包括如下的数据信息：入库数据、库存数据、配货数据、出库数据。

（2）入库管理。IMS 通过与生产线 MES 的接口实现生产数据的入库，通过与质量系统的接口实现质量数据的入库。

IMS 库存数据包括了完整的产品信息，包括基本信息、生产信息、质量信息、客户信息、订单信息、库位信息等。

IMS 不仅提供通过接口自动入库的方式，而且还提供了手工入库和库存编辑的功能。

对于所有库存产品提供标签打印功能。

（3）定位管理。IMS 提供精确的库位管理功能，并且提供库位优化功能。

由于邯钢板材区正在建设天车定位系统，因此板材区成品库系统的设计可以充分考虑与天车系统的接口。

（4）配货管理。IMS 提供多种配货方式，包括：转储配货、销售配货、厂内移动配货和其他配货。对于有 ERP 计划的物流转移，IMS 接受转移指令并将执行结果反馈给 ERP 系统；对于成品销售的物流转移，IMS 接受发货指令并将执行结果反馈给 ERP 系统；对于其他非 ERP 计划内的物流转移，IMS 在发生时反馈给 ERP 系统。

(5) 出库管理。IMS 出库管理包括转储出库、销售出库、厂内移动出库和其他出库等情况，出库实绩能够实施上传 ERP 系统。

出库管理具有出库检验功能，能够判断产品的各种不允许出库的异常状态。

对于整车出库，IMS 将其纳入车辆调度的环节进行管理。

(6) 退货管理。对于销售退库的情况，IMS 接受来自销售系统的退库信息进行入库。

(7) 库存台账。库存台账包括：库存台账、配货台账和出库台账。

库存台账提供最完备的库存信息，包括：基本信息、生产信息、质量信息、客户信息、订单信息、库位信息等。

配货台账提供有关产品配货的台账信息。

出库台账提供有关产品出库的台账信息。

通过库存台账可以查询现有的库存、历史库存等信息。

提供台账的打印和导出 Excel 的功能。

(8) 库存查询。提供实时库存查询功能，以及各种可满足用户需要的库存统计分析功能，自动生成库存统计报表和图形。

提供供应商、客户信息的查询功能。

提供各种相关业务数据的查询功能，比如：转储指令、销售指令、退货入库、生产线产出信息等。

(9) 库存报表。提供满足日常管理需求的库存报表功能。

(10) 车辆调度。对于整车发货，IMS 将其纳入车辆调度的范围，管理车皮以及铁路大票的状态信息。

IMS 从运输系统得到车辆信息和某些车辆状态信息。IMS 将实时地将车辆调度的有关信息反馈 ERP。

IMS 提供各种异常情况的调度处理。

(11) 系统权限。IMS 提供详细的权限管理功能，包括：功能权限、数据权限和业务权限。

(12) 系统集成。IMS 将实现与 ERP 系统以及其他三级系统的信息集成。

具体包括：

1) 与 ERP 销售系统的集成；

2) 与 ERP 物流系统的集成；

3) 与质量系统的集成；

4) 与产线三级的集成；

5) 与运输系统的集成；

6) 与天车系统的集成。

如图 14-4 所示。

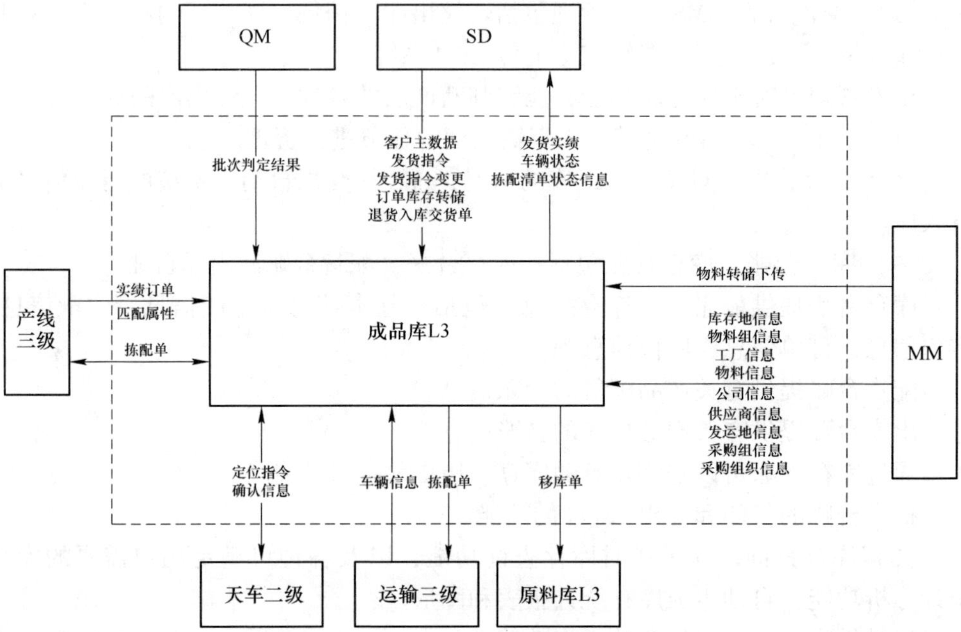

图 14-4 成品库管理子系统外部环境图

成品库管理系统内部结构图，见图 14-5。

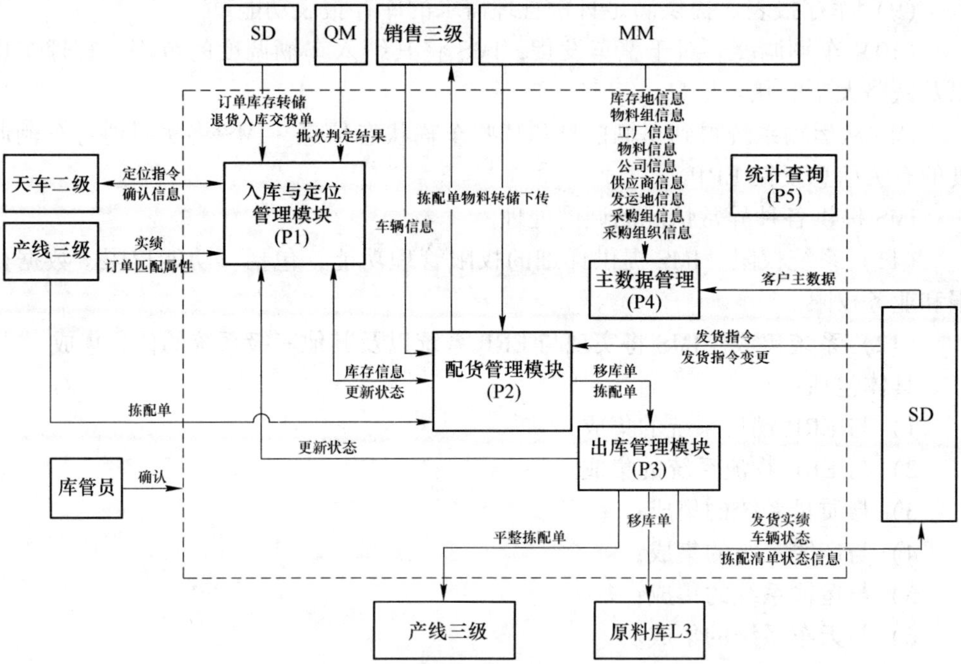

图 14-5 成品库管理系统内部结构图

15 生产线 MES 功能实现

15.1 订单管理

启动和退出操作：

（1）在［主菜单］中选择［订单管理］，即可进入［订单管理］界面；

（2）单击［订单管理］界面中的［关闭］按钮，可关闭［订单管理］窗口。

［订单管理］操作（见图 15-1）：

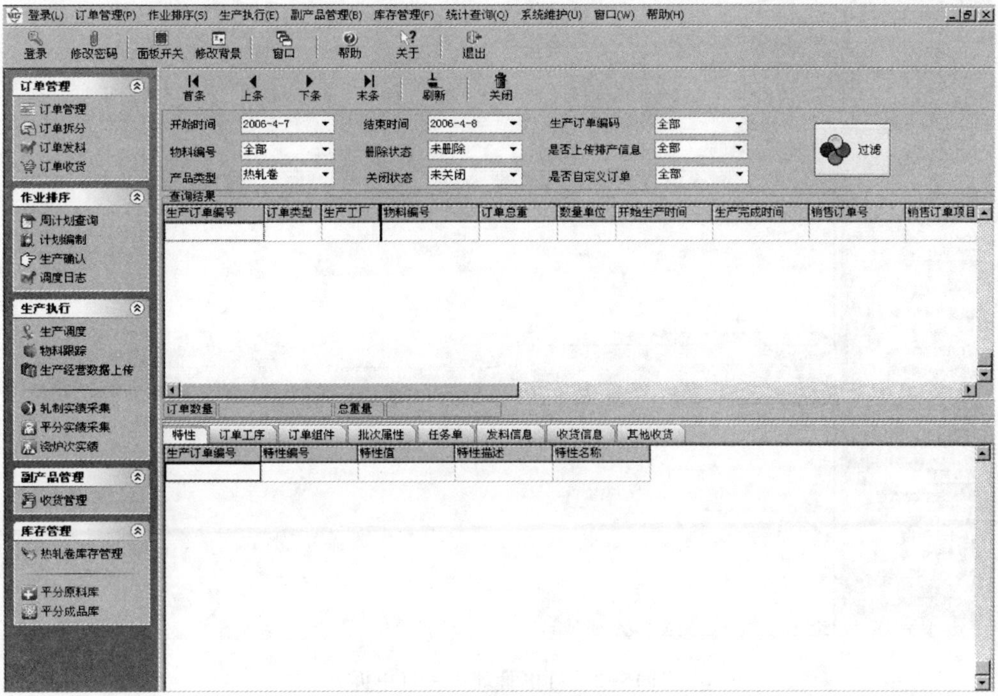

图 15-1 订单管理

1）单击［首条］、［上条］、［下条］、［末条］按钮，可以改变［数据网格］中当前行的位置。

2）从［开始时间］、［结束时间］、［生产订单编码］、［物料编号］等参数的下拉列表中选取数据（有些参数内容可以直接输入），单击“过滤”按钮，显示相应的信息。在［订单管理］界面的上方表格表示生产订单的主记录，下方表格表示生产订单明细记录，下方随着上方的信息变化而变化。

3）单击［刷新］按钮，可以更新数据网格中的生产订单数据。

15.1.1 订单拆分

启动和退出操作：

(1) 在［主菜单］中选择［订单管理］——［订单拆分］，即可进入［订单拆分］界面；

(2) 单击［订单拆分］界面中的［关闭］按钮，可关闭［订单拆分］窗口。

［订单拆分］操作（见图 15-2）：

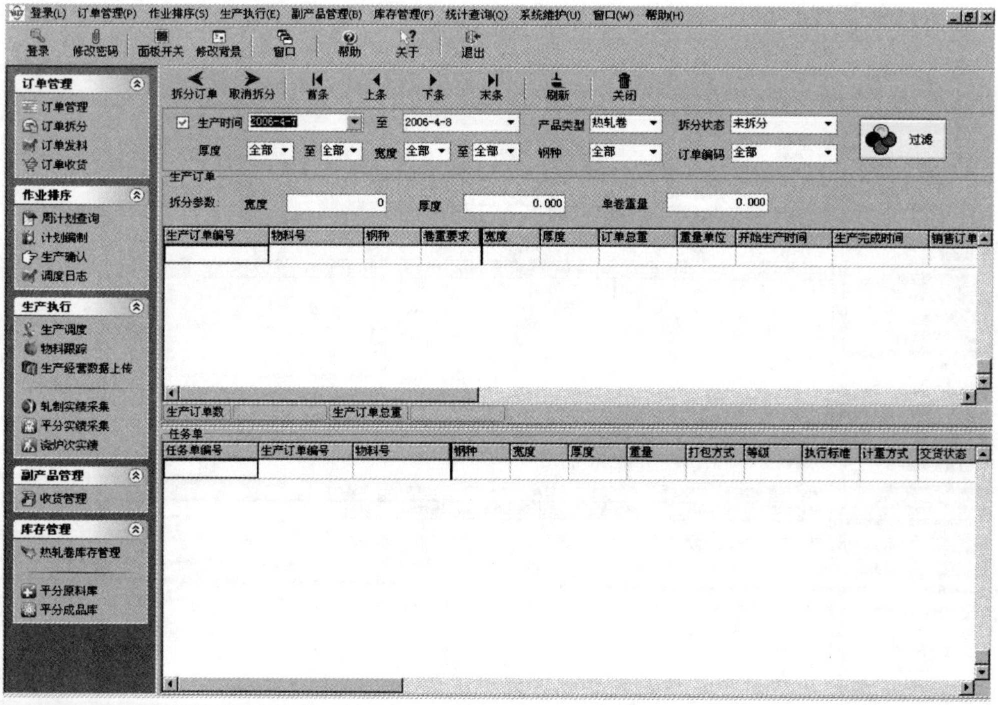

图 15-2 订单管理——订单拆分

1）选择［拆分状态］为“未拆分”的生产订单，从［生产时间］、［产品类型］等参数的下拉列表中选取数据，单击［过滤］按钮，选择准备拆分的生产订单，并检查待拆分生产订单是否有卷重要求，若没有，则需要操作员在拆分参数的“单卷重量”中输入数值，然后点击［拆分订单］按钮，系统将自动根据卷重要求拆分成多个任务单。

2）单击［刷新］按钮，可以更新数据网格中生产订单拆分数据。

3）如果发生一些错误操作，可单击［取消拆分］按钮，取消订单拆分。

4）单击［首条］、［上条］、［下条］、［末条］按钮，可以改变［数据网格］中当前行的位置。

15.1.2 订单发料

启动和退出操作：

(1) 在［主菜单］中选择［订单管理］——［订单发料］，即可进入［订单发料］界面；

(2) 单击［订单发料］界面中的［关闭］按钮，可关闭［订单发料］窗口。

［订单发料］操作（见图 15-3）：

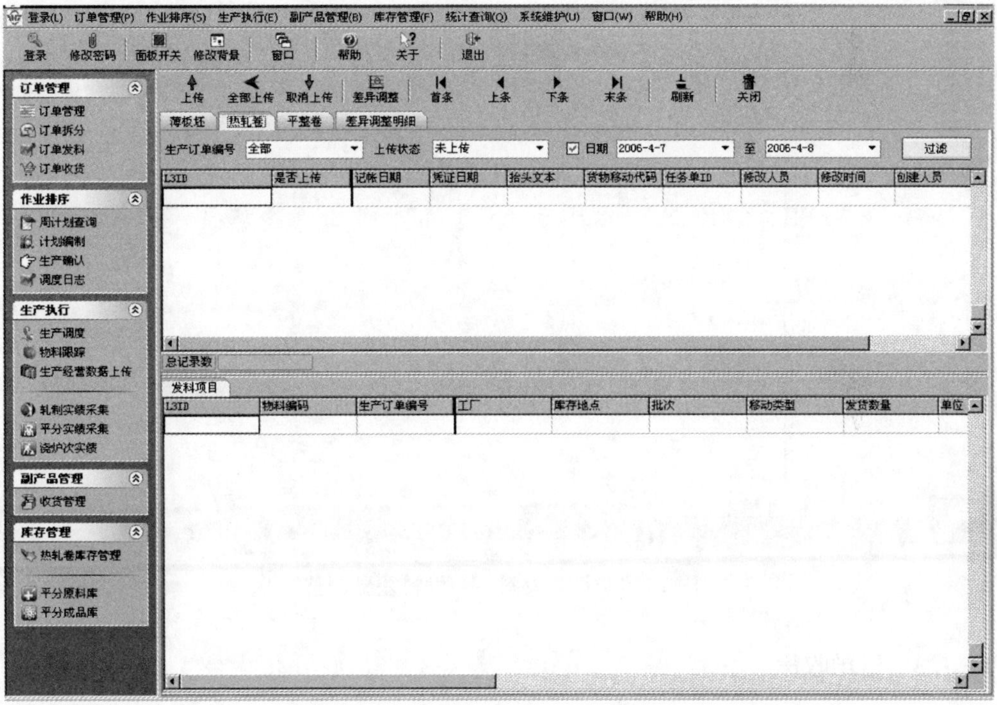

图 15-3 订单管理——订单发料

1）单击［首条］、［上条］、［下条］、［末条］按钮，可以改变［数据网格］中当前行的位置。

2）单击［薄板坯］或［热轧卷］或［平整卷］按钮，进行各产品类型的订单发料。

3）过滤数据，选择拆分状态为“未拆分”的生产订单。

4）可以单行记录上传，也可以选取多行记录，点击“全部上传”。

5）单击［取消上传］按钮，可将上传的订单发料记录删除。

6）单击［更新］按钮，可以更新数据网格中订单发料的数据。

7）发料差异调整，单击［差异调整明细］按钮，进入差异调整界面（见图15-4）。选择［调整状态］为“未调整”的发料记录，查询选择需要差异调整的记录，单击菜单中“承担调整”按钮，修改界面左栏需要调整的项目数据，然后单击“保存”按钮，保存发料差异调整记录。

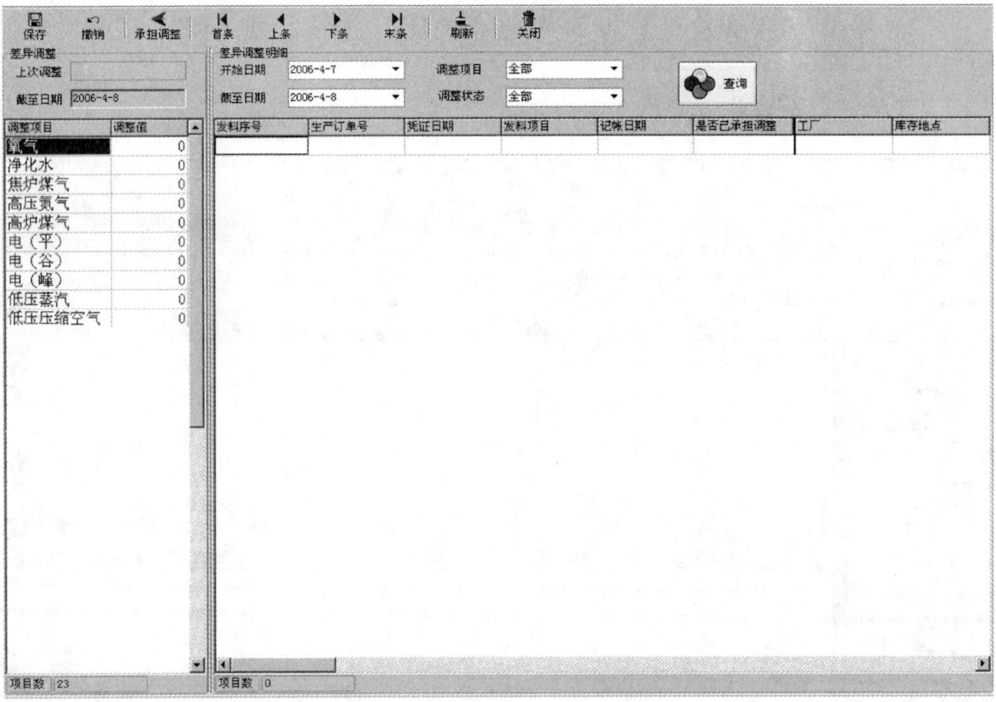

图 15-4 订单发料——发料差异调整

15.1.3 订单收货

启动和退出操作：

（1）在［主菜单］中选择［订单管理］——［订单收货］，即可进入［订单收货］界面；

（2）单击［订单收货］界面中的［关闭］按钮，可关闭［订单收货］窗口。

［订单收货］操作（见图15-5）：

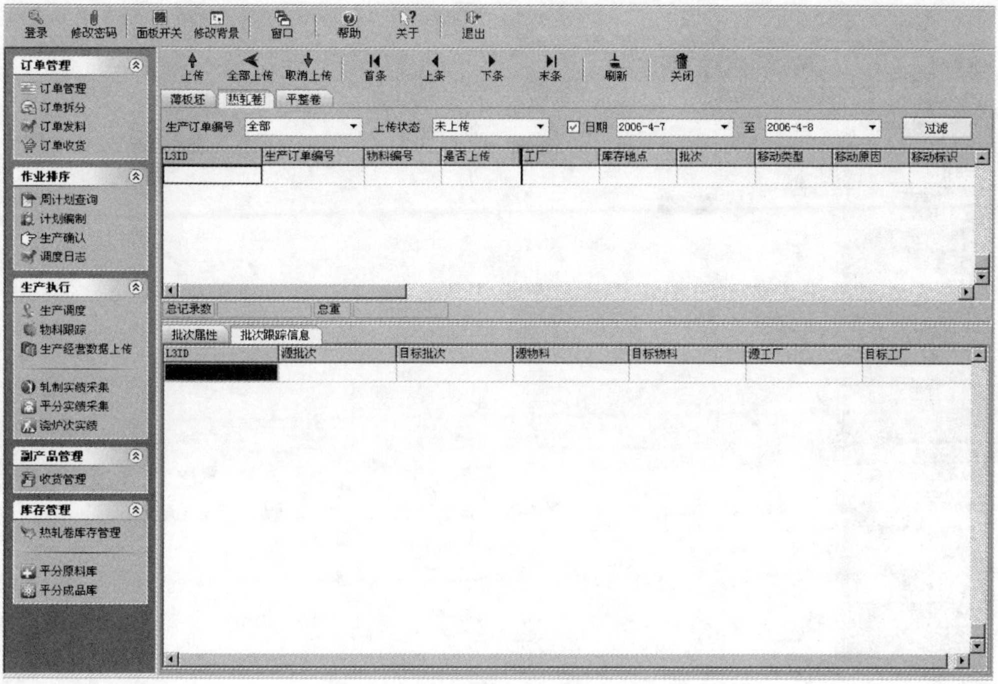

图 15-5　订单管理——订单收货

1）单击［首条］、［上条］、［下条］、［末条］按钮，可以改变［数据网格］中当前行的位置。

2）过滤数据，选取［上传状态］为“未上传”的生产订单收货记录。

3）可以单个记录上传，也可以选取多行记录，单击［全部上传］，上传多条记录。

4）单击［取消上传］按钮，取消上一步上传的操作。

5）单击［刷新］按钮，可以更新数据网格中生产周期数据。

15.2　作业排序

15.2.1　周计划查询

启动和退出操作：

（1）在［主菜单］中选择［作业排序］——［周计划查询］，即可进入［周计划查询］界面；

（2）单击［周计划查询］界面中的［关闭］按钮，可关闭［周计划查询］窗口。

［周计划查询］操作（见图 15-6）：

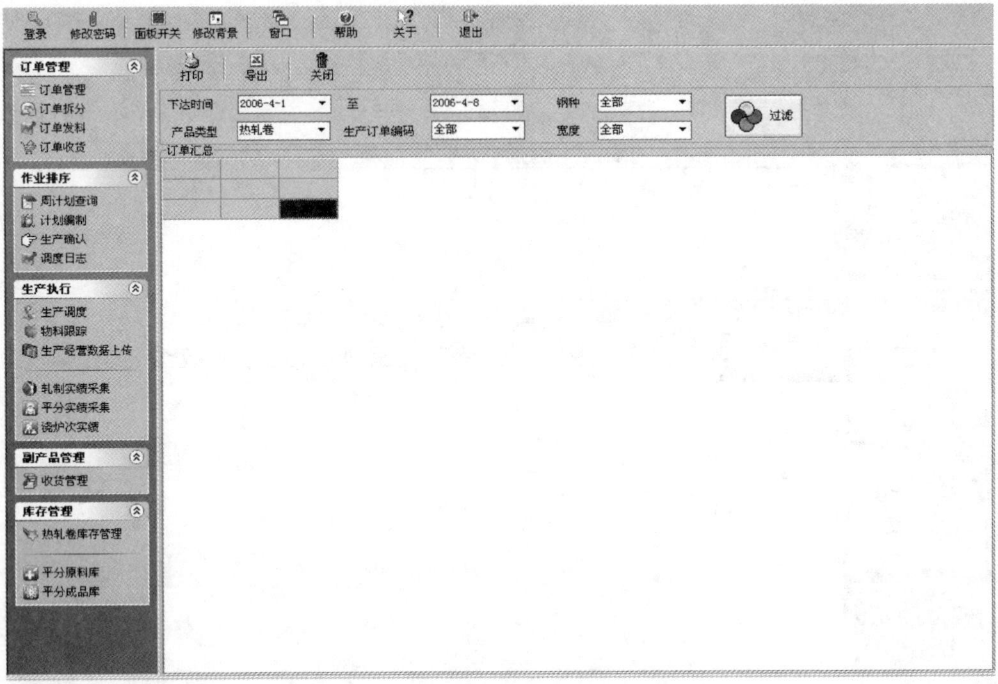

图 15-6 作业排序——周计划查询

1）在［下达时间］、［钢种］、［产品类型］、［生产订单编码］等参数的下拉列表中选取信息，单击［过滤］按钮，显示所查询的周计划信息。

2）单击［打印］按钮，可将选取的记录信息打印出来。

3）单击［导出］按钮，可将选取的记录信息以 Excel 文件形式导出。

15.2.2 计划编制

启动和退出操作：

(1) 在［主菜单］中选择［作业排序］——［计划编制］，即可进入［计划编制］界面；

(2) 单击［计划编制］界面中的［关闭］按钮，可关闭［计划编制］窗口；

(3) 单击［计划编制］界面中的［关闭计划］按钮，可关闭当前所编制的计划。

［计划编制］操作（见图 15-7）：

1）在［编制时间］、［编制人］、［计划类别］等参数的下拉列表中选择数据，选取［计划状态］为“未编制”，单击［过滤］按钮，筛选未编制的计划，然后单击［新编计划］按钮；

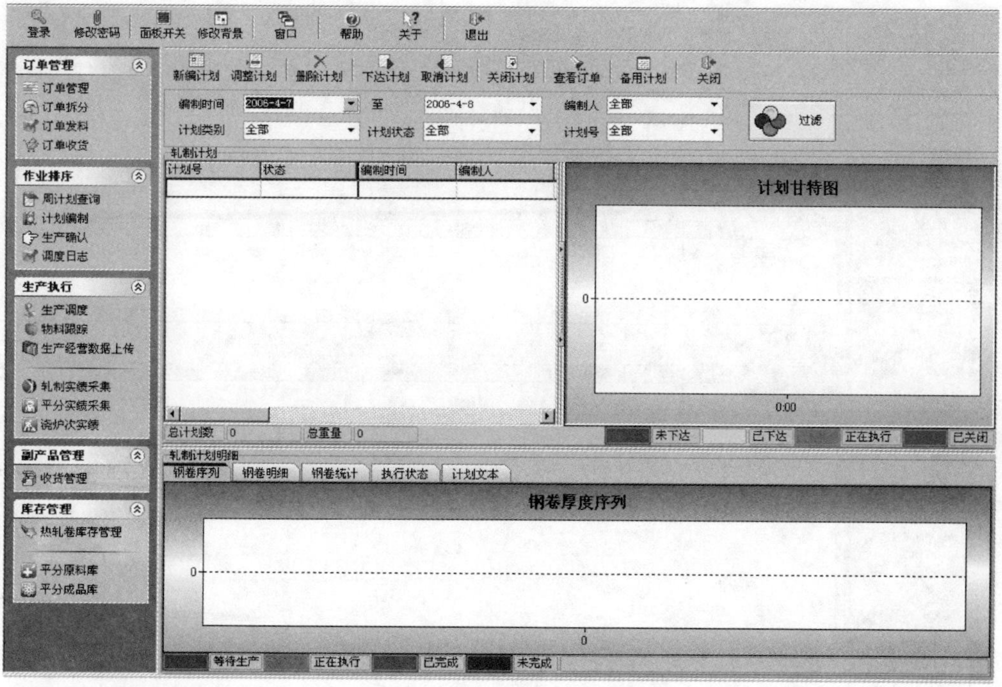

图 15-7　作业排序——计划编制

2）单击［调整计划］按钮，可对新编制的计划并且尚未下达进行调整；

3）单击［删除计划］按钮，可将尚未下达的编制计划进行删除；

4）单击［下达计划］按钮，可将编制的计划下传；

5）单击［取消计划］按钮，可取消尚未下达的编制计划；

6）单击［查看订单］按钮，可查看计划所对应的订单信息；

7）单击［备用计划］按钮，可查看备用计划。

15. 2. 3　生产确认

启动和退出操作：

（1）在［主菜单］中选择［作业排序］——［生产确认］，即可进入［生产确认］界面；

（2）单击［生产确认］窗口中的［关闭］按钮，可关闭窗口。

［生产确认］操作（见图 15-8）：

1）单击［首条］、［上条］、［下条］、［末条］按钮，可以改变［数据网格］中当前行的位置；

2）过滤数据，选择确认状态为“已找到匹配任务单未确认”的生产实绩，检查生产实绩和生产任务单数据的正确性，确认无误后选中记录，点击［确认生

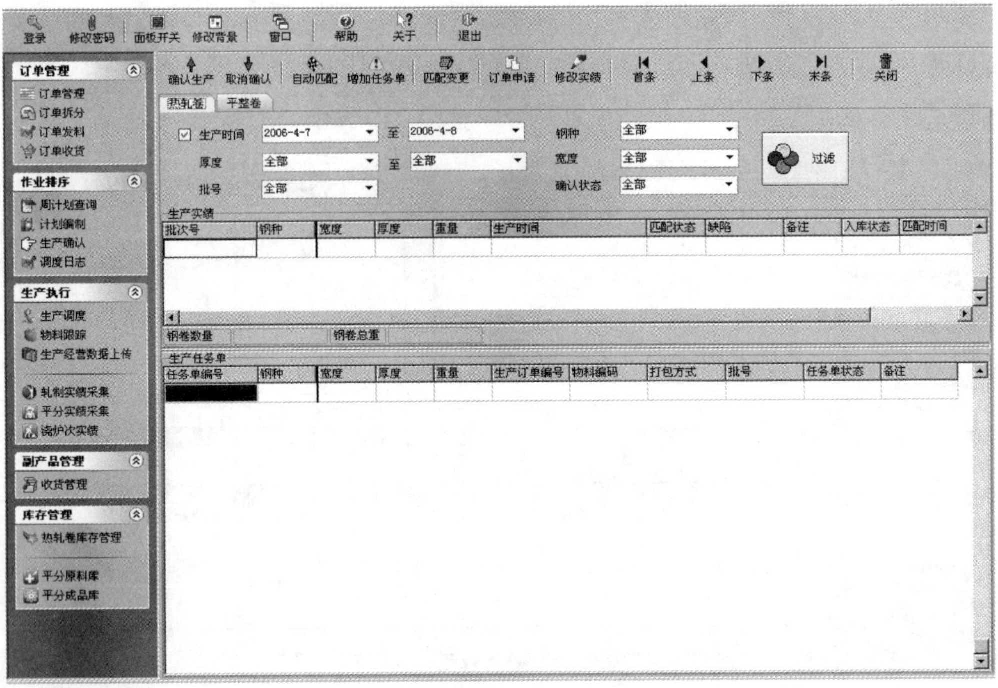

图 15-8　作业排序——生产确认

产］按钮；

3）选择［未找到匹配任务单未确认］的生产实绩，选中记录后首先点击［自动匹配］按钮，执行完毕后，如果界面上还有剩余生产实绩则点击［增加任务单］，此时系统会自动追加与生产实绩规格相符的生产订单，追加成功后，重复操作；

4）对于［自动匹配］和［增加任务单］都不成功的生产实绩，需要向 ERP 生产四级申请新的生产订单，点击［订单申请］按钮，系统自动生成需要申请的生产订单汇总信息。

5）如果生产实绩数据不准确，可点击［修改实绩］按钮，修正数据。修改数据后需执行［自动匹配］操作后回到 2），见图 15-9；

6）如果生产实绩与生产任务单的对应关系不正确，可点击［匹配变更］按钮，手工为生产实绩选择合适的任务单并确认（见图 15-10）。

15.2.4　调度日志

启动和退出操作：

（1）在［主菜单］中选择［作业排序］——［调度日志］，即可进入［调度日志］界面；

图 15-9 修改实绩

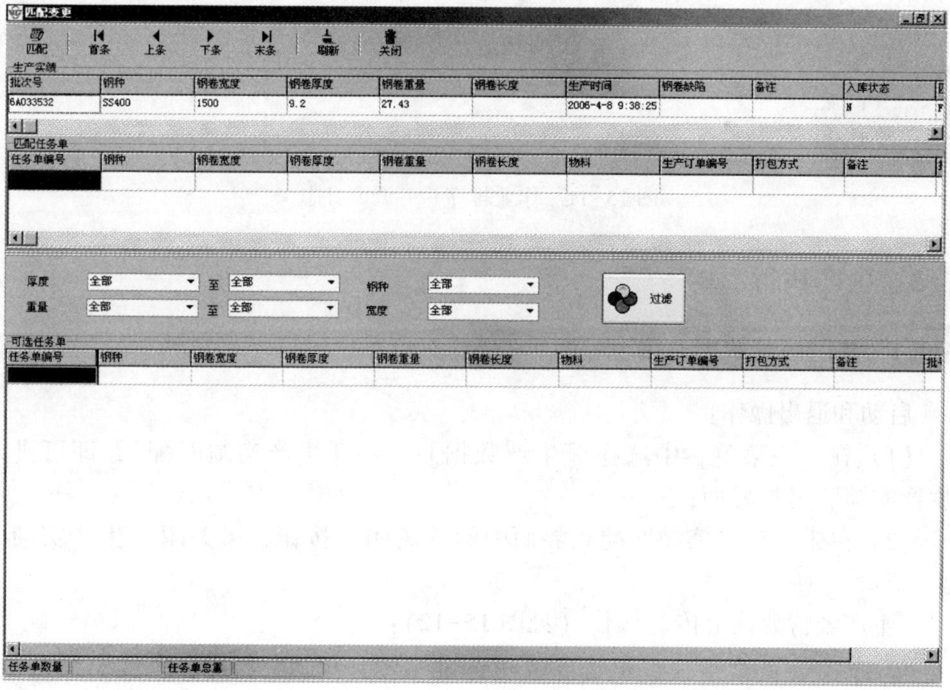

图 15-10 匹配变更

（2）单击［调度日志］窗口中的［关闭］按钮，可关闭窗口。

［调度日志］操作（见图 15-11）：

1）在［日期］的下拉列表中选取信息，然后点击

，将会显示详细的日志信息；

2）单击［提交］按钮，上传调度日志记录。

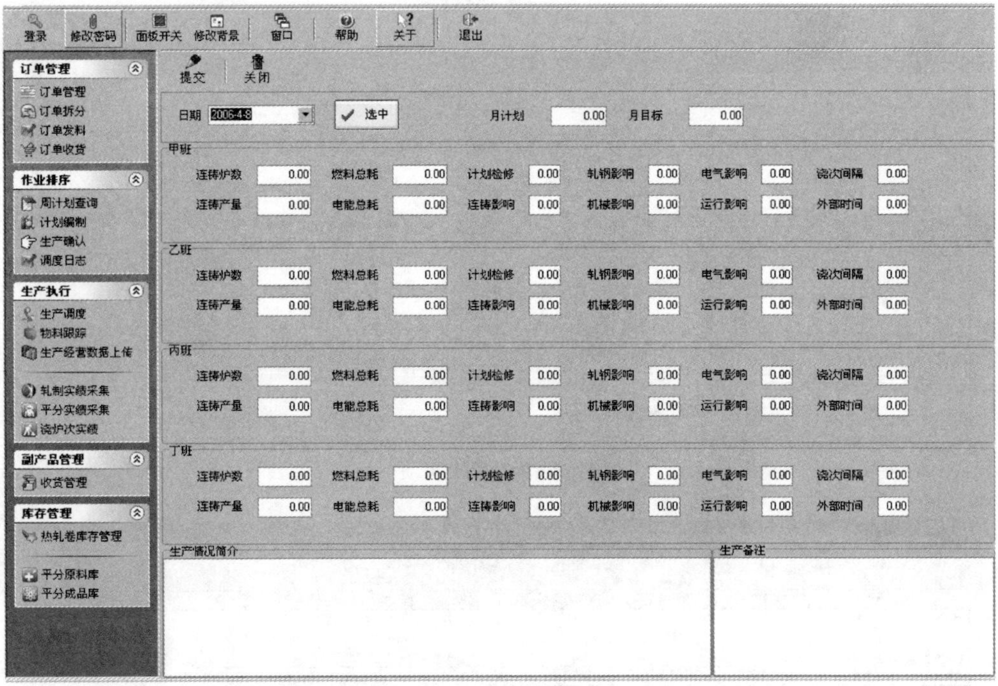

图 15-11 作业排序——调度日志

15.3 生产执行

15.3.1 生产经营数据上传

启动和退出操作：

（1）在［主菜单］中选择［生产数据］——［生产实绩匹配］，即可进入［生产实绩匹配］界面；

（2）单击［生产实绩匹配］界面中的［关闭］按钮，可关闭［生产实绩匹配］窗口。

［生产经营数据上传］操作（见图 15-12）：

1）单击［首条］、［上条］、［下条］、［末条］按钮，可以改变［数据网格］中当前行的位置；

2）选择日期，单击［过滤］按钮，选取记录信息，单击［数据上传］，将信息上传四级；

3）单击［取消上传］，取消上传但未确认的数据；

4）单击［新增］按钮，在界面下方的各参数中输入数据，然后单击［保存］按钮，保存信息，可再进行数据上传操作；

5）单击［撤销］按钮，取消上一步的操作；

6）单击［删除］按钮，删除当前操作的记录信息。

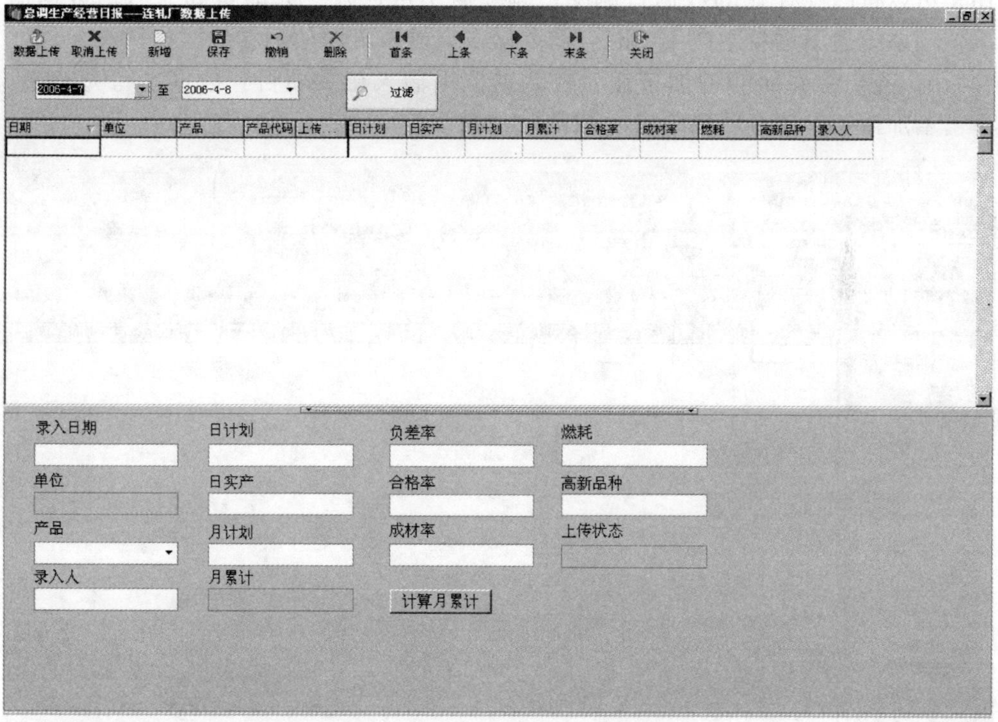

图 15-12　生产执行——生产经营数据上传

15.3.2　实绩采集

启动和退出操作：

（1）在［主菜单］中选择［数据查询］——［实绩采集］，即可进入［轧制实绩采集］界面；

（2）单击［实绩采集］窗口中的［关闭］按钮，可关闭窗口。

［轧制实绩采集］操作（见图 15-13）：

1）单击［首条］、［上条］、［下条］、［末条］按钮，可以改变［数据网格］中当前行的位置。

2）单击［刷新］按钮，实时刷新界面数据，核对系统数据与现场数据。

3）确认生产实绩：筛选未确认的记录，核查数据，如果系统得到的数据与现场得到的数据一致，只需选定记录，点击［确认］按钮进行确认。对生产实绩确认后不能再做任何修改，因此在确认之前必须保证数据的准确性。

4）单击［导出］，可以将数据以 Excel 文件形式导出进行打印和统计。

5）修改数据：如果系统数据与现场数据不相符，操作人员直接在数据表格中修改相应的项目，并保存后再做确认。删除数据：选定数据行，单击删除按钮，可以将已经存在的数据行删除，删除后不可恢复，只能重新录入。数据遗漏：当系统遗漏钢卷生产实绩时，需要操作人员手工增加钢卷数据。

6）点击主界面的增加按钮，在数据框里输入相关项目，数据填写完整后，单击增加按钮。放弃可以单击［取消］按钮。

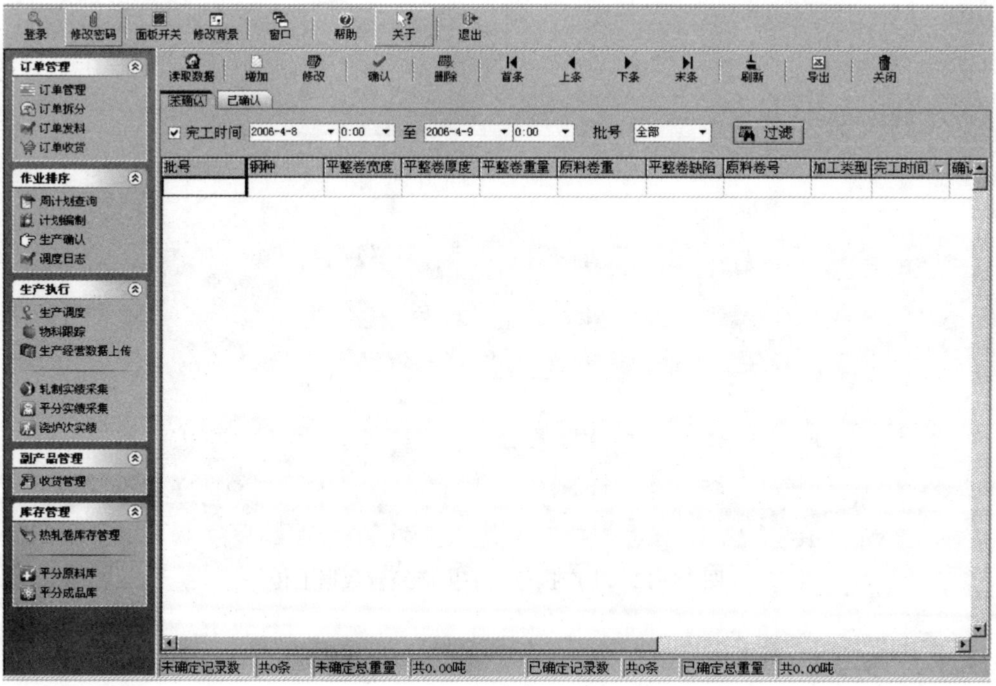

图 15-13　生产执行—实绩采集

15.4　副产品管理

启动和退出操作：

（1）在［主菜单］中选择［副产品管理］——［收货管理］，即可进入［收货管理］界面；

（2）单击［收货管理］界面中的［关闭］按钮，可关闭窗口。

［收货管理］操作（见图 15-14）：

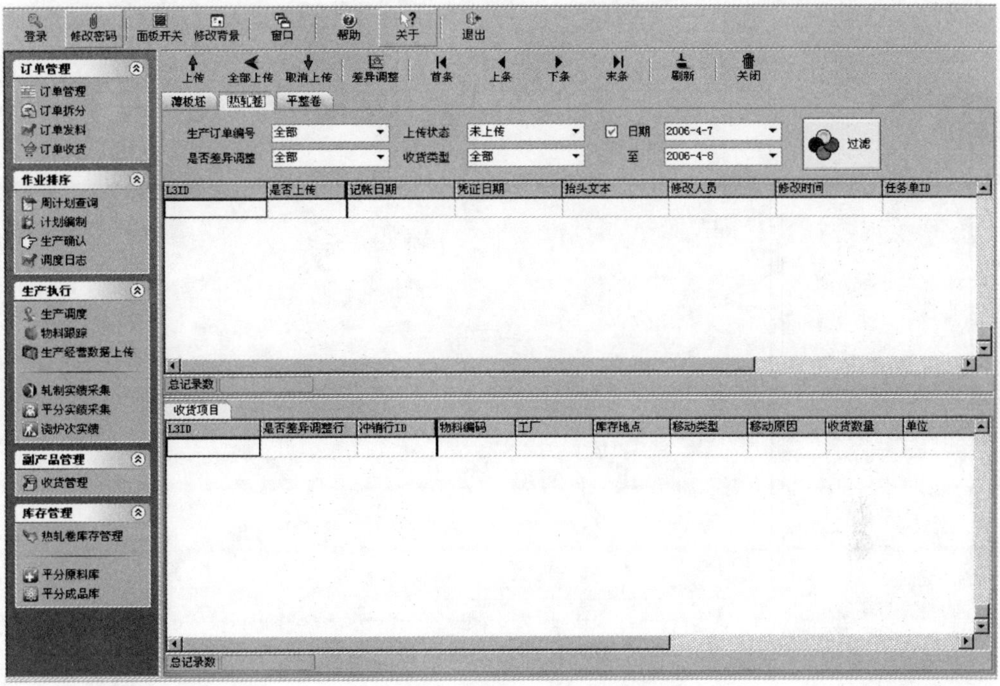

图 15-14 副产品收货管理

1）单击［首条］、［上条］、［下条］、［末条］按钮，可以改变［数据网格］中当前行的位置；

2）单击［刷新］按钮，实时刷新界面数据，核对系统数据与现场数据；

3）过滤数据，选择未上传的记录，点击［上传］按钮，上传给四级；

4）检查数据，如有差异，则点击［差异调整］按钮，进行调整，见图15-15。

5）单击［取消上传］，可取消上一步的上传操作。

15.5 库存管理

启动和退出操作：

(1) 在［主菜单］中选择［库存管理］——［平分原料库管理］，即可进入［平分原料库管理］界面；

(2) 单击［平分原料库管理］界面中的［关闭］按钮，可关闭窗口。

［库存管理］操作（见图 15-16）：

1）单击［首条］、［上条］、［下条］、［末条］按钮，可以改变［数据网格］中当前行的位置；

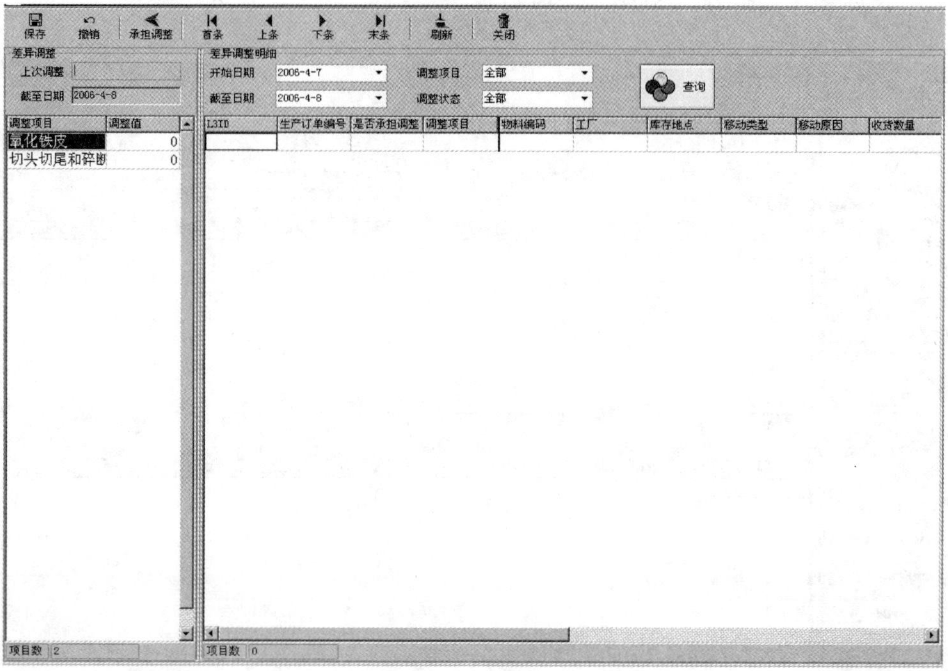

图 15-15　差异调整

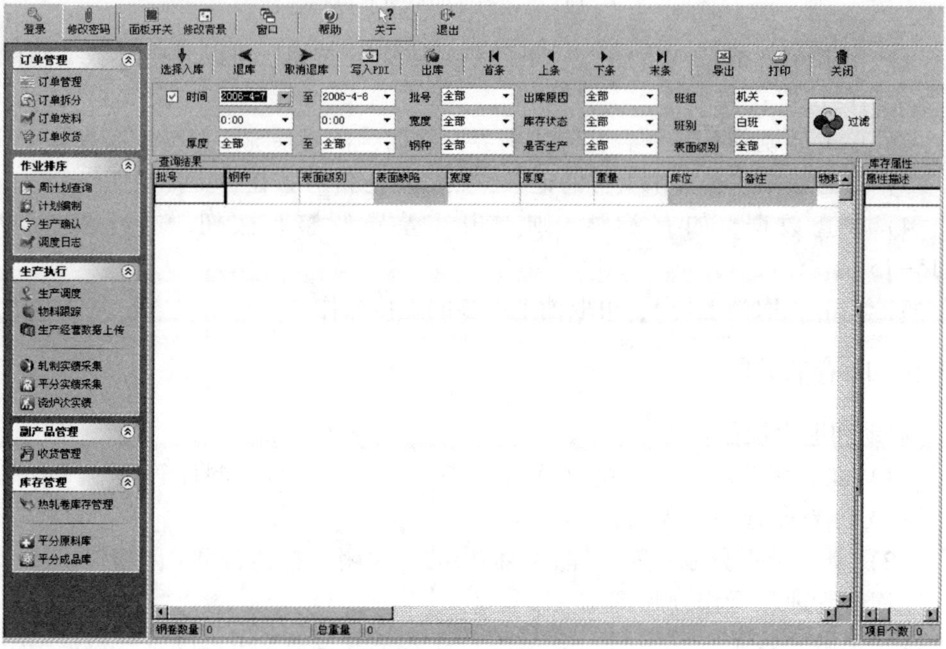

图 15-16　库存管理

2）单击［刷新］按钮，实时刷新界面数据，核对系统数据与现场数据；

3）单击［导出］，可将数据以Excel文件形式导出；

4）单击［打印］，可将所选的记录信息打印；

5）如发生成品库退库的业务，点击［选择入库］按钮，进入选择入库界面，确认数据的正确性并选择记录，点击［确定入库］按钮；

6）如果入库时出现误差，选择多入的记录后，点击［退库］按钮，将产品退回到成品库；取消退库为退库的逆向操作。

15.6 统计查询

15.6.1 生产实绩统计

启动和退出操作：

(1) 在［主菜单］中选择［统计查询］——［生产实绩统计］，即可进入［生产实绩统计］界面；

(2) 单击［生产实绩统计］界面中的［关闭］按钮，可关闭窗口。

［生产实绩统计］操作（见图15-17）：

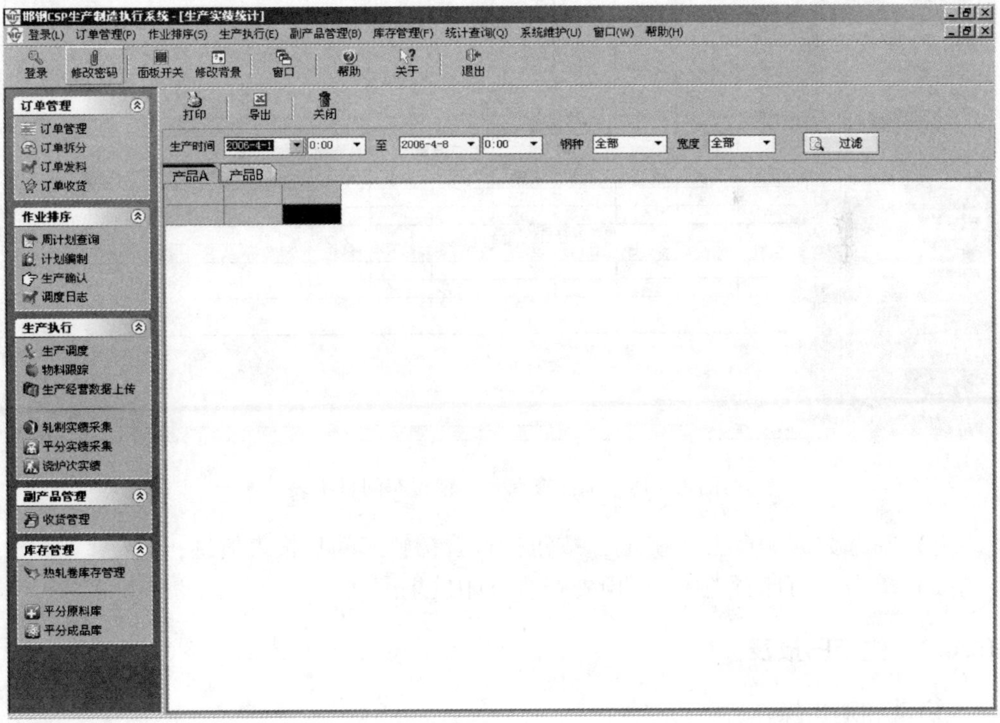

图15-17 统计查询——生产实绩统计

1）筛选数据，点击［过滤］按钮，查看生产实绩统计信息；

2）单击［打印］，将统计记录信息打印；

3）单击［导出］，将统计记录信息导出到 Excel。

15.6.2 车间日报表

启动和退出操作：

（1）在［主菜单］中选择［统计查询］——［精整车间日报表］，即可进入［精整车间日报表］界面；

（2）单击［精整车间日报表］界面中的［关闭］按钮，可关闭窗口。

［精整车间日报表］操作（见图 15-18）：

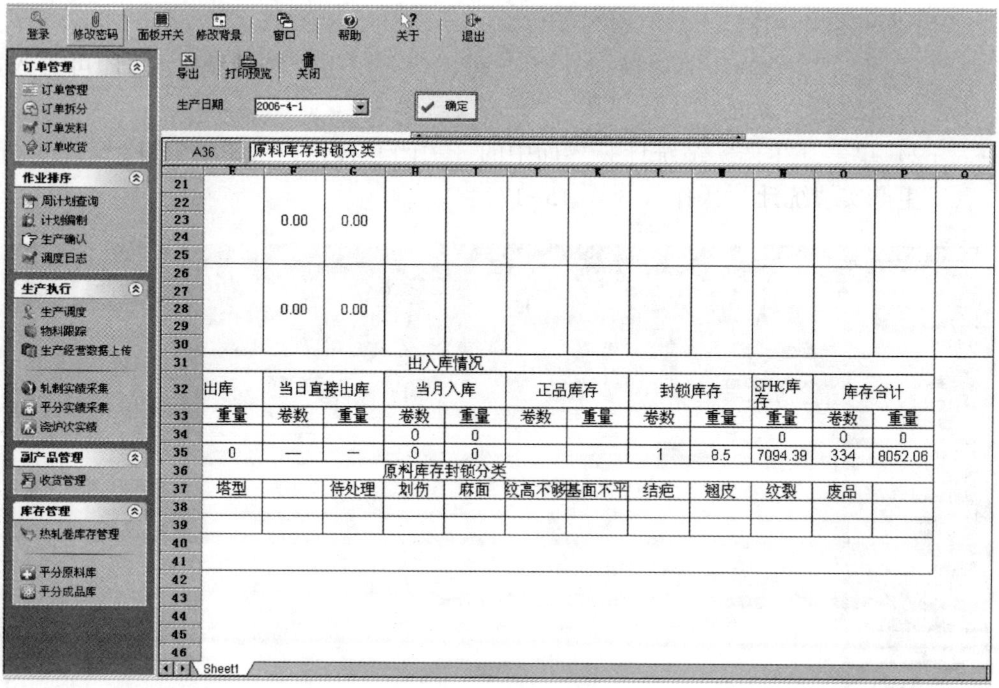

图 15-18 统计查询——精整车间日报表

1）筛选数据，点击［确定］按钮，查看精整车间日报表信息；

2）单击［打印预览］，可预先查看打印效果。

15.6.3 生产日报表

启动和退出操作：

（1）在［主菜单］中选择［统计查询］——［主线生产日报表］，即可进入［主线生产日报表］界面；

（2）单击［主线生产日报表］界面中的［关闭］按钮，可关闭窗口。

［主线生产日报表］操作（见图 15-19）：

1）筛选数据，点击［选中］按钮，查看主线生产日报表信息；

2）单击［打印］，可打印主线生产日报表信息；

3）单击［导出］，可将主线生产日报表信息以 Excel 文件形式导出。

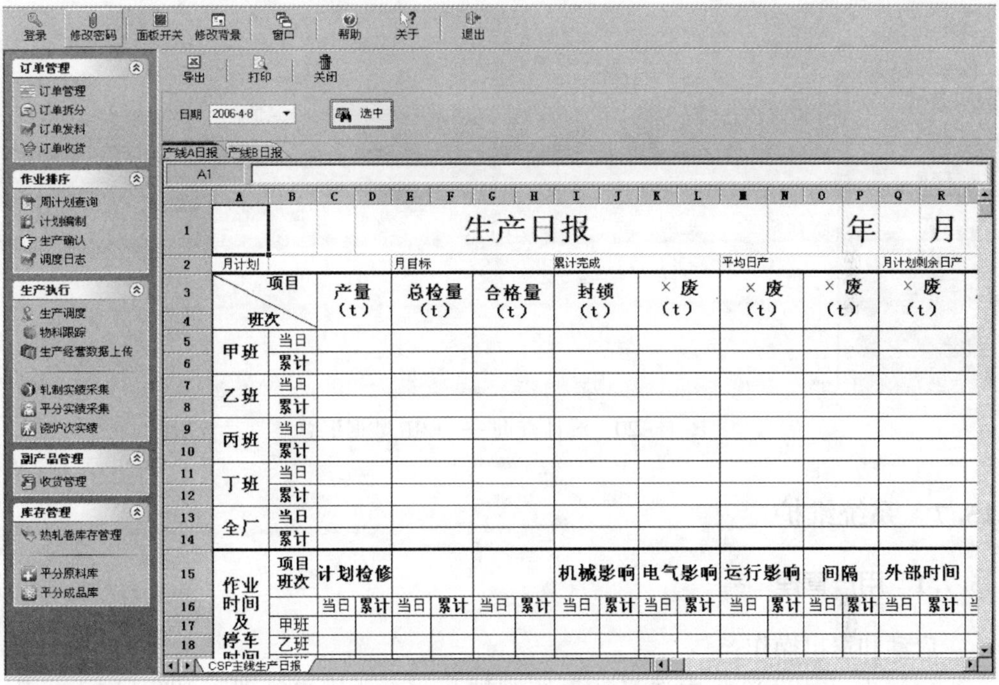

图 15-19　统计查询——主线生产日报表

15.6.4　ERP 数据汇总

启动和退出操作：

（1）在［主菜单］中选择［统计查询］——［ERP 数据汇总］，即可进入［ERP 数据汇总］界面；

（2）单击［ERP 数据汇总］界面中的［关闭］按钮，可关闭窗口。

［ERP 数据汇总］操作（见图 15-20）：

1）筛选数据，点击［确定］按钮，查看 ERP 数据汇总信息；

2）单击［导出］，可将 ERP 数据汇总信息以 Excel 文件形式导出。

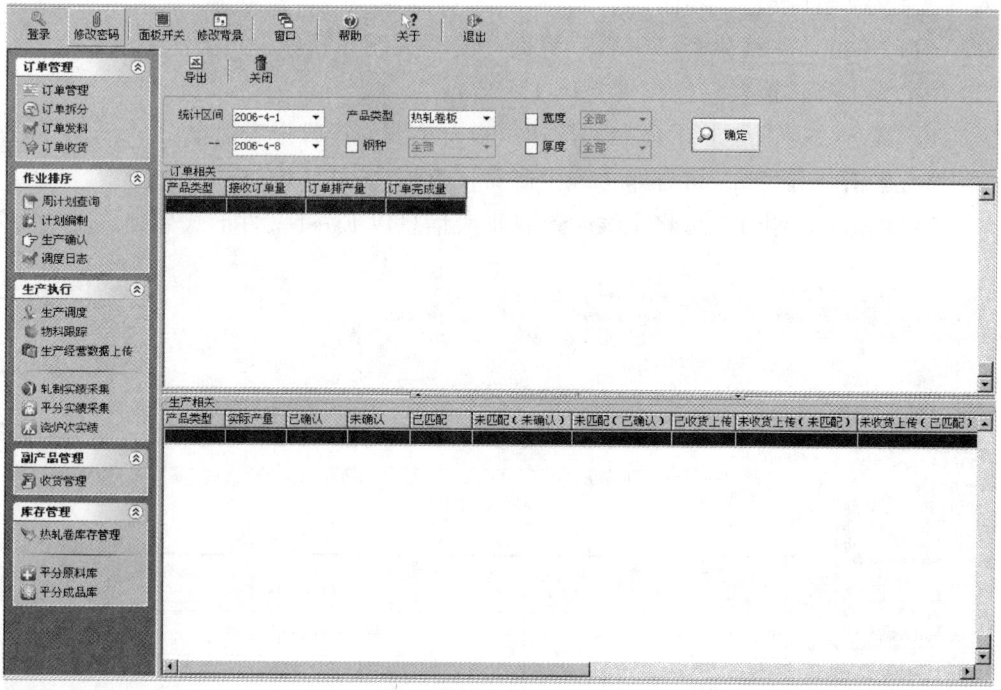

图 15-20　统计查询——ERP 数据汇总

15.7　系统维护

15.7.1　用户管理

启动和退出操作：

（1）在［主菜单］中选择［系统维护］——［用户管理］，即可进入［用户管理］界面；

（2）单击［用户管理］界面中的［关闭］按钮，可关闭窗口。

［用户管理］操作（见图 15-21）：

1）单击［首条］、［上条］、［下条］、［末条］按钮，可以改变［数据网格］中当前行的位置；

2）单击［刷新］按钮，实时刷新界面数据，核对系统数据与现场数据；

3）单击［导出］，可将数据以 Excel 文件形式导出；

4）可以增加用户、删除用户、修改用户信息；

5）可以修改权限（见图 15-22）。

［操作组］管理操作（见图 15-23）：

1）单击［操作组］进入操作组管理界面；

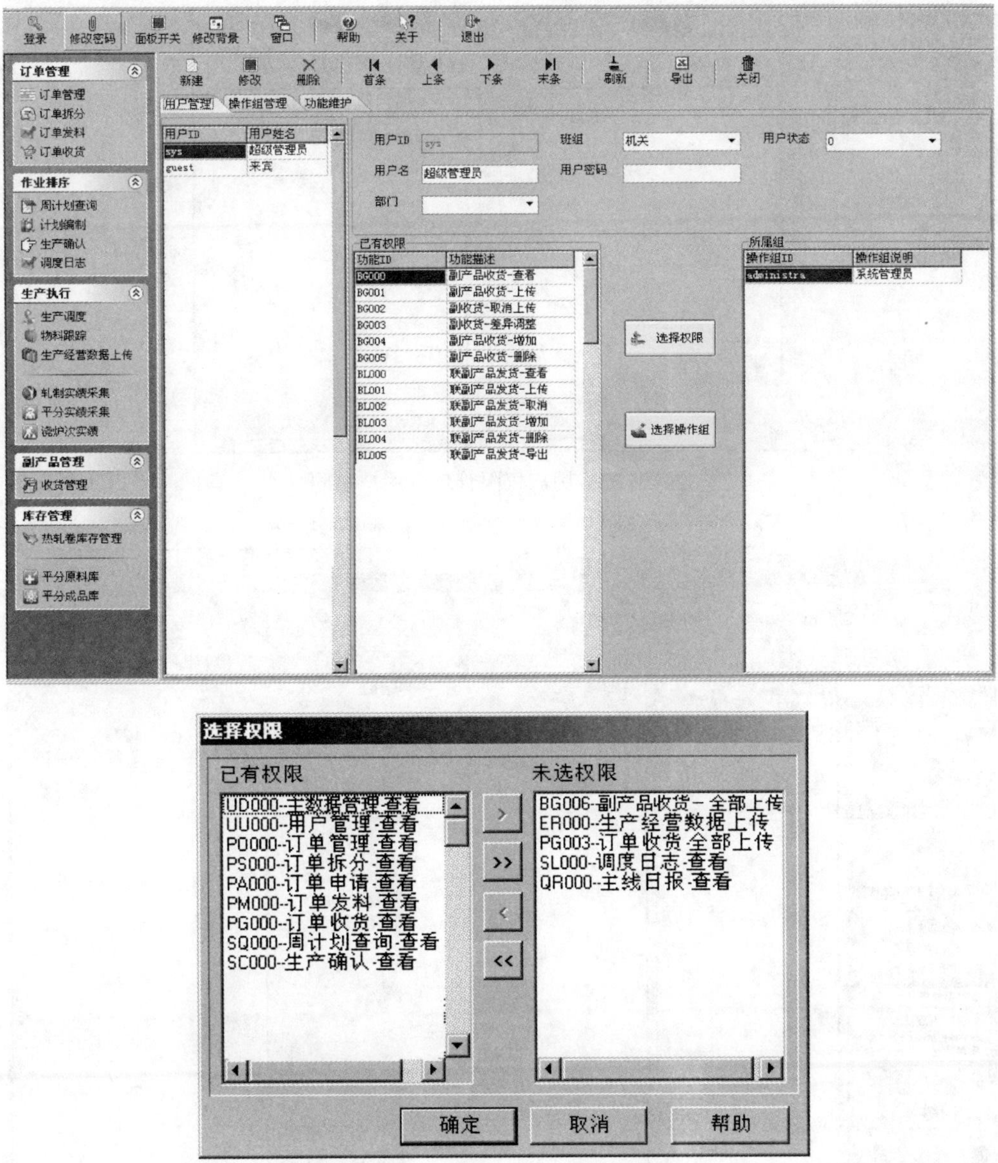

图 15-21　系统维护——用户管理
（增加权限时，系统自动为新权限编制权限 ID）

2）可以新建、修改、删除操作组。
[功能维护] 操作（见图 15-24）：
1）单击 [功能维护] 进入功能维护界面；
2）可以新建、修改、删除所建模块；

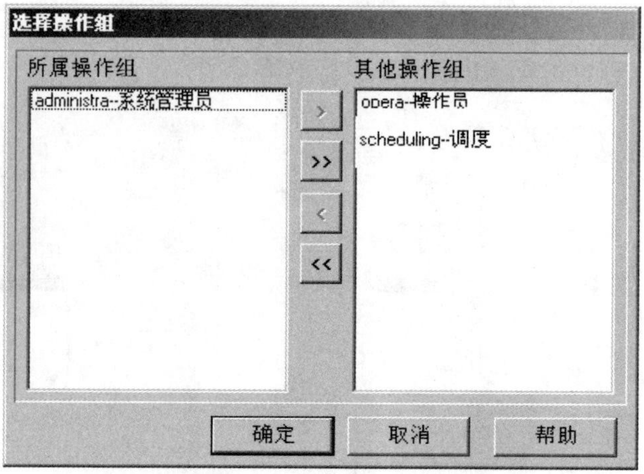

图 15-22　用户权限管理—用户权限

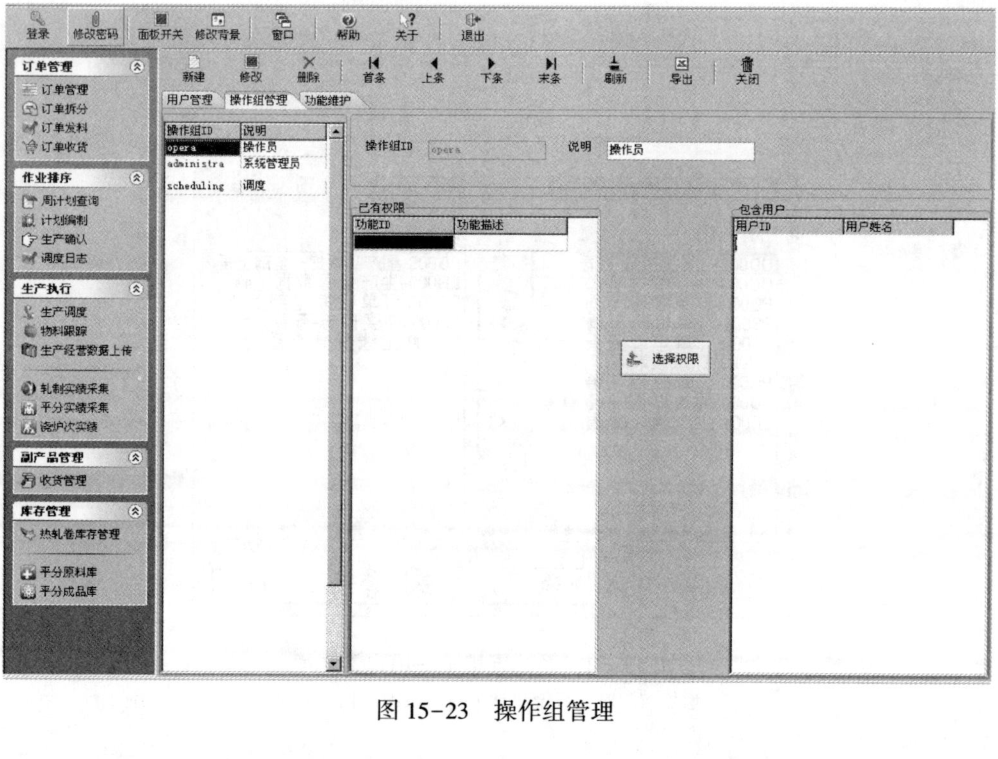

图 15-23　操作组管理

3）单击［首条］、［上条］、［下条］、［末条］按钮，可以改变［数据网格］中当前行的位置；

4）单击［刷新］按钮，实时刷新界面数据，核对系统数据与现场数据；

5）单击［导出］，可将数据以 Excel 文件形式导出。

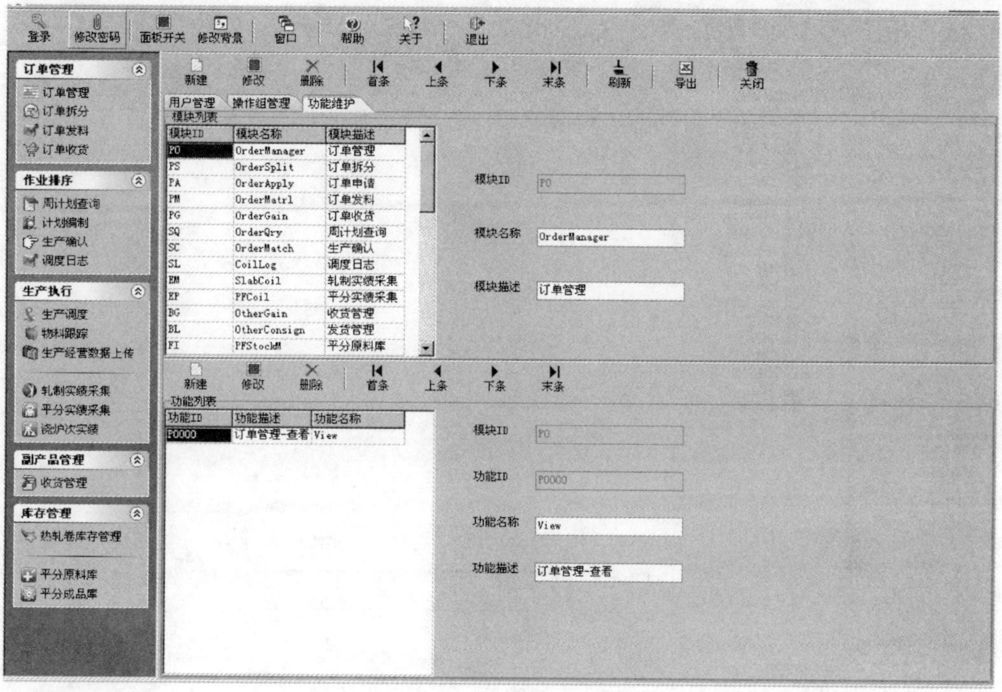

图 15-24　功能维护

15.7.2　主数据管理

启动和退出操作：

(1) 在［主菜单］中选择［系统维护］——［主数据管理］，即可进入［主数据管理］界面；

(2) 单击［主数据管理］界面中的［关闭］按钮，可关闭窗口。

［主数据管理］操作（见图 15-25）：

1) 单击［首条］、［上条］、［下条］、［末条］按钮，可以改变［数据网格］中当前行的位置；

2) 单击［刷新］按钮，实时刷新界面数据，核对系统数据与现场数据；

3) 单击［导出］，可将数据以 Excel 文件形式导出；

4) 可以新建、修改、删除记录信息。

15.8　窗口

需注意的是当有界面打开时，此处显示已打开的界面。

(1) 水平排列。将已打开的界面水平排列。

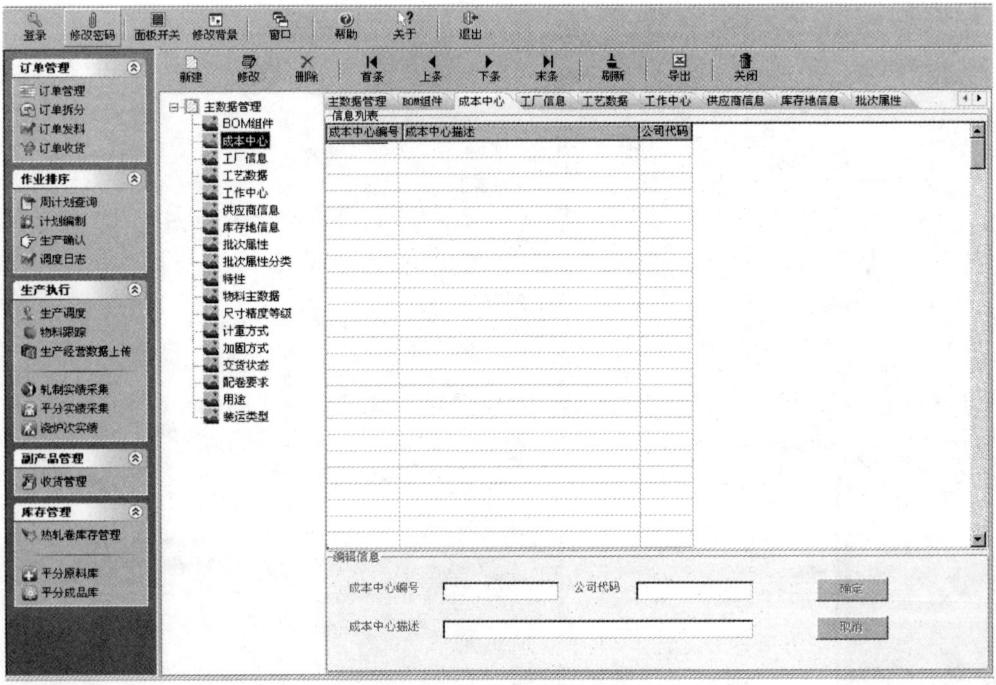

图 15-25 系统维护——主数据管理

（2）垂直排列。将已打开的界面垂直排列。

（3）层叠。将已打开的界面层叠排列。

16 库存管理系统功能实现

16.1 入库管理

启动和退出操作：

(1) 在［主菜单］中选择［库存管理］——［入库管理］，即可进入［入库管理］界面（见图 16-1）；

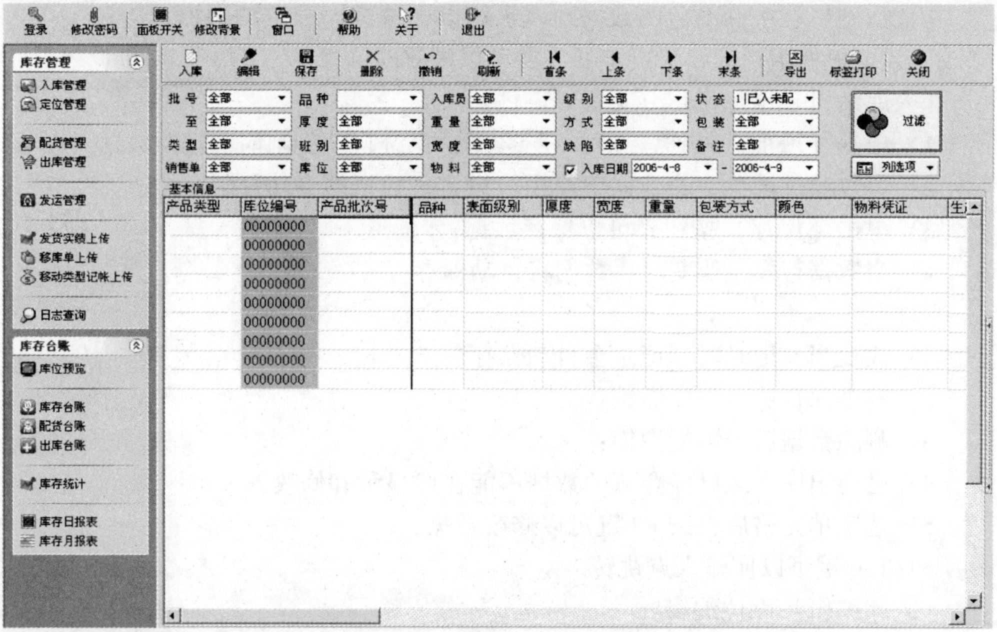

图 16-1 库存管理——入库管理

(2) 单击［入库管理］界面中的［关闭］按钮，可关闭［入库管理］窗口。

［入库编辑］操作：

1) 单击［首条］、［上条］、［下条］、［末条］按钮，可以改变［数据网格］中当前行的位置；

2) 直接在［数据网格］中选取数据行，可以改变［数据网格］中当前行的位置；

3）设置数据筛选条件后，单击［查询］按钮，可以依据条件筛选数据，并显示于［数据网格］中，窗口下方会显示统计信息；

4）选定［数据网格］中的数据行（Ctrl 可选多行），单击［删除］按钮，可以删除数据；

5）单击［导出］按钮，并输入文件名，可以将当前［数据网格］中的数据输出为 Excel 文件；

6）单击［数据网格］标题，可以对数据进行排序；

7）单击［刷新］按钮，可以重新刷新［数据网格］中的数据；

8）单击［撤销］按钮，可以撤销未完成的操作；

9）单击［标签］按钮，可以打印钢卷标签。

注意事项：

［数据网格］中深颜色的数据列表示可以被修改，白色的数据列表示不可以修改，系统根据用户的权限决定哪一列可以被修改。

［入库编辑］增加操作（见图 16-1）：

1）单击［增加］按钮，增加一行数据，系统自动复制前一行的数据；

2）可以通过键盘上的［向下箭头］键实现数据的自动复制增加；

3）单击［保存］按钮，可以保存数据；

4）当数据行发生改变时，数据将自动保存。

［注］：

1）改变当前记录时，记录会自动保存；

2）数据保存后，不能撤销；

3）删除数据后，不能撤销；

4）已经出库、或已经登账的数据不能在此显示和修改；

5）选定单元格后，按 F2 键可以修改数据；

6）Tab 键可以使输入点跳转。

［入库编辑］库位编辑：

1）单击［库位 ID］数据单元格，出现 000 … 按钮后单击该按钮；

2）在库位单元格上回车，会弹出库位选择窗口；

3）在［库位选择］选定库位然后双击该行，如不选择库位单击窗口右上角的关闭按钮；

4）如果产品已经占据了某个库位，则需要清除后设置。

16.2 定位管理

启动和退出操作：

（1）在［主菜单］中选择［库存管理］——［定位管理］，即可进入［定位管理］界面；

（2）单击［定位管理］界面中的［关闭］按钮，可关闭［定位管理］窗口。

［定位管理］操作（见图 16-2）：

1）在下拉菜单中选定参数；

2）单击［检索钢卷］或［检索库位］按钮，显示钢卷的库存定位信息。

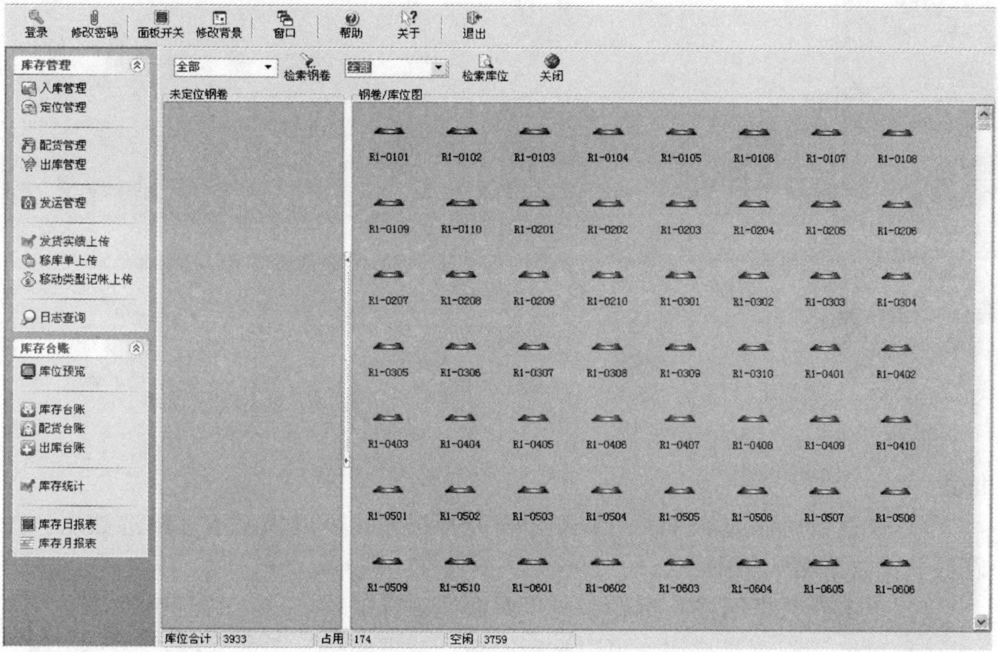

图 16-2 库存管理——定位管理

16.3 配货管理

启动和退出操作：

（1）在［主菜单］中选择［库存］——［配货管理］，即可进入［配货管理］界面；

（2）单击［配货管理］界面中的［关闭］按钮，可关闭［配货管理］窗口。

［配货管理］操作（见图 16-3）：

1）单击［首条］、［上条］、［下条］、［末条］按钮，可以改变［数据网格］中当前行的位置；

2）直接在［数据网格］中选取数据行，可以改变［数据网格］中当前行的

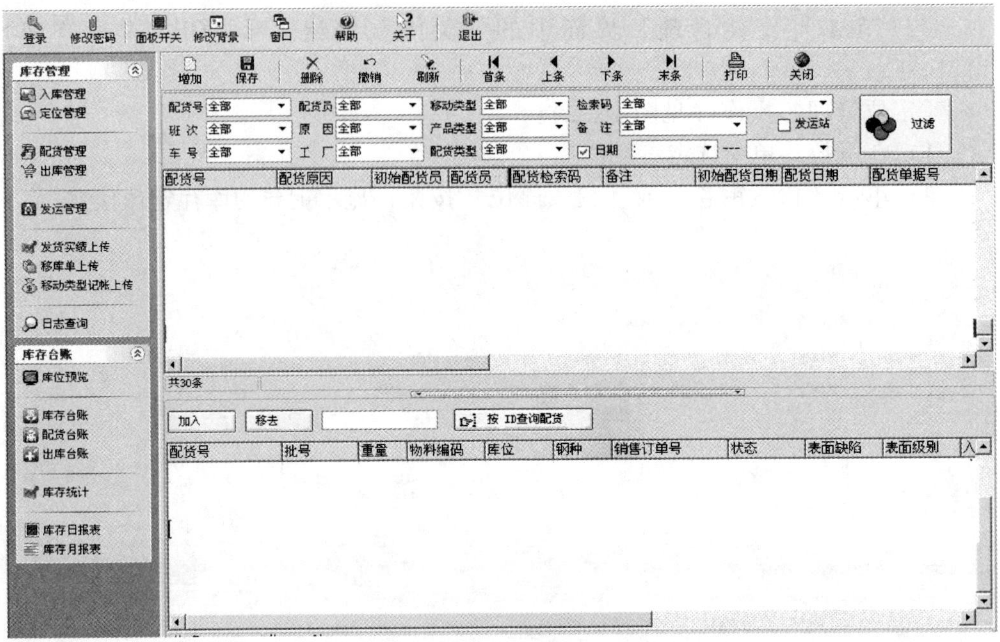

图 16-3 库存管理——配货管理

位置；

3）设置数据筛选条件后，单击［查询］按钮，可以依据条件筛选数据，并显示于［数据网格］中；

4）单击［数据网格］标题，可以对数据进行排序；

5）单击［刷新］按钮，可以重新刷新［数据网格］中的数据；

6）选定［数据网格］中的数据行，单击［删除］按钮，可以删除数据；

7）单击［撤销］按钮，可以撤销未完成的操作；

8）［数据网格］中深颜色的数据列表示可以被修改，白色的数据列表示不可以修改。

［增加配货］操作（见图 16-4）：

1）单击［增加］按钮；

2）选中［销售配售］、［物料配货］、［平整配货］、［其他配货］其一按钮，设置各参数，单击［过滤］按钮，筛选数据；

3）选择需要配货的记录行，单击［配货］按钮。

注意事项：

一个配货包括一条配货主记录和若干个明细记录；已经出库的产品不能删除其配货。

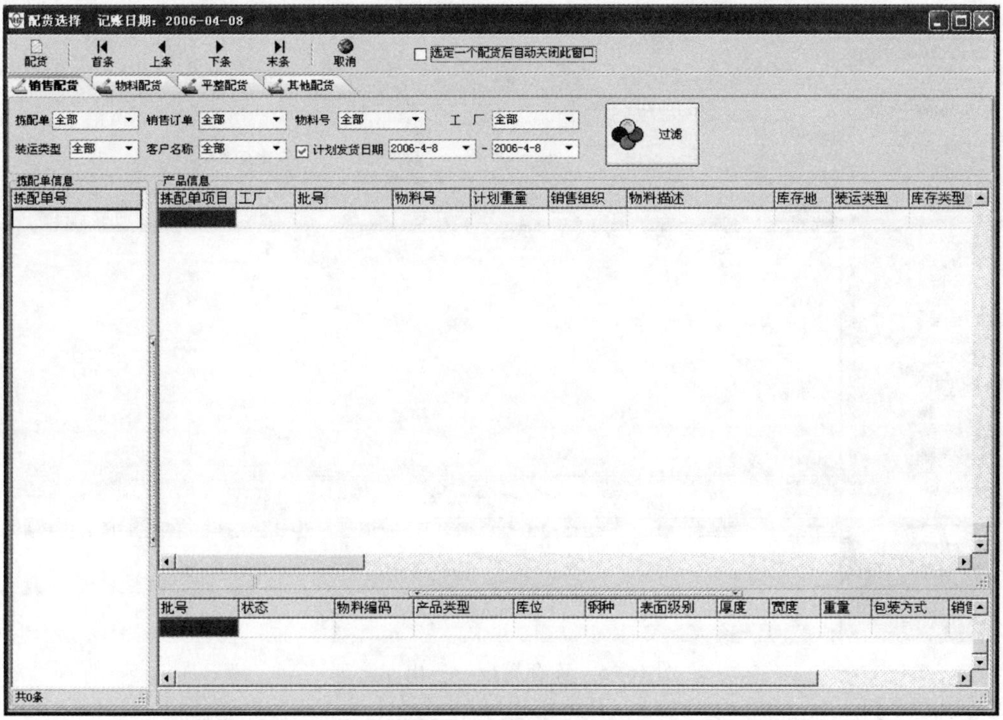

图 16-4 增加配货

16.4 出库管理

启动和退出操作：

(1) 在［主菜单］中选择［库存管理］——［出库管理］，即可进入［出库管理］界面；

(2) 单击［出库管理］界面中的［关闭］按钮，可关闭［出库管理］窗口。

［出库管理］操作（见图 16-5）：

产品出库操作可参照配货操作。

1）单击［首条］、［上条］、［下条］、［末条］按钮，可以改变［数据网格］中当前行的位置；

2）直接在［数据网格］中选取数据行，可以改变［数据网格］中当前行的位置；

3）设置数据筛选条件后，单击［过滤］按钮，可以依据条件筛选数据，并显示于［数据网格］中；

4）单击［数据网格］标题，可以对数据进行排序；

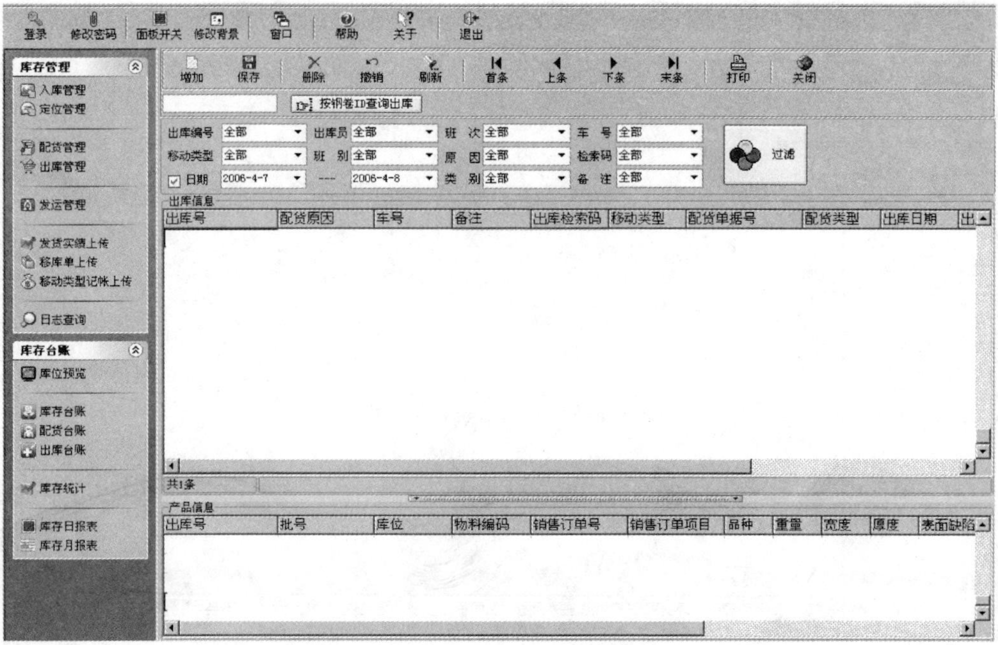

图 16-5 库存管理——出库管理

5）单击［刷新］按钮，可以重新刷新［数据网格］中的数据；

6）选定［数据网格］中的数据行，单击［删除］按钮，可以删除数据；

7）单击［撤销］按钮，可以撤销未完成的操作；

8）［数据网格］中深颜色的数据列表示可以被修改，白色的数据列表示不可以修改。

注意事项：必须先配货后出库，未配货则不能出库。实物出库后，再执行出库操作。出库后，库位自动释放。

［增加出库］操作（见图 16-6）：

1）设置数据筛选条件后，单击［过滤］按钮，可以依据条件筛选数据，并显示于［数据网格］中；

2）选取已配货但未出库的记录信息，单击［出库］按钮，按照钢卷查询配货；

3）输入钢卷号，单击［按照钢卷 ID 查询配货］按钮，即可找到配货。

16.5 发货实绩上传

启动和退出操作：

（1）在［主菜单］中选择［库存管理］——［发货实绩上传］，即可进入［发货实绩上传］界面；

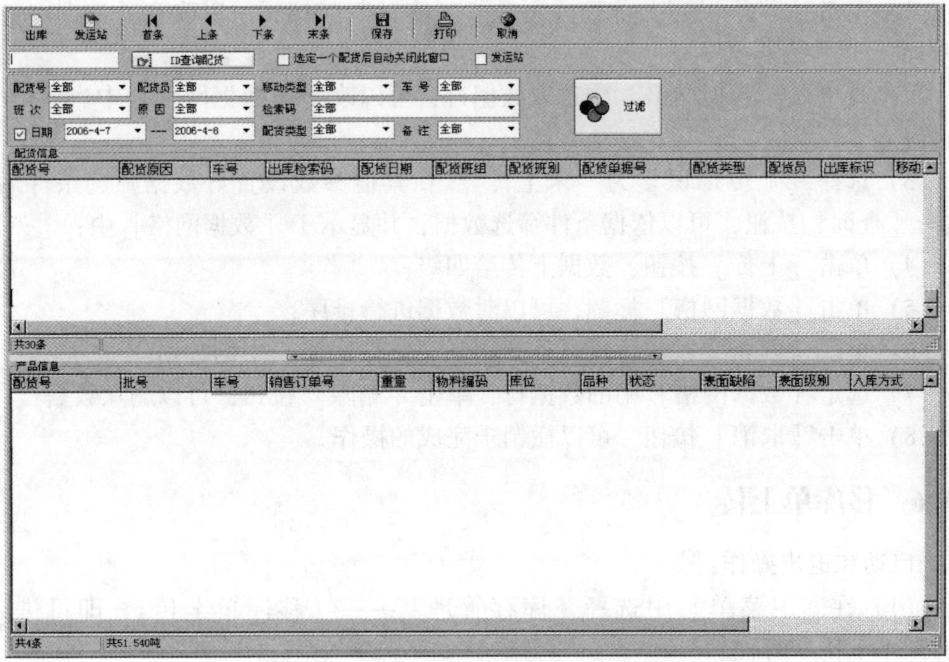

图 16-6 增加出库

（2）单击［发货实绩上传］界面中的［关闭］按钮，可关闭窗口。

［发货实绩上传］操作（见图 16-7）：

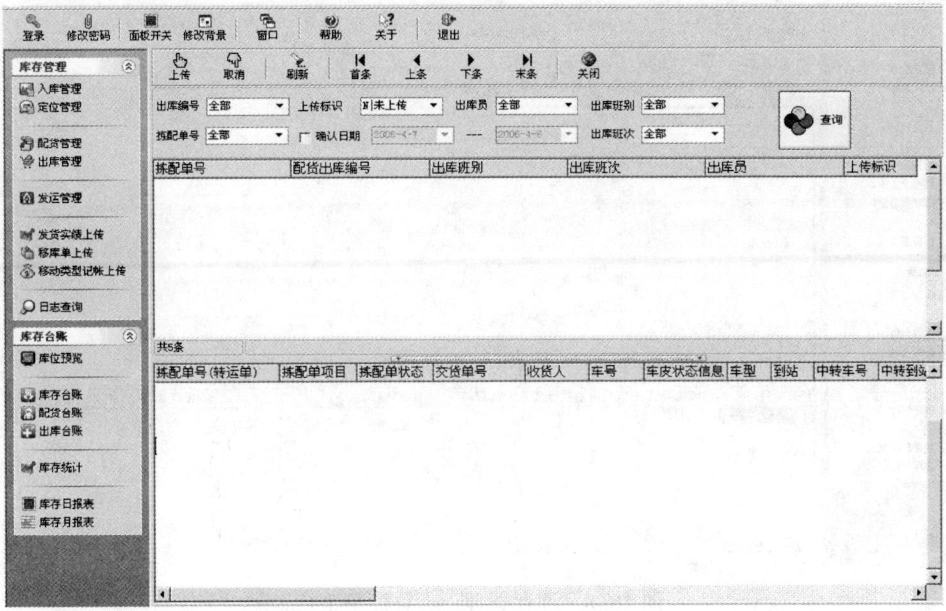

图 16-7 库存管理——发货实绩上传

1）单击［首条］、［上条］、［下条］、［末条］按钮，可以改变［数据网格］中当前行的位置；

2）直接在［数据网格］中选取数据行，可以改变［数据网格］中当前行的位置；

3）选择［上传标识］为“未上传”，在其他参数设置好数据筛选条件后，单击［查询］按钮，可以依据条件筛选数据，并显示于［数据网格］中；

4）单击［上传］按钮，数据上传给四级；

5）单击［数据网格］标题，可以对数据进行排序；

6）单击［刷新］按钮，可以重新刷新［数据网格］中的数据；

7）选定［数据网格］中的数据行，单击［删除］按钮，可以删除数据；

8）单击［取消］按钮，可以撤销未完成的操作。

16.6 移库单上传

启动和退出操作：

（1）在［主菜单］中选择［库存管理］——［移库单上传］，即可进入［移库单上传］界面；

（2）单击［移库单上传］界面中的［关闭］按钮，可关闭窗口。

［移库单上传］操作（见图 16-8）：

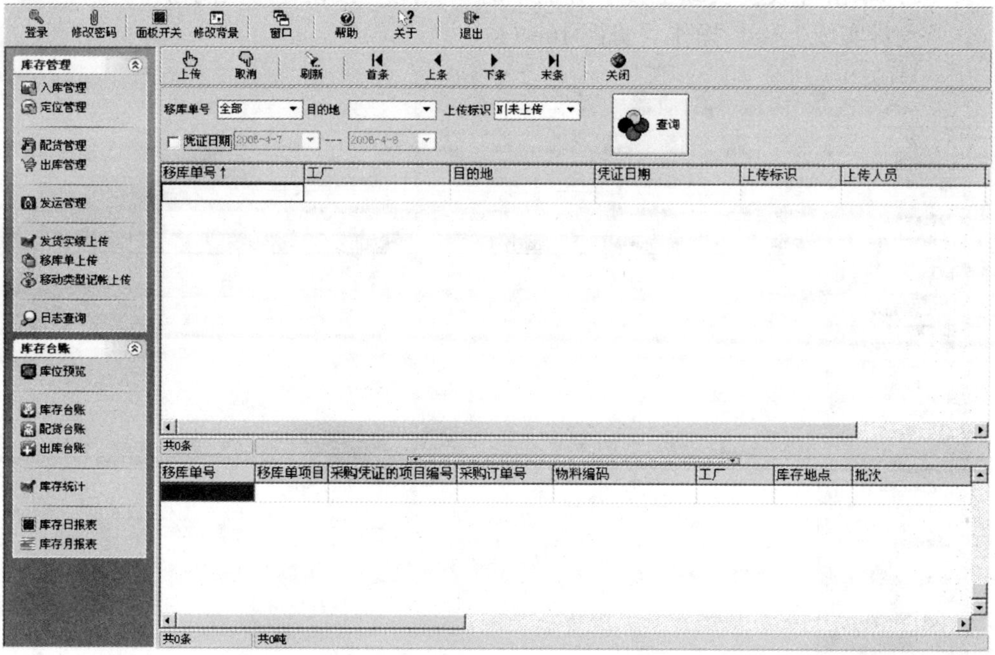

图 16-8 库存管理——移库单上传

1）单击［首条］、［上条］、［下条］、［末条］按钮，可以改变［数据网格］中当前行的位置；

2）直接在［数据网格］中选取数据行，可以改变［数据网格］中当前行的位置；

3）选择［上传标识］为“未上传”，在其他参数设置好数据筛选条件后，单击［查询］按钮，可以依据条件筛选数据，并显示于［数据网格］中；

4）单击［上传］按钮，数据上传给四级；

5）单击［数据网格］标题，可以对数据进行排序；

6）单击［取消］按钮，可以撤销未完成的操作；

7）单击［刷新］按钮，刷新数据网格中记录。

16.7　移动类型记账上传

启动和退出操作：

（1）在［主菜单］中选择［库存管理］——［移动类型记账上传］，即可进入［移动类型记账上传］界面；

（2）单击［移动类型记账上传］窗口中的［关闭］按钮，可关闭窗口。

［移动类型记账上传］操作（见图 16-9）：

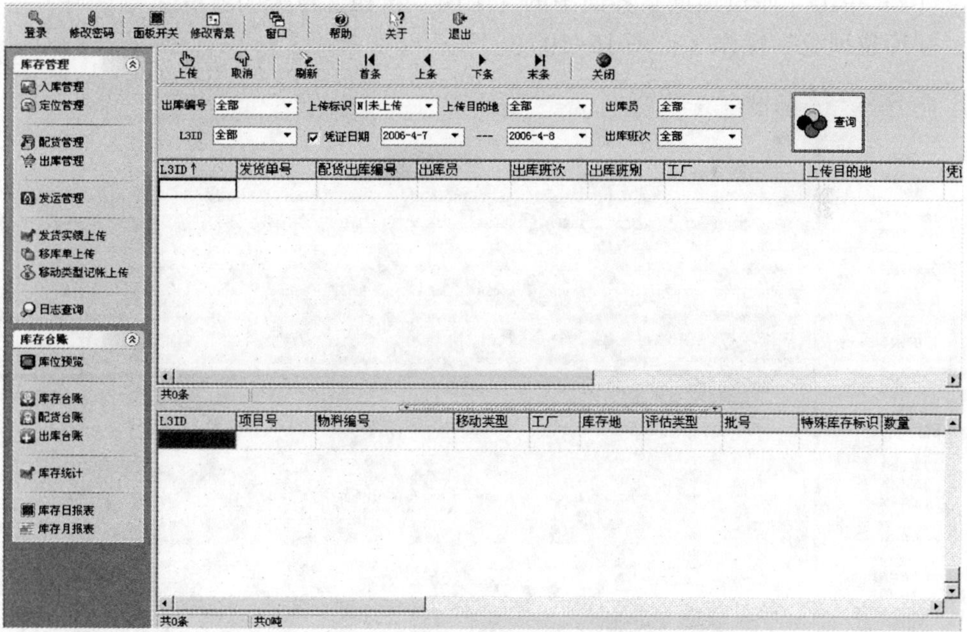

图 16-9　库存管理——移动类型记账上传

1）单击［首条］、［上条］、［下条］、［末条］按钮，可以改变［数据网格］

中当前行的位置；

2）直接在［数据网格］中选取数据行，可以改变［数据网格］中当前行的位置；

3）选择［上传标识］为“未上传”，在其他参数设置好数据筛选条件后，单击［查询］按钮，可以依据条件筛选数据，并显示于［数据网格］中；

4）单击［上传］按钮，数据上传给四级；

5）单击［数据网格］标题，可以对数据进行排序；

6）单击［刷新］按钮，可以重新刷新［数据网格］中的数据；

7）选定［数据网格］中的数据行，单击［删除］按钮，可以删除数据；

8）单击［取消］按钮，可以撤销未完成的操作。

16.8 库存台账

16.8.1 库位预览

启动和退出操作：

(1) 在［主菜单］中选择［库存台账］——［库位预览］，即可进入［库位预览］界面；

(2) 单击［库位预览］界面中的［关闭］按钮，可关闭窗口。

［库位预览］操作（见图 16-10）：

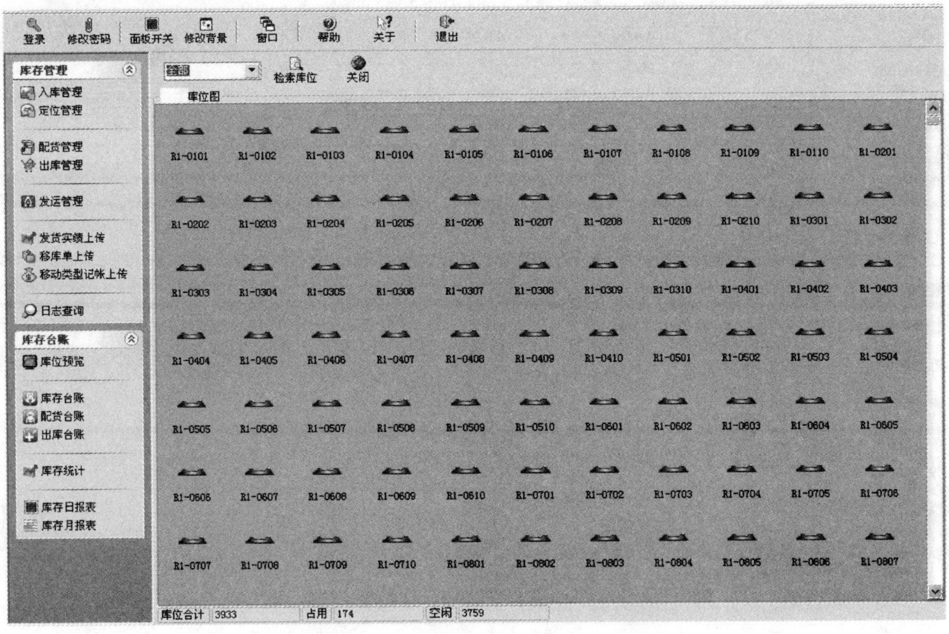

图 16-10　库存台账——库位预览

1）设置筛选参数；

2）单击［检索库位］按钮，将显示钢卷-库位信息。

16.8.2　库存台账

启动和退出操作：

（1）在［主菜单］中选择［库存台账］——［库存台账］，即可进入［库存台账］界面（见图 16-11）；

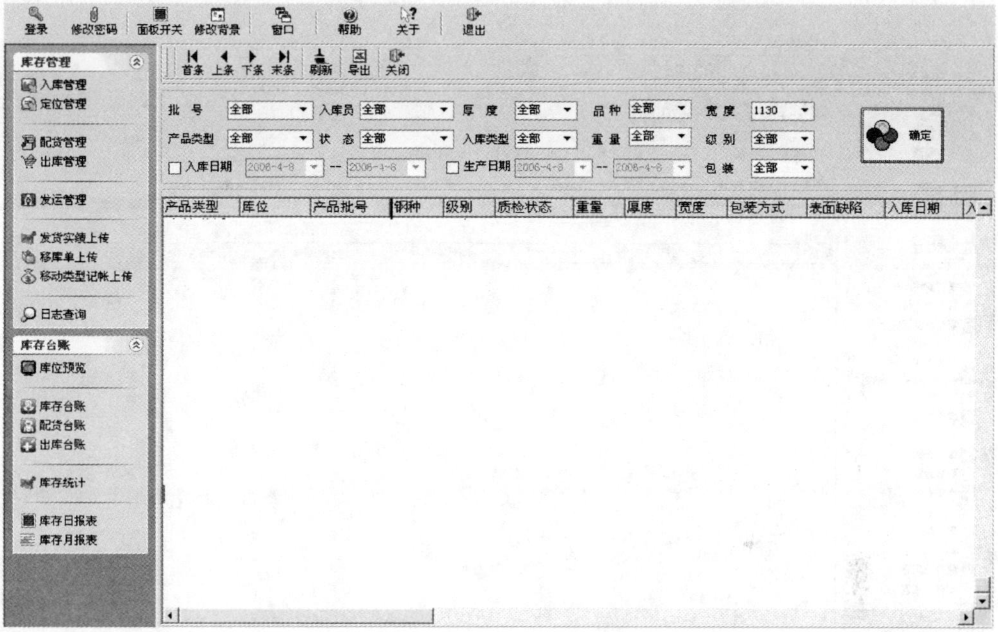

图 16-11　库存台账——库存台账

（2）单击［库存台账］窗口中的［关闭］按钮，可关闭窗口。

检索和浏览数据：

1）单击［首条］、［上条］、［下条］、［末条］按钮，可以改变［数据网格］中当前行的位置；

2）直接在［数据网格］中选取数据行，可以改变［数据网格］中当前行的位置；

3）设置数据筛选条件后，单击［确定］按钮，可以依据条件筛选数据，并显示于［数据网格］中；

4）单击［导出］按钮，并输入文件名，可以将当前［数据网格］中的数据输出为 Excel 文件；

5）单击［刷新］按钮，可以重新刷新［数据网格］中的数据。

16.8.3 配货台账

启动和退出操作：

(1) 在［主菜单］中选择［库存台账］——［配货台账］，即可进入［配货台账］界面；

(2) 单击［配货台账］界面中的［关闭］按钮，可关闭窗口。

［配货台账］操作（见图 16-12）：

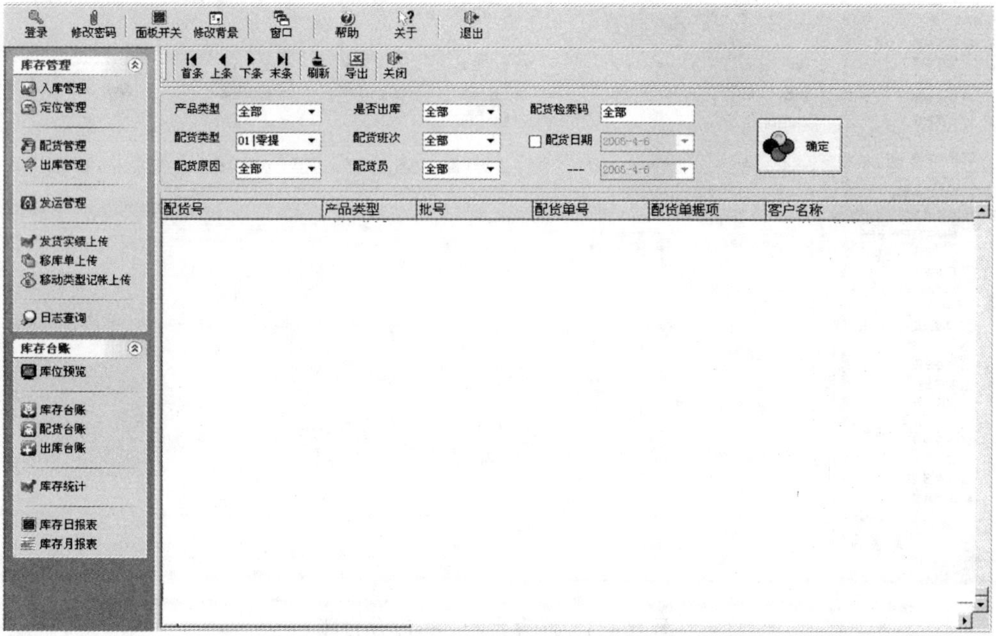

图 16-12 库存台账——配货台账

检索和浏览数据：

1）单击［首条］、［上条］、［下条］、［末条］按钮，可以改变［数据网格］中当前行的位置；

2）直接在［数据网格］中选取数据行，可以改变［数据网格］中当前行的位置；

3）设置数据筛选条件后，单击［确定］按钮，可以依据条件筛选数据，并显示于［数据网格］中；

4）单击［导出］按钮，并输入文件名，可以将当前［数据网格］中的数据输出为 Excel 文件；

5）单击［刷新］按钮，可以重新刷新［数据网格］中的数据。

16.8.4 出库台账

启动和退出操作：

（1）在［主菜单］中选择［库存台账］——［出库台账］，即可进入［出库台账］界面；

（2）单击［出库台账］窗口中的［关闭］按钮，可关闭窗口。

［出库台账］操作（见图 16-13）：

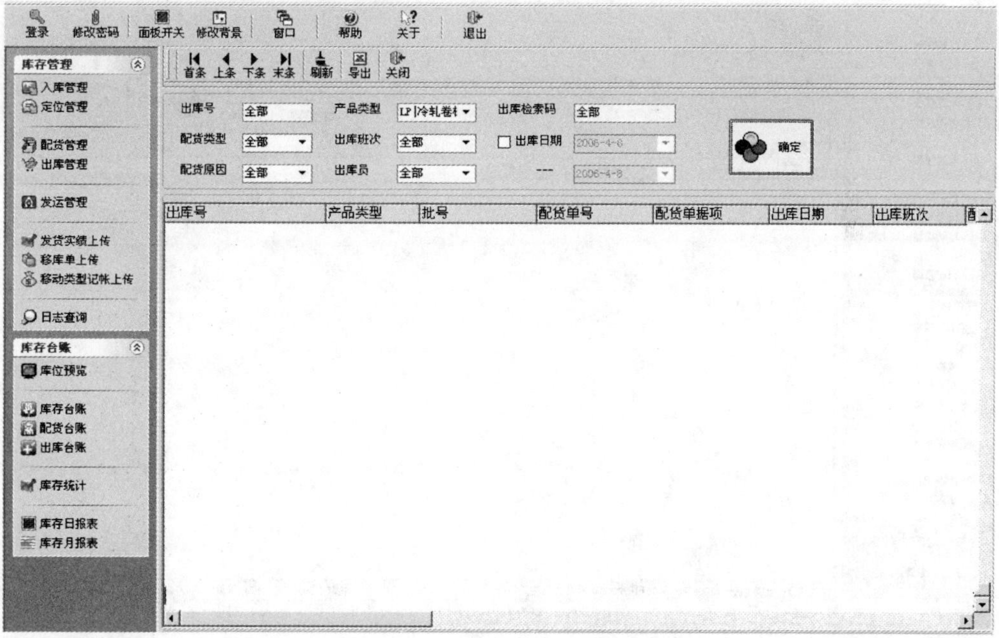

图 16-13 库存台账——出库台账

检索和浏览数据：

1）单击［首条］、［上条］、［下条］、［末条］按钮，可以改变［数据网格］中当前行的位置；

2）直接在［数据网格］中选取数据行，可以改变［数据网格］中当前行的位置；

3）设置数据筛选条件后，单击［确定］按钮，可以依据条件筛选数据，并显示于［数据网格］中；

4）单击［导出］按钮，并输入文件名，可以将当前［数据网格］中的数据输出为 Excel 文件；

5）单击［刷新］按钮，可以重新刷新［数据网格］中的数据。

16.8.5 库存统计

启动和退出操作：

（1）在［主菜单］中选择［库存台账］——［库存统计］，即可进入［库存统计］界面；

（2）单击［库存统计］界面中的［关闭］按钮，可关闭窗口。

［库存统计］操作（见图16-14）：

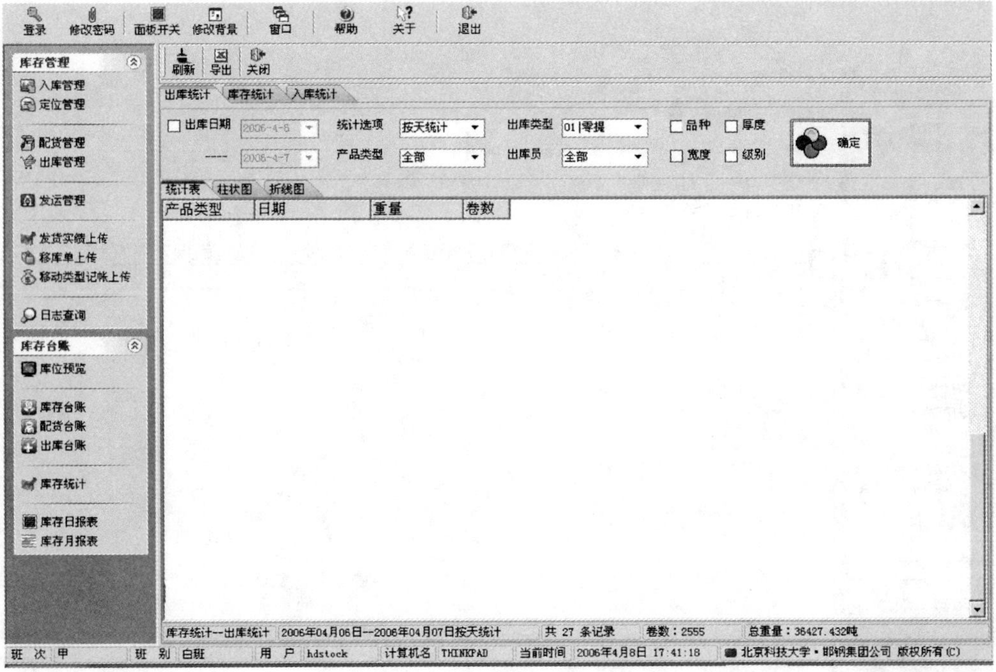

图16-14 库存台账——库存统计

出库统计：

1）单击［出库统计］，然后单击［统计表］，出库信息以统计表的形式显示（见图16-15）；

2）单击［柱状图］，出库信息以柱状图的形式显示（见图16-16）；

3）单击［折线图］，出库信息以折线图的形式显示（见图16-17）。

库存统计：

1）单击［库存统计］，然后单击［柱状表］，库存信息以柱状表的形式显示（见图16-18）；

2）单击［柱状图］，库存信息以柱状图的形式显示（见图16-19）；

3）单击［饼图］，库存信息以饼图的形式显示（见图16-20）。

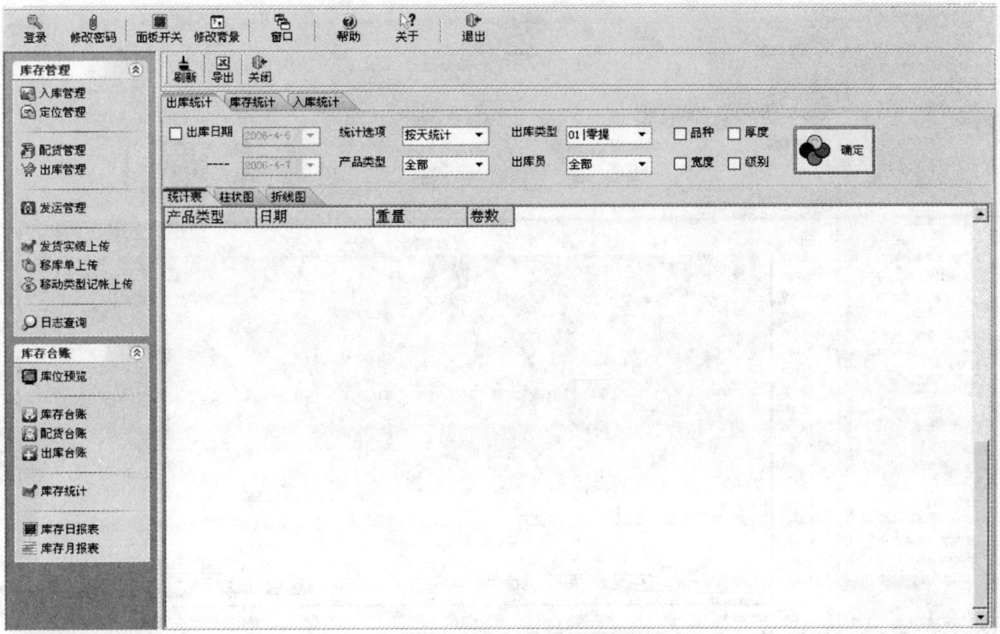

图 16-15 出库统计表

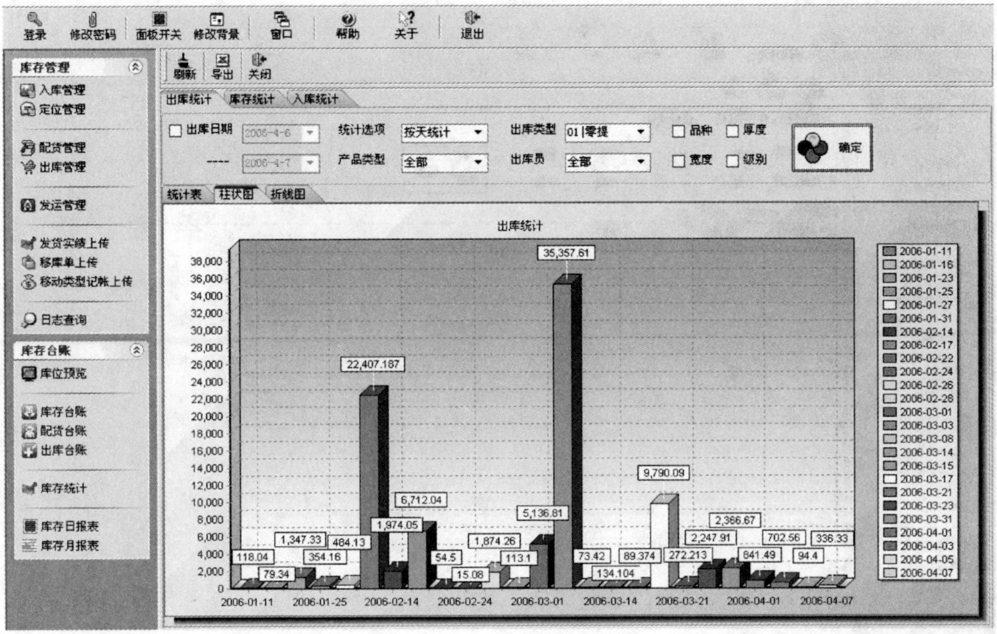

图 16-16 出库统计柱状图

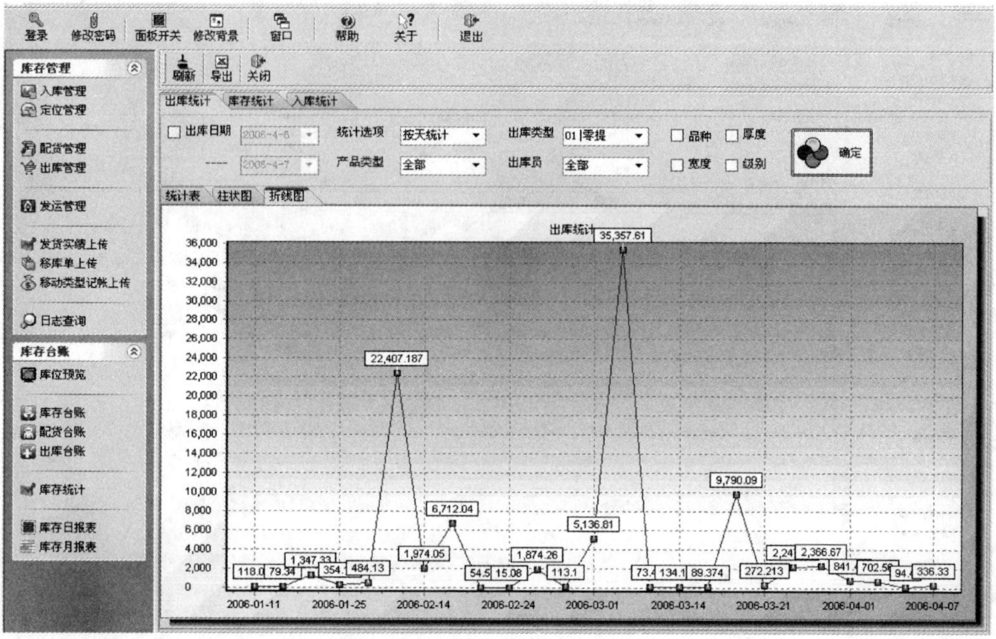

图 16-17 出库统计折线图

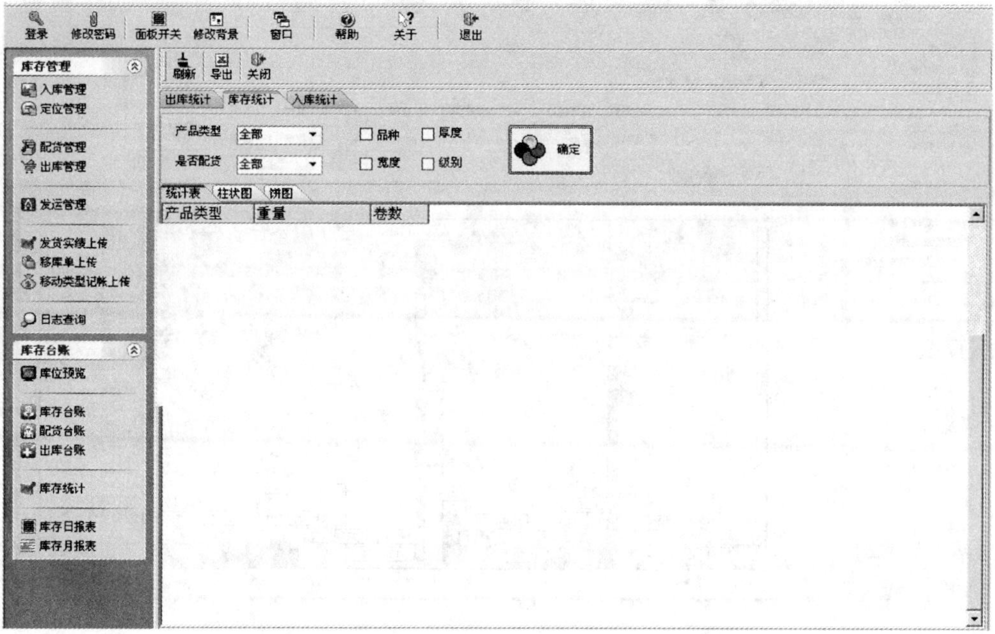

图 16-18 库存统计表

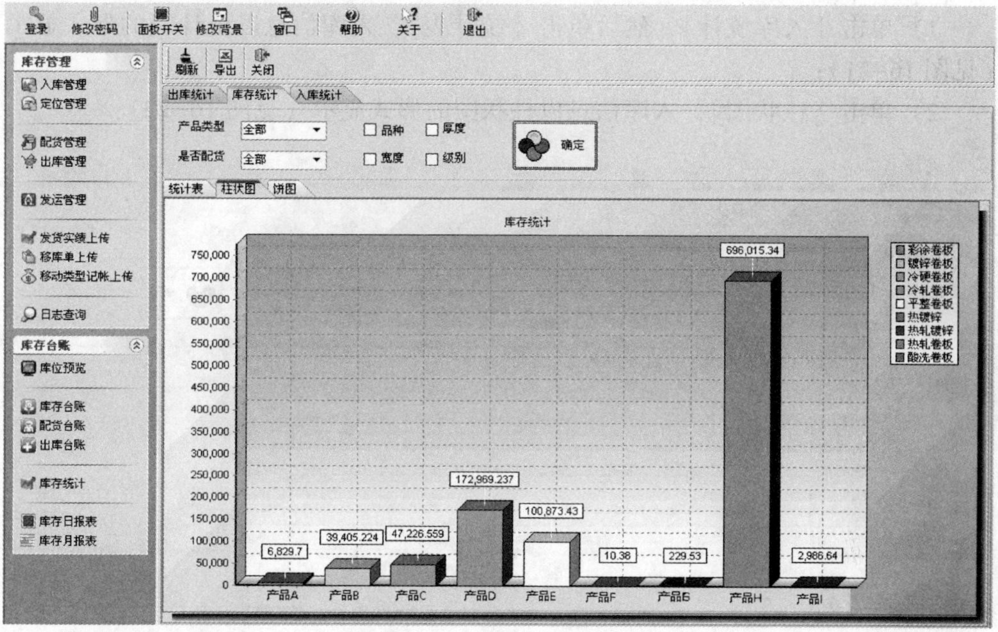

图 16-19 库存统计柱状图

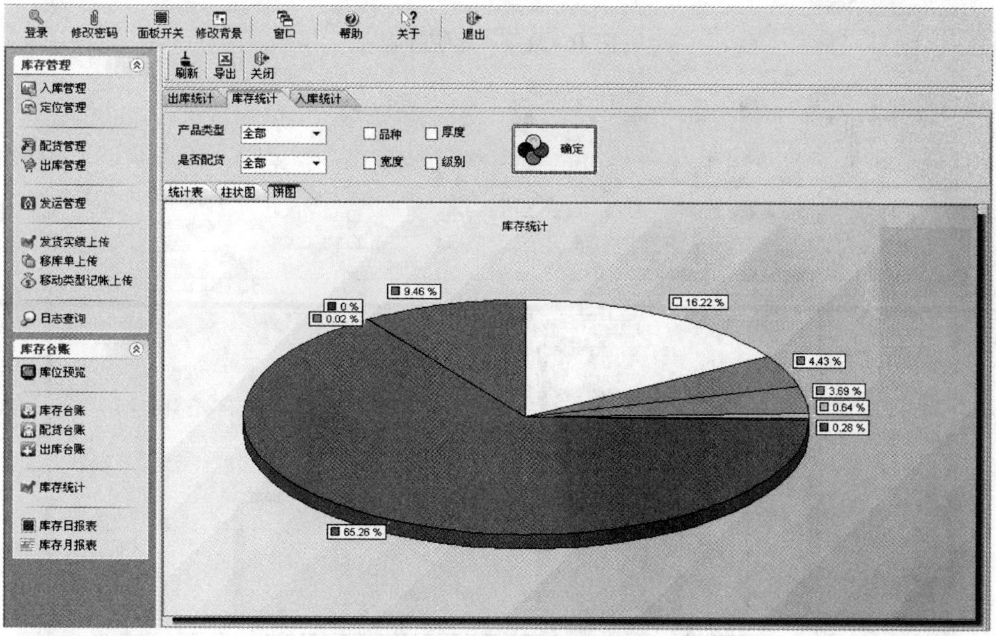

图 16-20 库存统计饼图

入库统计：

1）单击［入库统计］，然后单击［统计表］，入库信息以统计表的形式显示（见图 16-21）；

2）单击［柱状图］，入库信息以柱状图的形式显示（见图 16-22）；

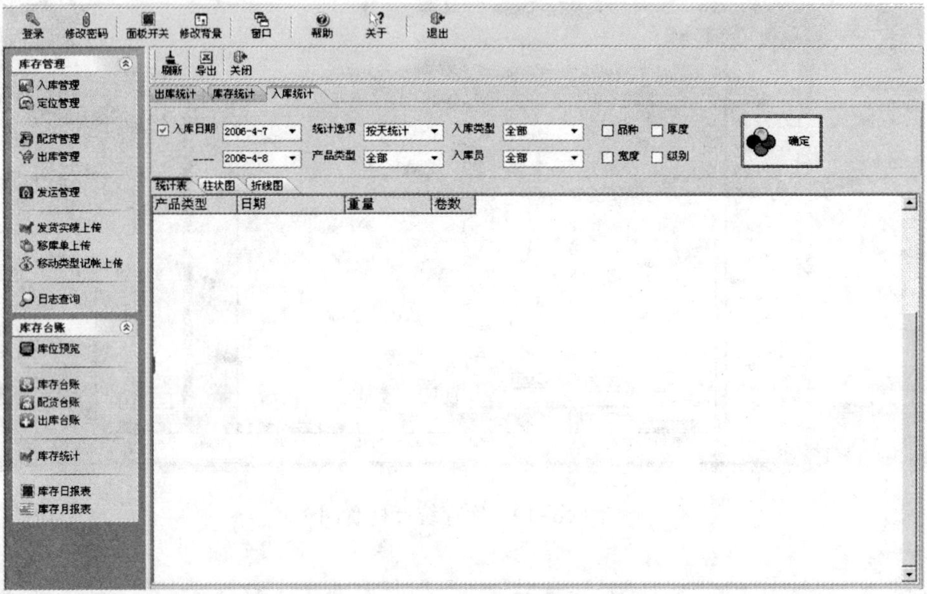

图 16-21 入库统计表

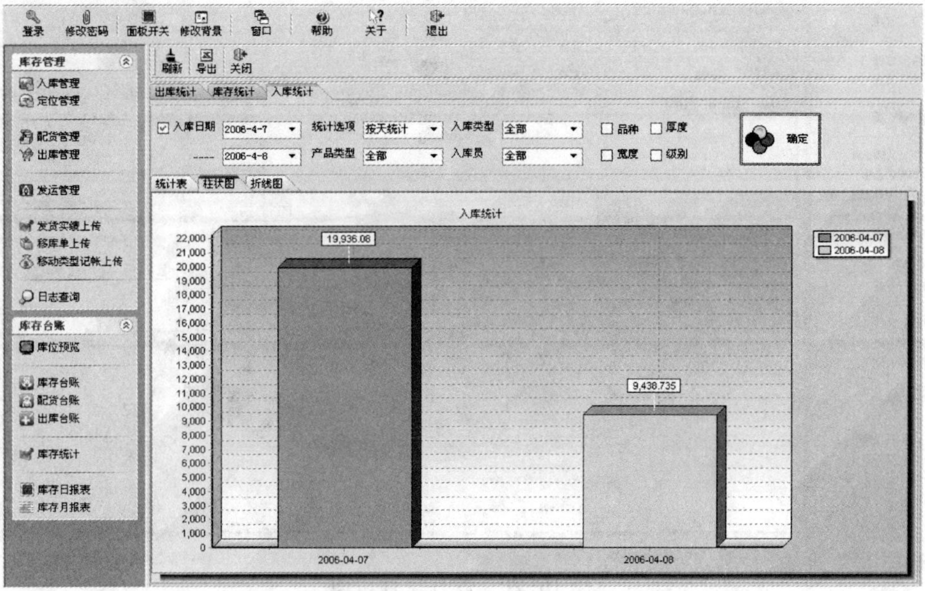

图 16-22 入库统计柱状图

3）单击［折线图］，入库信息以折线图的形式显示（见图16-23）。

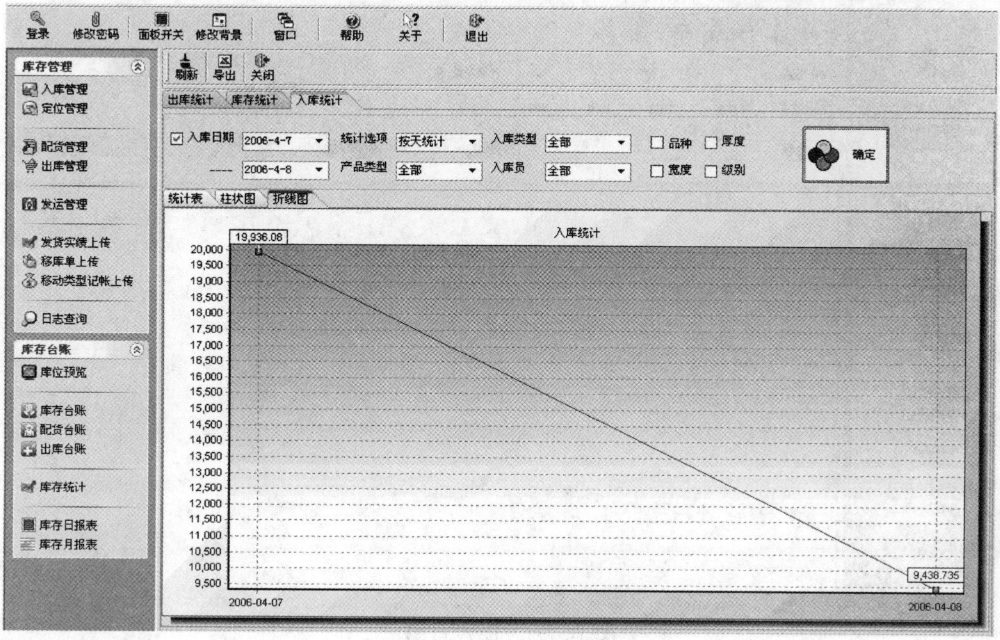

图16-23 入库统计折线图

16.8.6 库存日报表

启动和退出操作：

（1）在［主菜单］中选择［库存台账］——［库存日报表］进入［库存日报表］界面；

（2）单击［库存日报表］中的［关闭］按钮，可关闭窗口。

［库存日报表］操作（见图16-24）：

检索和浏览数据：

1）单击［首条］、［上条］、［下条］、［末条］按钮，可以改变［数据网格］中当前行的位置；

2）直接在［数据网格］中选取数据行，可以改变［数据网格］中当前行的位置；

3）设置数据筛选条件后，单击［确定］按钮，可以依据条件筛选数据，并显示于［数据网格］中；

4）单击［导出］按钮，并输入文件名，可以将当前［数据网格］中的数据输出为Excel文件；

5）单击［刷新］按钮，可以重新刷新［数据网格］中的数据。

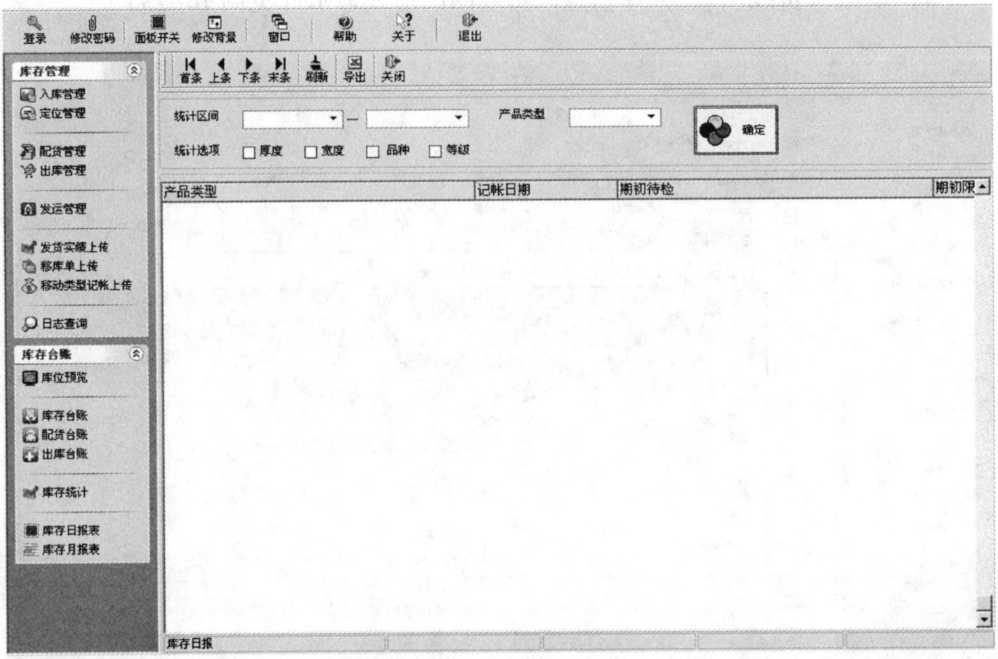

图 16-24 库存日报表

16.8.7 库存月报表

启动和退出操作：

(1) 在［主菜单］中选择［库存台账］——［库存月报表］可进入［库存月报表］界面；

(2) 单击［库存月报表］中的［关闭］按钮，可关闭窗口。

［库存月报表］操作（见图 16-25）：

检索和浏览数据：

1) 单击［首条］、［上条］、［下条］、［末条］按钮，可以改变［数据网格］中当前行的位置；

2) 直接在［数据网格］中选取数据行，可以改变［数据网格］中当前行的位置；

3) 设置数据筛选条件后，单击［确定］按钮，可以依据条件筛选数据，并显示于［数据网格］中；

4) 单击［导出］按钮，并输入文件名，可以将当前［数据网格］中的数据输出为 Excel 文件；

5) 单击［刷新］按钮，可以重新刷新［数据网格］中的数据。

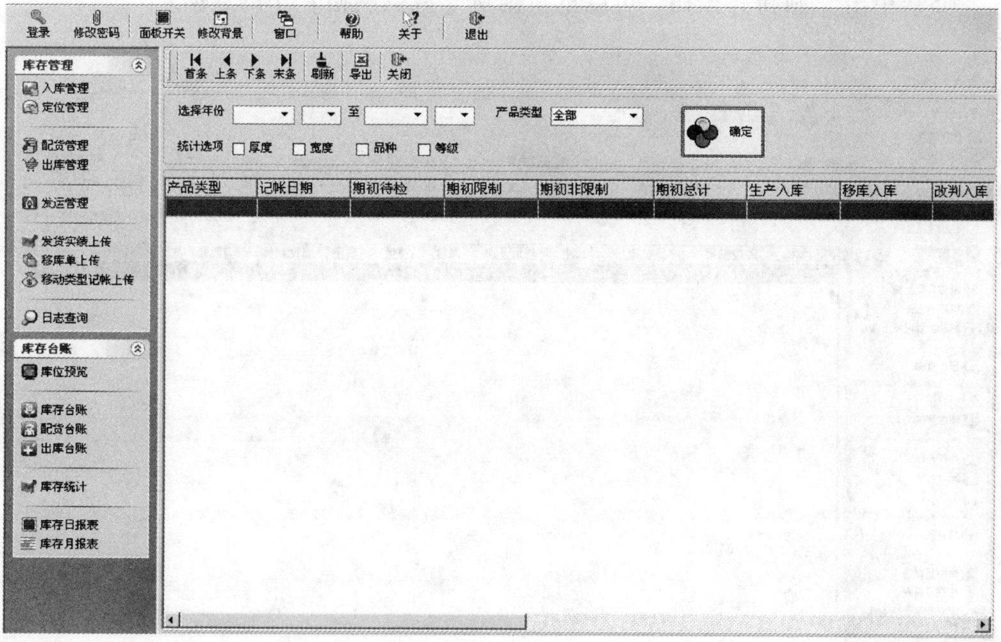

图 16-25 库存月报表

16.9 数据查询

16.9.1 生产数据查询

启动和退出操作：

（1）在［主菜单］中选择［数据查询］——［生产数据查询］可进入［生产数据查询］界面；

（2）单击［生产数据查询］中的［关闭］按钮，可关闭窗口。

［生产数据查询］操作（见图 16-26）：

检索和浏览数据：

1）单击［首条］、［上条］、［下条］、［末条］按钮，可以改变［数据网格］中当前行的位置；

2）直接在［数据网格］中选取数据行，可以改变［数据网格］中当前行的位置；

3）设置数据筛选条件后，单击［查询］按钮，可以依据条件筛选数据，并显示于［数据网格］中；

4）单击［导出］按钮，并输入文件名，可以将当前［数据网格］中的数据输出为 Excel 文件；

5）单击［刷新］按钮，可以重新刷新［数据网格］中的数据。

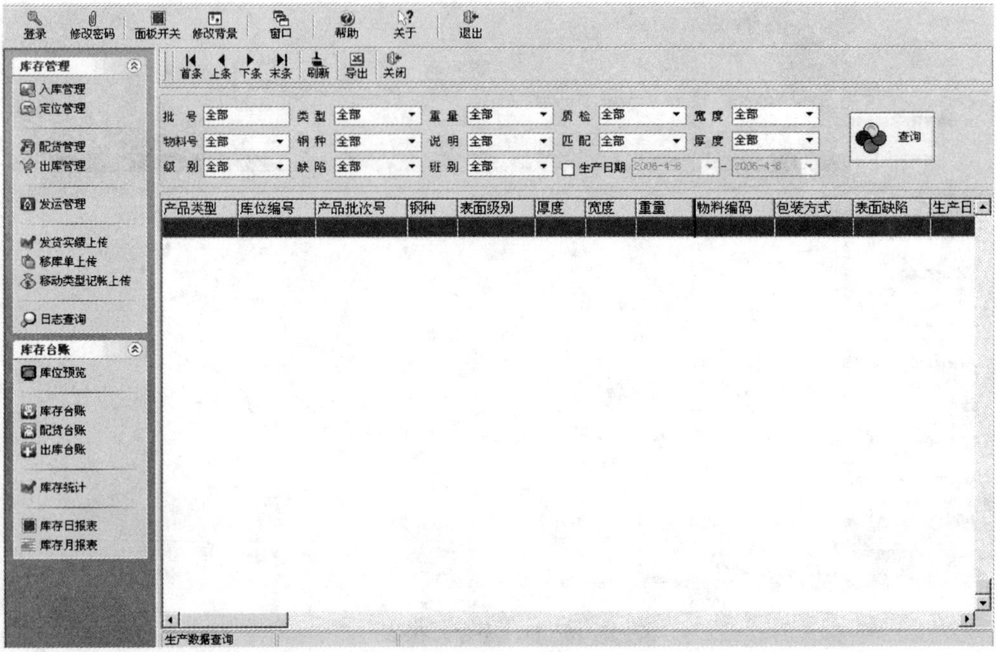

图 16-26　数据查询——生产数据查询

16.9.2　退货入库查询

启动和退出操作：

（1）在［主菜单］中选择［数据查询］——［退货入库查询］可进入［退货入库查询］界面；

（2）单击［退货入库查询］中的［关闭］按钮，可关闭窗口。

［退货入库查询］操作（见图 16-27）：

检索和浏览数据：

1）单击［首条］、［上条］、［下条］、［末条］按钮，可以改变［数据网格］中当前行的位置；

2）直接在［数据网格］中选取数据行，可以改变［数据网格］中当前行的位置；

3）设置数据筛选条件后，单击［查询］按钮，可以依据条件筛选数据，并显示于［数据网格］中；

4）单击［导出］按钮，并输入文件名，可以将当前［数据网格］中的数据输出为 Excel 文件；

5）单击［刷新］按钮，可以重新刷新［数据网格］中的数据。

图 16-27 数据查询——退货入库查询

16.9.3 订单转储查询

启动和退出操作：

(1) 在［主菜单］中选择［数据查询］——［订单转储查询］可进入［订单转储查询］界面；

(2) 单击［订单转储查询］中的［关闭］按钮，可关闭窗口。

［订单转储查询］操作（见图 16-28）：

检索和浏览数据：

1) 单击［首条］、［上条］、［下条］、［末条］按钮，可以改变［数据网格］中当前行的位置；

2) 直接在［数据网格］中选取数据行，可以改变［数据网格］中当前行的位置；

3) 设置数据筛选条件后，单击［查询］按钮，可以依据条件筛选数据，并显示于［数据网格］中；

4) 单击［导出］按钮，并输入文件名，可以将当前［数据网格］中的数据输出为 Excel 文件；

5) 单击［刷新］按钮，可以重新刷新［数据网格］中的数据。

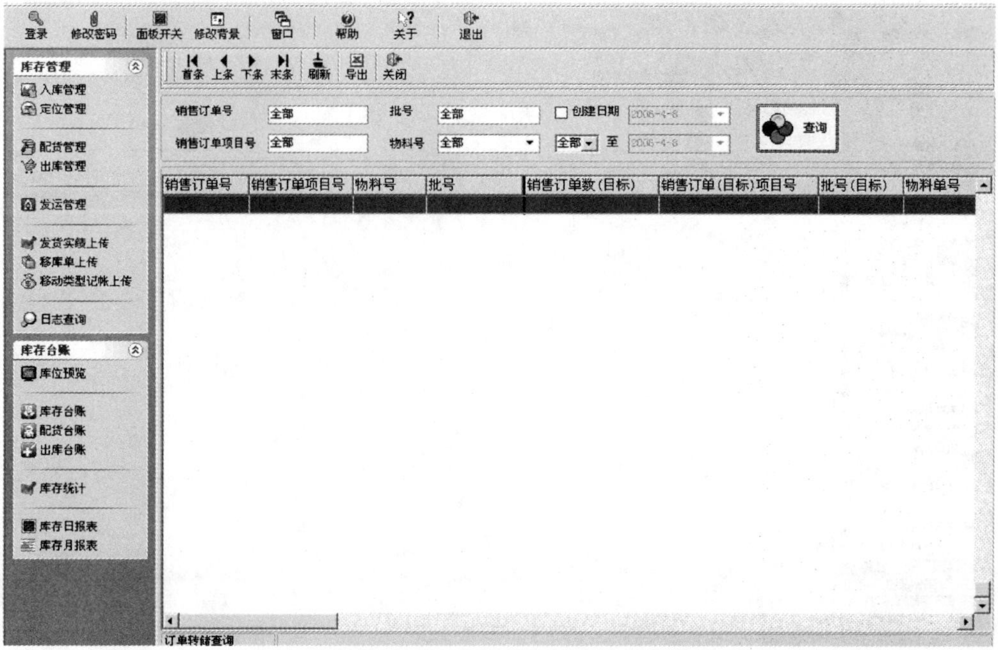

图 16-28 数据查询——订单转储查询

16.9.4 发货指令查询

启动和退出操作：

(1) 在［主菜单］中选择［数据查询］——［发货指令查询］可进入［发货指令查询］界面（见图 16-29）；

(2) 单击［发货实绩查询］中的［关闭］按钮，可关闭窗口。

［发货实绩查询］操作（见图 16-30）：

检索和浏览数据：

1）单击［首条］、［上条］、［下条］、［末条］按钮，可以改变［数据网格］中当前行的位置；

2）直接在［数据网格］中选取数据行，可以改变［数据网格］中当前行的位置；

3）设置数据筛选条件后，单击［查询］按钮，可以依据条件筛选数据，并显示于［数据网格］中；

4）单击［导出］按钮，并输入文件名，可以将当前［数据网格］中的数据输出为 Excel 文件；

5）单击［刷新］按钮，可以重新刷新［数据网格］中的数据。

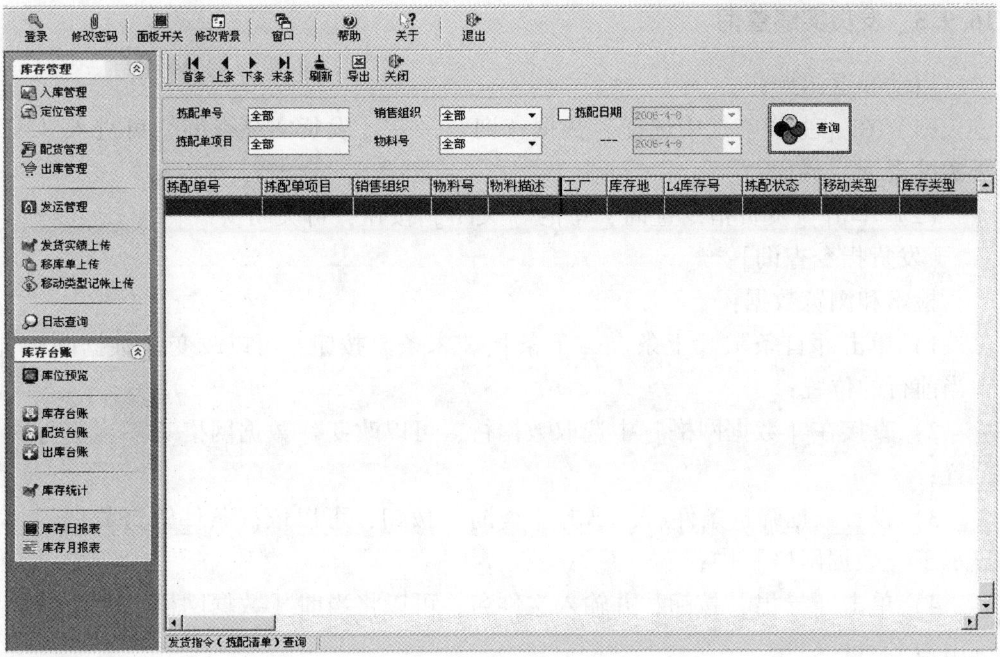

图 16-29 数据查询——发货指令查询

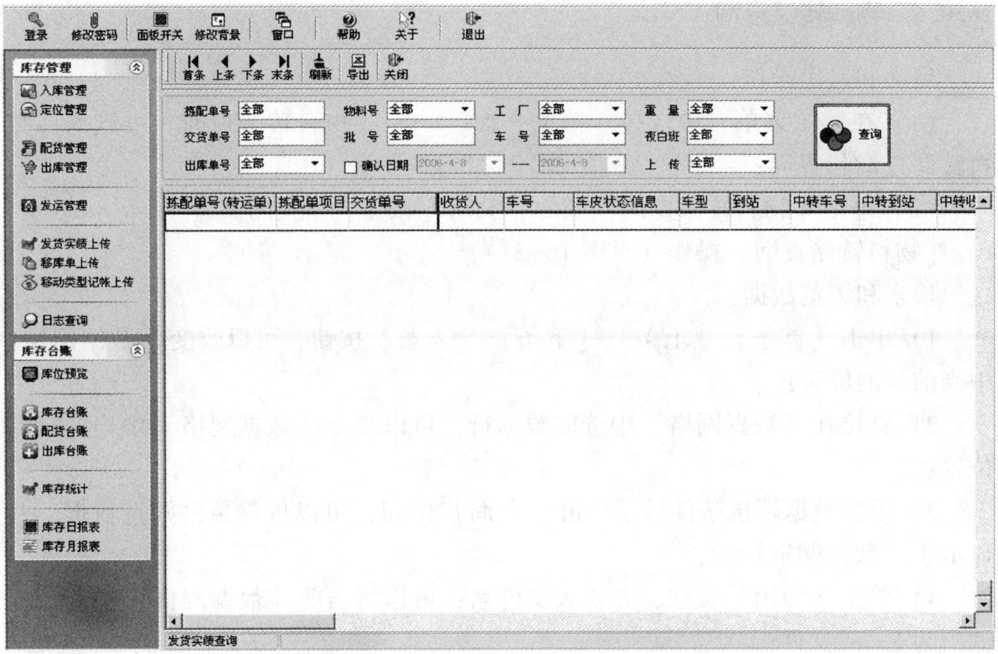

图 16-30 数据查询——发货实绩查询

16.9.5 发货实绩查询

启动和退出操作：

（1）在［主菜单］中选择［数据查询］——［发货实绩查询］可进入［发货实绩查询］界面；

（2）单击［发货指令查询］中的［关闭］按钮，可关闭窗口。

［发货指令查询］：

检索和浏览数据：

1）单击［首条］、［上条］、［下条］、［末条］按钮，可以改变［数据网格］中当前行的位置；

2）直接在［数据网格］中选取数据行，可以改变［数据网格］中当前行的位置；

3）设置数据筛选条件后，单击［查询］按钮，可以依据条件筛选数据，并显示于［数据网格］中；

4）单击［导出］按钮，并输入文件名，可以将当前［数据网格］中的数据输出为 Excel 文件；

5）单击［刷新］按钮，可以重新刷新［数据网格］中的数据。

16.9.6 物料转储查询

启动和退出操作：

（1）在［主菜单］中选择［数据查询］——［物料转储查询］可进入［物料转储查询］界面；

（2）单击［物料转储查询］中的［关闭］按钮，可关闭窗口。

［物料转储查询］操作（见图 16-31）：

检索和浏览数据：

1）单击［首条］、［上条］、［下条］、［末条］按钮，可以改变［数据网格］中当前行的位置；

2）直接在［数据网格］中选取数据行，可以改变［数据网格］中当前行的位置；

3）设置数据筛选条件后，单击［查询］按钮，可以依据条件筛选数据，并显示于［数据网格］中；

4）单击［导出］按钮，并输入文件名，可以将当前［数据网格］中的数据输出为 Excel 文件；

5）单击［刷新］按钮，可以重新刷新［数据网格］中的数据。

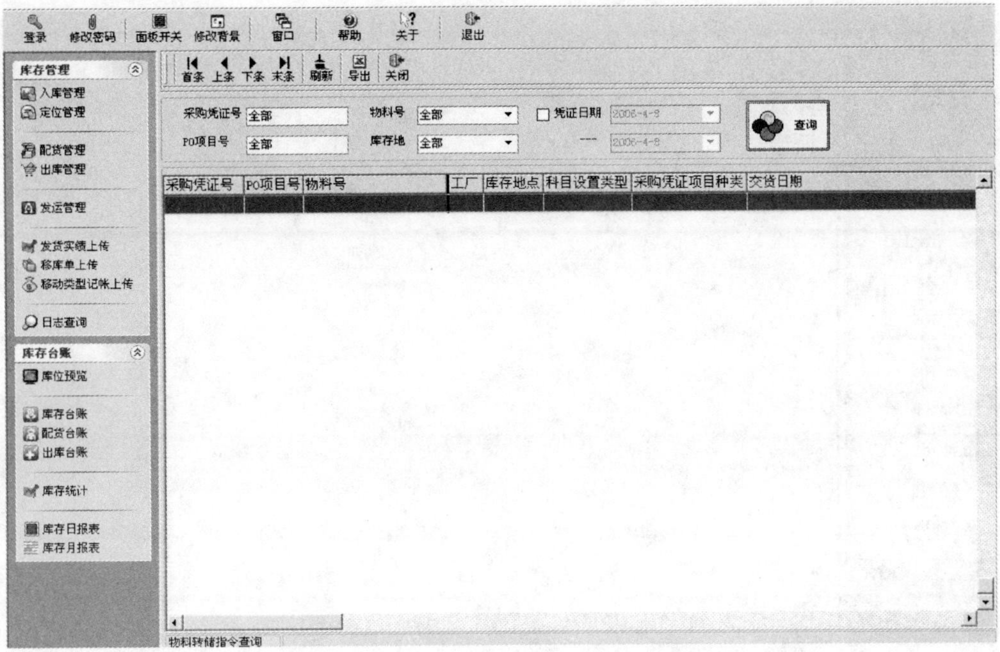

图 16-31 数据查询——物料转储查询

16.9.7 其他拣配单查询

启动和退出操作：

（1）在［主菜单］中选择［数据查询］——［其他拣配单查询］可进入［其他拣配单查询］界面；

（2）单击［其他拣配单查询］中的［关闭］按钮，可关闭窗口。

［其他拣配单查询］操作（见图 16-32）：

检索和浏览数据：

1）单击［首条］、［上条］、［下条］、［末条］按钮，可以改变［数据网格］中当前行的位置；

2）直接在［数据网格］中选取数据行，可以改变［数据网格］中当前行的位置；

3）设置数据筛选条件后，单击［查询］按钮，可以依据条件筛选数据，并显示于［数据网格］中；

4）单击［导出］按钮，并输入文件名，可以将当前［数据网格］中的数据输出为 Excel 文件；

5）单击［刷新］按钮，可以重新刷新［数据网格］中的数据。

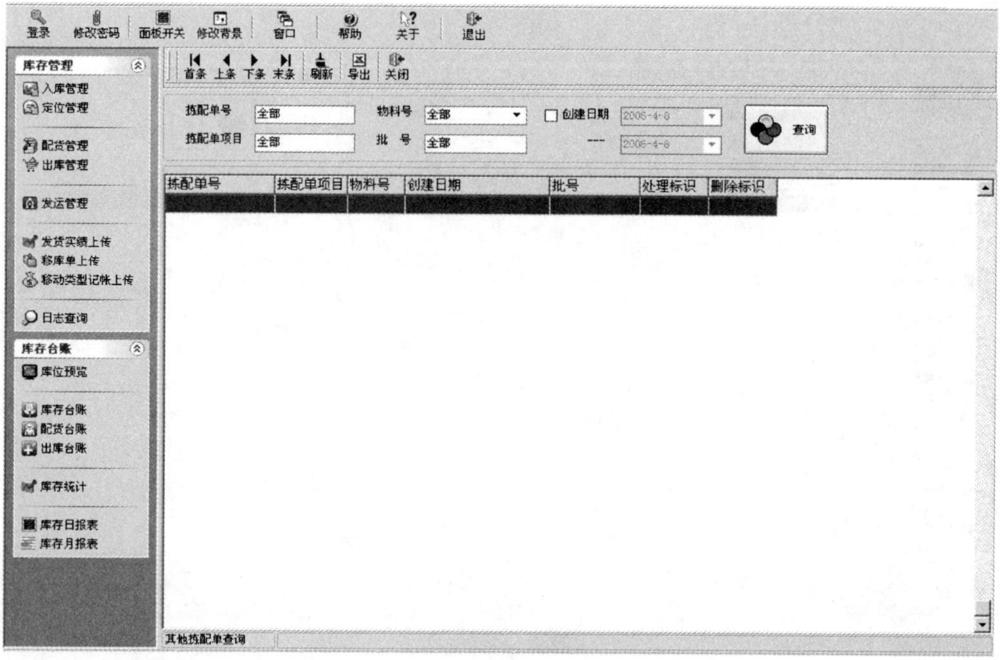

图 16-32 数据查询——其他拣配单查询

16.9.8 客户信息查询

启动和退出操作：

(1) 在［主菜单］中选择［数据查询］——［客户信息查询］可进入［客户信息查询］界面；

(2) 单击［客户信息查询］中的［关闭］按钮，可关闭窗口。

［客户信息查询］操作（见图 16-33）：

检索和浏览数据：

1) 单击［首条］、［上条］、［下条］、［末条］按钮，可以改变［数据网格］中当前行的位置；

2) 直接在［数据网格］中选取数据行，可以改变［数据网格］中当前行的位置；

3) 设置数据筛选条件后，单击［查询］按钮，可以依据条件筛选数据，并显示于［数据网格］中；

4) 单击［导出］按钮，并输入文件名，可以将当前［数据网格］中的数据输出为 Excel 文件；

5) 单击［刷新］按钮，可以重新刷新［数据网格］中的数据。

图 16-33 数据查询——客户信息查询

16.9.9 供应商信息查询

启动和退出操作：

（1）在［主菜单］中选择［数据查询］——［供应商信息查询］可进入［供应商信息查询］界面；

（2）单击［供应商信息查询］中的［关闭］按钮，可关闭窗口。

［供应商信息查询］操作（见图 16-34）：

检索和浏览数据：

1）单击［首条］、［上条］、［下条］、［末条］按钮，可以改变［数据网格］中当前行的位置；

2）直接在［数据网格］中选取数据行，可以改变［数据网格］中当前行的位置；

3）设置数据筛选条件后，单击［查询］按钮，可以依据条件筛选数据，并显示于［数据网格］中；

4）单击［导出］按钮，并输入文件名，可以将当前［数据网格］中的数据输出为 Excel 文件；

5）单击［刷新］按钮，可以重新刷新［数据网格］中的数据。

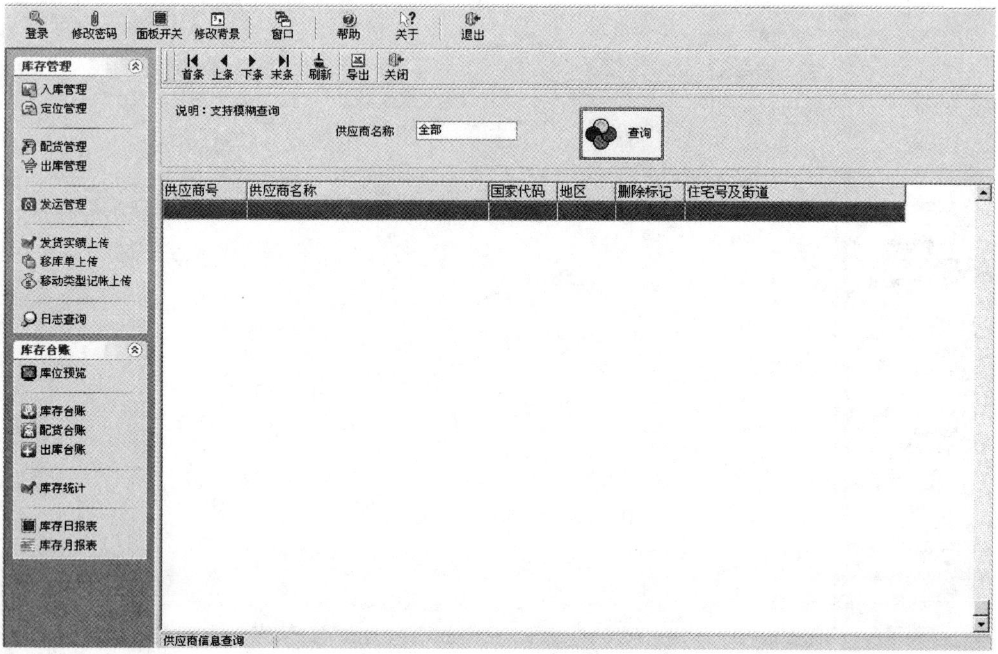

图 16-34　数据查询——供应商信息查询

16.9.10　车辆信息查询

启动和退出操作：

（1）在［主菜单］中选择［数据查询］——［车辆信息查询］可进入［车辆信息查询］界面；

（2）单击［车辆信息查询］中的［关闭］按钮，可关闭窗口。

［车辆信息查询］操作（见图 16-35）：

检索和浏览数据：

1）单击［首条］、［上条］、［下条］、［末条］按钮，可以改变［数据网格］中当前行的位置；

2）直接在［数据网格］中选取数据行，可以改变［数据网格］中当前行的位置；

3）设置数据筛选条件后，单击［查询］按钮，可以依据条件筛选数据，并显示于［数据网格］中；

4）单击［导出］按钮，并输入文件名，可以将当前［数据网格］中的数据输出为 Excel 文件；

5）单击［刷新］按钮，可以重新刷新［数据网格］中的数据。

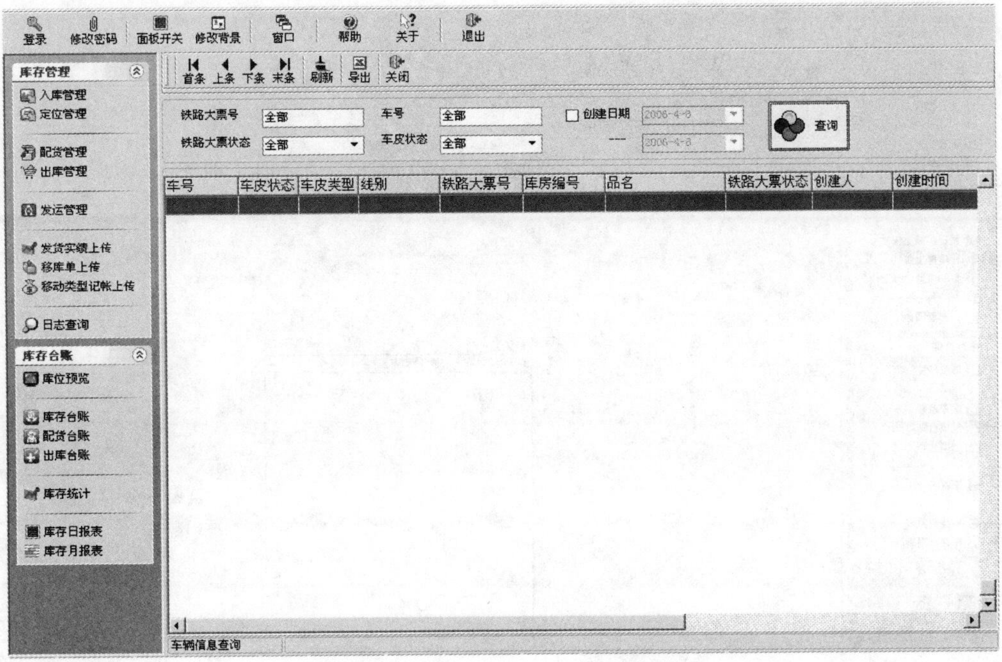

图 16-35 数据查询——车辆信息查询

16.10 系统维护

16.10.1 用户管理

启动和退出操作：

(1) 在［主菜单］中选择［系统维护］——［用户管理］，即可进入［用户管理］界面；

(2) 单击［用户管理］界面中的［关闭］按钮，可关闭窗口。

［用户管理］操作（见图 16-36）：

1) 单击［首条］、［上条］、［下条］、［末条］按钮，可以改变［数据网格］中当前行的位置；

2) 单击［刷新］按钮，实时刷新界面数据，核对系统数据与现场数据；

3) 单击［导出］，可将数据导出到 Excel；

4) 可以增加用户、删除用户、修改用户信息；

5) 可以修改权限。

操作组管理：

［操作组］管理操作（见图 16-37）：

1) 单击［操作组］进入操作组管理界面；

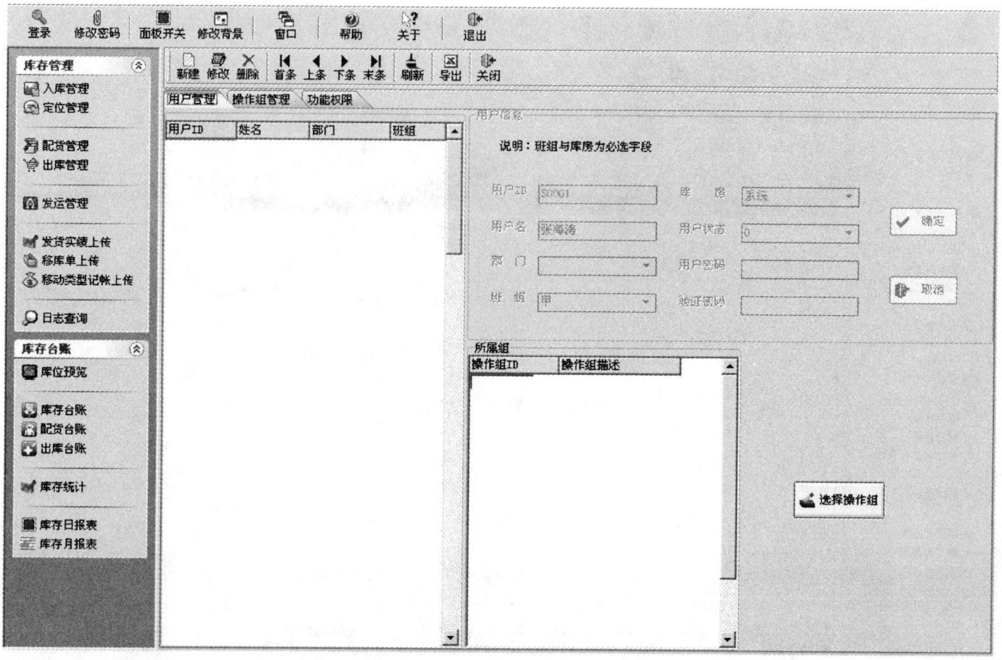

图 16-36 系统维护——用户管理

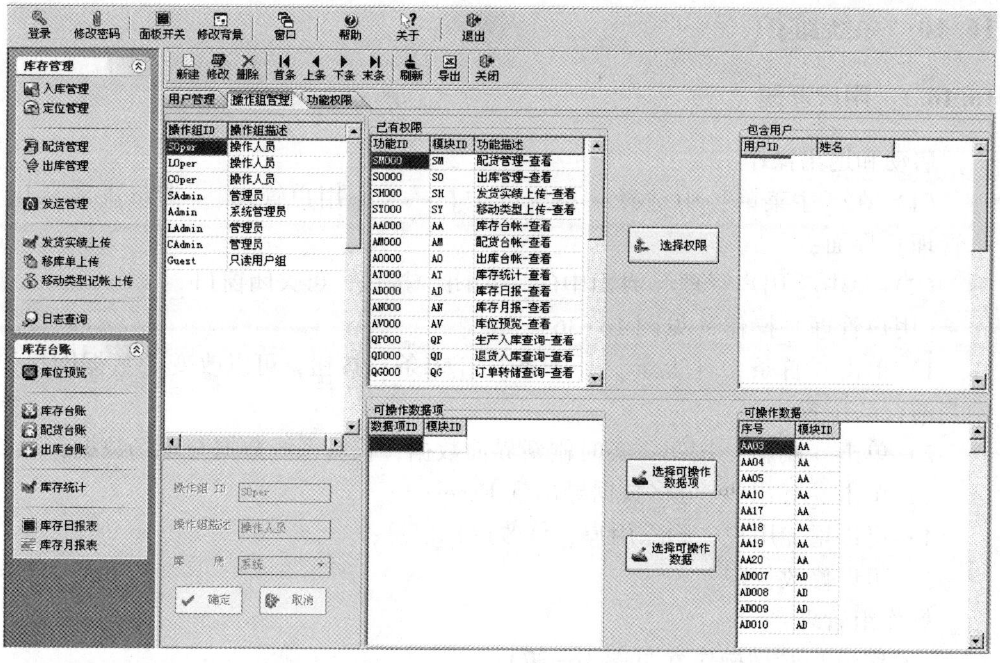

图 16-37 操作组管理

2）可以新建、修改、删除操作组；

3）单击［功能权限］进入功能权限界面（见图 16-38）；

4）可以新建、修改、删除所建模块。

5）单击［首条］、［上条］、［下条］、［末条］按钮，可以改变［数据网格］中当前行的位置；

6）单击［刷新］按钮，实时刷新界面数据，核对系统数据与现场数据；

7）单击［导出］，可将数据以 Excel 形式导出。

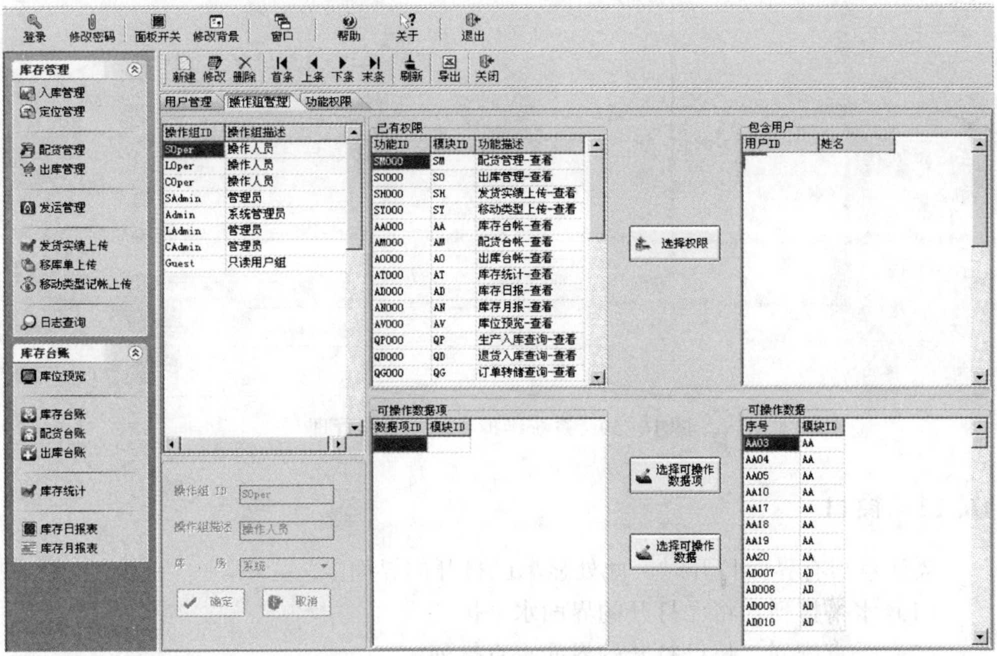

图 16-38　功能权限

16.10.2　主数据管理

启动和退出操作：

（1）在［主菜单］中选择［系统维护］——［主数据管理］，即可进入［主数据管理］界面；

（2）单击［主数据管理］界面中的［关闭］按钮，可关闭窗口。

［主数据管理］操作（见图 16-39）：

1）单击［首条］、［上条］、［下条］、［末条］按钮，可以改变［数据网格］中当前行的位置；

2）单击［刷新］按钮，实时刷新界面数据，核对系统数据与现场数据；

3）单击［导出］，可将数据以 Excel 形式导出；

4）可以新建、修改、删除记录信息。

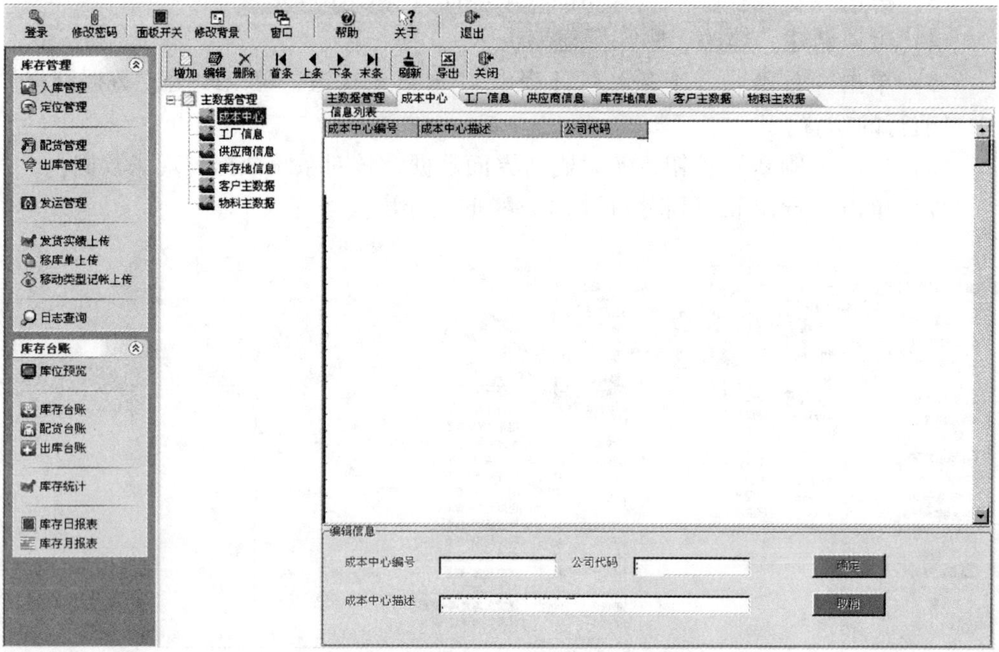

图 16-39　系统维护——主数据管理

16.11　窗口

需注意当有界面打开时，此处显示已打开的界面。

（1）水平排列。将已打开的界面水平排列。

（2）垂直排列。将已打开的界面垂直排列。

（3）层叠。将已打开的界面层叠排列。

17　库存移动终端功能开发

17.1　预入库管理

用于从产线上进行预入成品库操作，操作过程：

（1）该功能模块提供两种录入方式：键盘输入与镭射扫码。

（2）将移动终端对准条形码，按下屏幕下方蓝色长方形按钮，系统将开始读取条码信息。扫描成功会发出一声蜂鸣并伴随一道强白光，系统会自动识别底单条码和库位条码并填入对应文本框。

（3）底单编号和料位都具备后，点击屏幕［确认入库］，入库结果将反馈在下方的［反馈］文本框内（见图 17-1）。

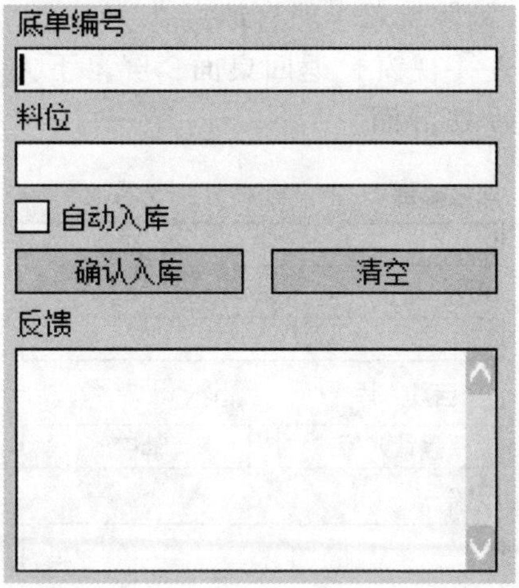

图 17-1　成品精整预入库界面

（4）每次根据反馈信息判断入库是否成功或入库失败原因，必要时使用［库存底单查询］功能辅助判断。

（5）勾选［自动入库］选项，系统将在底单编号和料位信息具备后自动完成入库，不需要每次点击［确认入库］。注意，勾选［自动入库］后将不能再使用键盘输入！

（6）点击［清空］，清除屏幕上所有信息。

（7）点击屏幕左下方［视窗］返回桌面，屏幕下方［拼］切换输入法，屏幕右下方［OK］返回上一级界面。

17.2　正式入库管理

用于从半成品库入成品库操作，操作过程：

（1）该功能模块提供两种录入方式：键盘输入与镭射扫码。

（2）将移动终端对准条形码，按下屏幕下方蓝色长方形按钮，系统将开始读取条码信息。扫描成功会发出一声蜂鸣并伴随一道强白光，系统会自动识别底单条码和库位条码并填入对应文本框。

（3）底单编号和料位都具备后，点击屏幕［确认入库］，入库结果将反馈在下方的［反馈］文本框内（见图 17-2）。

（4）每次根据反馈信息判断入库是否成功或入库失败原因，必要时使用［库存底单查询］功能辅助判断。

（5）勾选［自动入库］选项，系统将在底单编号和料位信息具备后自动完成入库，不需要每次点击［确认入库］。注意，勾选［自动入库］后将不能再使用键盘输入！

（6）点击［清空］，清除屏幕上所有信息。

（7）点击屏幕左下方［视窗］返回桌面，屏幕下方［拼］切换输入法，屏幕右下方［OK］返回上一级界面。

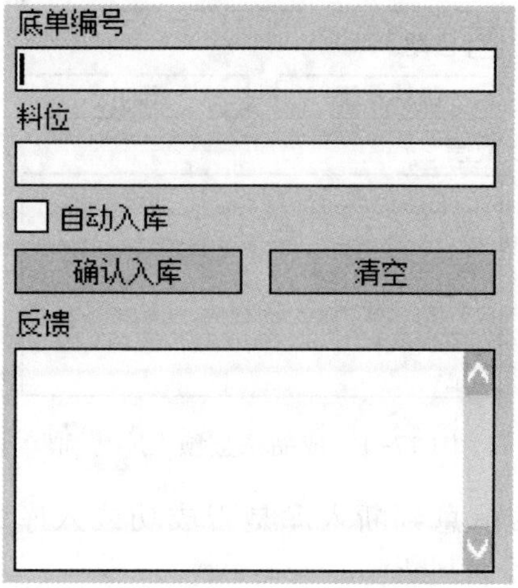

图 17-2　成品正式入库界面

17.3　退库管理

当实物退回原地时使用退库功能，操作过程：

（1）该功能模块提供两种录入方式：键盘输入与镭射扫码。

（2）将移动终端对准条形码，按下屏幕下方蓝色长方形按钮，系统将开始读取条码信息。扫描成功会发出一声蜂鸣并伴随一道强白光，系统会自动识别底单条码并填入对应文本框。

（3）底单编号具备后，点击屏幕［确认退库］，退库结果将反馈在下方的［反馈］文本框内（见图17-3）。

（4）每次根据反馈信息判断退库是否成功或退库失败原因，必要时使用［库存底单查询］功能辅助判断。

（5）勾选［自动退库］选项，系统将在底单编号具备后自动完成退库，不需要每次点击［确认退库］。注意，勾选［自动退库］后将不能再使用键盘输入！

（6）点击［清空］，清除屏幕上所有信息。

（7）点击屏幕左下方［视窗］返回桌面，屏幕下方［拼］切换输入法，屏幕右下方［OK］返回上一级界面。

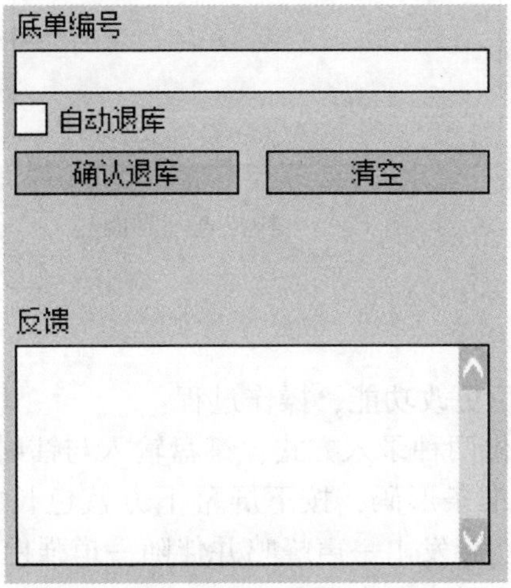

图17-3 退库界面

17.4 库存料位查询

查询实物所处的库存料位信息，操作过程：

（1）该功能模块提供两种录入方式：键盘输入与镭射扫码。

（2）将移动终端对准条形码，按下屏幕下方蓝色长方形按钮，系统将开始读取条码信息。扫描成功会发出一声蜂鸣并伴随一道强白光，系统会自动识别底单条码并填入对应文本框。

（3）底单编号具备后，点击屏幕［查询］或按下键盘上［Enter］按钮，料位信息将反馈在下方的［反馈］文本框内（见图17-4）。

(4) 在反馈框内查看料位货架编号或查询失败原因，必要时使用［库存底单查询］功能辅助判断。

(5) 点击［清空］，清除屏幕上所有信息。

(6) 点击屏幕左下方［视窗］返回桌面，屏幕下方［拼］切换输入法，屏幕右下方［OK］返回上一级界面。

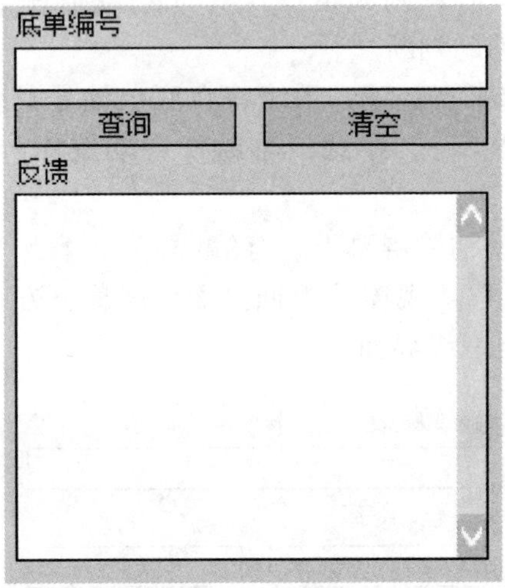

图 17-4 料位查询界面

17.5 料位移动管理

本功能提供库存料位更改功能，操作过程：

(1) 该功能模块提供两种录入方式：键盘输入与镭射扫码。

(2) 将移动终端对准条形码，按下屏幕下方蓝色长方形按钮，系统将开始读取条码信息。扫描成功会发出一声蜂鸣并伴随一道强白光，系统会自动识别底单条码和库位条码并填入对应文本框。

(3) 底单编号和新料位都具备后，点击屏幕［确认移位］，移位结果将反馈在下方的［反馈］文本框内（见图 17-5）。

(4) 每次根据反馈信息判断移位是否成功或移位失败原因，必要时使用［库存底单查询］功能辅助判断。

(5) 勾选［连续移位］选项，系统将在底单编号和新料位信息具备后自动完成移位，不需要每次点击［确认移位］。注意，勾选［连续移位］后将不能再使用键盘输入！

(6) 点击［清空］，清除屏幕上所有信息。

(7) 点击屏幕左下方［视窗］返回桌面，屏幕下方［拼］切换输入法，屏幕右下方［OK］返回上一级界面。

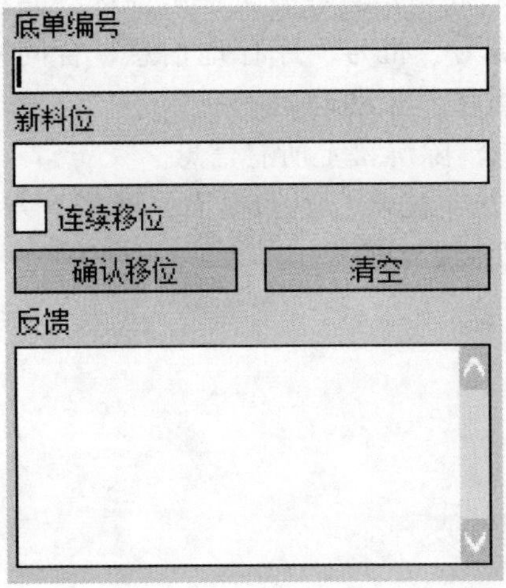

图 17-5 料位移动界面

17.6 底单信息查询

本功能提供查询库存底单的详细信息，操作过程：

(1) 该功能模块提供两种录入方式：键盘输入与镭射扫码。

(2) 将移动终端对准条形码，按下屏幕下方蓝色长方形按钮，系统将开始读取条码信息。扫描成功会发出一声蜂鸣并伴随一道强白光，系统会自动识别底单条码并填入对应文本框。

(3) 底单编号具备后，点击屏幕［查询］或按下键盘上［Enter］按钮，底单信息将反馈在下方的［反馈］文本框内（见图 17-6）。

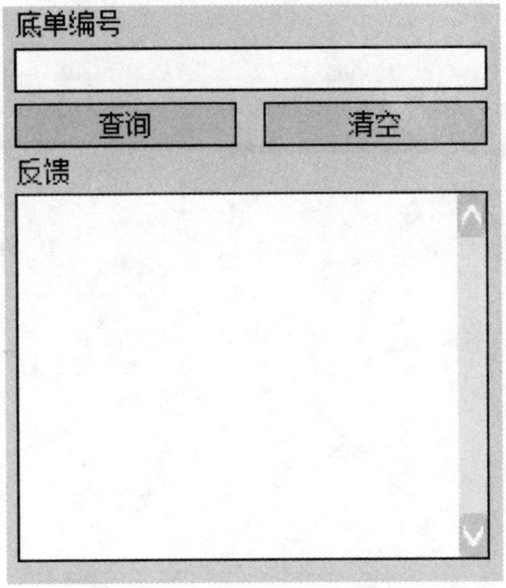

图 17-6 底单信息查询界面

（4）在反馈框内查看底单信息或查询失败原因。系统提供的底单信息包括：底单编号、料位、入库编号、批号、库存地信息、合同号、合同项次号、外径、壁厚、质量等级、实际重量、长度等。

（5）点击［清空］，清除屏幕上所有信息。

（6）点击屏幕左下方［视窗］返回桌面，屏幕下方［拼］切换输入法，屏幕右下方［OK］返回上一级界面。

参考文献

[1] 刘传文，苏宏业，褚健．基于J2EE框架的企业库存管理软件研发与应用［J］. 化工自动化及仪表，2005，32（1）：41~43.

[2] Liu Chuanwen，Su Hongye，Chu Jian. Development and Application of an Enterprise Repertory Management System Based-on J2EE Framework［J］. Control and Instruments in Chemical Industry，2005，32（1）：41~43.

[3] 董惠敏，高媛，富田．高装备制造企业库存模式研究与软件实现［J］. 中国制造业信息化，2007（7）：6~9.

[4] Dong Huimin，Gao Yuan，Fu Tian. Research on inventory pattern and realization of inventory management system［J］. MIE of China，2007（7）：6~9.

[5] 李铁克，杜景红．钢铁企业 MES 中的库存管理系统［J］. 冶金自动化，2003，27（6）：54~56.

[6] Li Tieke，Du Jinghong. The inventory management systems in iron and steel enterprises MES［J］. Metallurgical Industry Automation，2003，27（6）：54~56.

[7] 李铁克．制造执行系统模型综述与分析［J］. 冶金自动化，2003，27（4）：13~17.

[8] Li Tieke. A review of the manufacturing execution system models［J］. Metallurgical Industry Automation，2003，27（4）：13~17.